中国符号学丛书　○　丛书主编　陆正兰　胡易容

「象」是中国从古至今的话题
经史子集靡不有「象」
本书集百家所长
完成中国符号学的思想回归

中国传统符号学思想研究文选

Selected Essays on Traditional Chinese Semiotics

祝东　兰兴　主编

四川大学出版社

图书在版编目（CIP）数据

中国传统符号学思想研究文选 / 祝东，兰兴主编
. — 成都：四川大学出版社，2023.11
（中国符号学丛书 / 陆正兰，胡易容主编）
ISBN 978-7-5690-6462-9

Ⅰ. ①中… Ⅱ. ①祝… ②兰… Ⅲ. ①符号学－研究－中国 Ⅳ. ①H0

中国国家版本馆 CIP 数据核字（2023）第 208512 号

书　　名：中国传统符号学思想研究文选
Zhongguo Chuantong Fuhaoxue Sixiang Yanjiu Wenxuan
主　　编：祝　东　兰　兴
丛 书 名：中国符号学丛书
丛书主编：陆正兰　胡易容

出 版 人：侯宏虹
总 策 划：张宏辉
丛书策划：侯宏虹　陈　蓉
选题策划：陈　蓉
责任编辑：陈　蓉
责任校对：毛张琳
装帧设计：墨创文化
责任印制：王　炜

出版发行：四川大学出版社有限责任公司
　　　　　地址：成都市一环路南一段 24 号（610065）
　　　　　电话：（028）85408311（发行部）、85400276（总编室）
　　　　　电子邮箱：scupress@vip.163.com
　　　　　网址：https://press.scu.edu.cn

印前制作：四川胜翔数码印务设计有限公司
印刷装订：四川盛图彩色印刷有限公司

成品尺寸：170 mm×240 mm
印　　张：16.5
插　　页：1
字　　数：292 千字

版　　次：2023 年 11 月 第 1 版
印　　次：2023 年 11 月 第 1 次印刷
定　　价：66.00 元

本社图书如有印装质量问题，请联系发行部调换

版权所有　◆　侵权必究

扫码获取数字资源

四川大学出版社
微信公众号

导　言

祝　东

　　符号是用来传递意义的，任何意义的交流传递必须通过符号进行，故而赵毅衡先生在《符号学原理与推演》中作出了"符号学即意义学"这一经典定义。中国先哲并没有创造一门现代意义的"符号学"，但是意义的交流却是一直伴随人类社会的。自先秦时代，先哲们不仅能熟练运用符号来表征意义，而且已经注意到符号与意义的关系问题，如《周易》中用卦象符号来标示万物，预测吉凶，开中国符号应用之先河，并形成人类最早的符号系统；先秦诸子还对符号与意义的关系进行了系统研讨和深化，如儒家的"正名"符号思想，道家"无名"的符号学思想，名家与墨家的名辩符号思想，黄老道家的刑名符号思想等。可以说，先秦易学与诸子学是中国古典符号思想的一大宝库，发掘中国传统符号学遗产，对发展中国传统学术思想、促进中西学术对话、提升中国文化自信等方面都有重要意义。

　　关于中国传统符号学思想的现代研究，从学术史上溯源，可以追溯到近一百年前。20世纪纪初，瑞恰兹（I. A. Richards，1893—1979）和奥格登（C. K. Ogden，1889—1957）出版了他们的《意义之意义》（*The Meaning of Meaning*，1923），这应该是最早系统讨论意义学的一部专著。十年后中国学者李安宅在学习借鉴的基础上写出了第一部中文版意义学的书，书名直接叫《意义学》，此书还得到了瑞恰兹的推荐序言。在这篇序言中，瑞恰兹指出，意义学的核心议题，乃是思想—词语—事物之间的关系问题，他们考虑的主要是语言符号系统，故而以词语为中心进行考察，如果我们把语言符号的范围进一步扩大的话，那么意义学应该就是思想—符号—事物三者之关系。当然，按照李安宅先生的自序，社会环境与自然环境也是必要的考察对象。也就是说，意义学是在自然与社会环境中考察思想符号与事物关系的学问。李安宅的这本

《意义学》很好地向中国学界引介了符号学原理，可惜这一学术传统在中文学界并没有得到应有的关注和很好的发展，虽然间或有学者瞩目于此，但整体影响不是很大。直到20世纪80年代，金克木先生于1983年率先在《读书》杂志上发表《谈符号学》一文，符号学这一学术传统才开始回归中文学界。随后李先焜等学者相继发表了一系列相关论文，使得符号学在90年代兴起一个小的研究热潮，但多是哲学和逻辑学方面背景的学者，其学术视角亦与其学术背景对应。新世纪以来，随着符号学研究的升温，全国各地逐渐形成一些具有代表性的符号学研究中心和团队，不同学术背景的学者开始加入传统符号学研究之中，大大拓展了研究的锋面。近年来文化研究持续升温，符号学诸领域进一步扩大，既有对传播符号学、文化符号学、伦理符号学方面的拓展，也有艺术符号学、文字符号学方面的深化。

在宏观层面上，不少学者对中国传统符号学进行了可贵的探索。邓生庆在《传统文化典籍的符号学特征与典籍阐释》中明确认识到传统典籍中的语言文字等符号的能指约定会因为文化环境的变换而变化，并因此指出符号学在当下解读古代典籍中的重要性。宁俊社、荀志效的《论中国古典哲学的意义理论》则是从先秦《周易》《庄子》出发，对中国古典哲学思想史中不同哲学家对于言意关系的论述加以考察分析，并认为中国古典哲学中始终都贯穿着对言意关系的凝视。龚鹏程《象的文化符号学》结合了阿恩海姆等西方学者的理论对古代中国意象符号加以对比观照，并试图还原古代中国先民"立象以尽意"的动机与过程。

先秦儒家及诸子符号学思想是中国传统符号思想的一大宝库，前辈学者对之已有很好的开发。易学符号学被视为中国传统符号学的开端，俞宣孟的《意义、符号与〈周易〉》力图剔除周易符号的神秘性，并在此基础上还原此符号系统的普遍表达功能。结合当今符号学的伦理转向与先秦诸子学说的伦理进路，祝东等学者对传统伦理符号思想的开掘可谓别开生面。祝东的《礼与法：两种规约形式的符号学考察》对儒家的礼乐符号与法家的法律符号加以考察，认为礼法这两种符号的互用是儒家道德自律下形成的价值观。李先焜《〈墨经〉中的符号学思想》讨论了《墨经》对于"言"与"名"的理论，并以此揭示了《墨经》中"辩"的目的、特征以及"说"的语用推理。

要论及当代符号学诸领域的拓展，魏晋玄学符号思想，唐宋唯识宗、禅学符号思想，以迄宋明心学符号思想，则不得不提，这些都是前期中国传统符号思想研究较少甚至基本没有涉及的领域，在近年也有大批的青年学者不畏艰难，开山采铜，并卓有成效。

如果说先秦学术思想的主题是道德论，那么相继而来的魏晋玄学注目的则是本体论，宋明心学则是以心性论为旨归。齐效斌的《"声无哀乐论"与符号的任意性——兼论音乐符号与语言符号的差异性》对嵇康"声无哀乐论"这一重要的音乐美学观点展开了新的讨论。作者首先回顾了嵇康的观点，即音乐与感情并不存在因果关系，并借助"心之与声"的关系对索绪尔的任意性原则加以证阐。袁正校与何向东的《得意忘言与言意之辩——兼论中国文化的符号学特征》对王弼"得意忘言"与欧阳建"言尽意"这两种观点加以对比讨论，认为两种看法对于语言符号的意指关系都有内在的合理性，并将言意关系的讨论推到了新的高度。

佛教与道教是中国传统符号思想的两大宝库，前辈硕彦尽管多少注意到这里的符号学思想资源，但是深挖者少，而近年关于中国符号学遗产的研究中，这些领域也不同程度得到梳理。续戒法师的《唯识学中的名言与真实》指出唯识学对语言、符号的思考围绕着宗教实践展开，语言在认识中的渗透造成人在认识中的意义偏离，而"执着"则是对语言符号的执取。曹忠的《唐宋佛学的符号学思想及其伦理价值》则分别讨论了唐代法相唯识宗对符号世界的世俗性阐释与宋代禅宗对于符号隐喻机制的探索追求。而詹石窗的《道教艺术的符号象征》将道教艺术中的自然符号与人工符号加以区分讨论，并指出道教的生命意识在很大程度上是通过符号象征加以实现的。

顺历史学术之源流而下，宋明理学与阳明心学也是中国符号学遗产的一大富矿，特别是其与符号现象学的结合部，值得阐发。赵毅衡、王墨书的《符号学视野中的阳明心学"格物"说》即是对这个领域的一个检视，作者从朱熹的《大学或问》与王阳明的《大学问》这一理学与心学的比较切入，用现象学和阳明心学相互阐发，格物中包含正心与诚意两个有区别的符号过程，正心是对感知呈现进行区隔筛选的行为，而诚意则是主体能力元语言的运作过程，两者共同构成了意义生成的格物双向过程，指出格物剥离了噪音，"物"是物理或概念意向对象，"知"是主体解释出意义。这其实是哲学符号学研究的向度，对庄子《齐物论》、公孙龙《指物论》等方面的研究亦多有启示。

在经子学说之外，中国古代文学中的符号学思想也值得学界进一步挖掘。王齐洲在《中国文学观念的符号学探原》中，从甲骨文出发对中国古代文学进行了通览回顾，以"人是符号的动物"作为前提与路径讨论中国文学观念的发生与内涵。冯宪光《〈文心雕龙〉的符号学问题》讨论了《文心雕龙》这一文论经典中关于语言、象征符号的基本作用与功能性质的论述，并将其与人的自主性活动加以结合，以揭示文学创作中对语言意义与表达视角的追求。

此外，汉字符号学亦是中国符号学遗产的一大宝库，孟华教授多年耕耘于此，有多部文字符号学方面的专著问世，可谓著作等身。其《论汉字符号的肉身性理据》指出汉字符号具有交流、指涉、表达及结构四方面的理据，体现出一种类符号现象，而这恰恰是中国文化符号重要的编码精神。高乐田的《〈说文解字〉中的符号学思想初探》将汉字视为一个符号系统，并对《说文解字》中的符号学理论与应用加以条分缕析，创造性地将中国传统文字学与符号学加以整合统一。

与以文献承载的思想相比，中国古代器物可以说是对中国古代符号学更为直观的体现，近年来也已经有不少学者于此着力且有了不少创获。余静贵的《论先秦楚漆器符号的审美意味》从艺术符号学的角度将楚地漆器符号视为对生命情感的表现。谢清果、张丹的《观象制器：夏商周时期青铜器图像的文化符号表征》审视了上古时期青铜器及相关纹饰的生产传播以及其背后的文化内涵。相比起纯粹的文本探索，上述这样基于器物的研究也同样重要，值得我们关注。

以上是我们对近年中国传统符号学思想研究的一次回望，当然实际上的研究成果远不止这些，挂一漏万，在所难免。我们相信随着研究锋面的拓展和研究内容的深化，中国传统符号学思想必将得到多方发展，而中国"符号学王国"的地位也必将是由中国现代符号学理论研究和中国传统符号学思想研究等诸领域研究的推进而共同奠定的。

目 录

1934
 意 义 ………………………………………………… 李安宅（1）
1983
 谈符号学 ……………………………………………… 金克木（15）
1990
 意义、符号与《周易》 ………………………………… 俞宣孟（24）
1993
 传统文化典籍的符号学特征与典籍阐释 ……………… 邓生庆（36）
1996
 论中国古典哲学的意义理论 ………………… 宁俊社 苟志效（48）
 《墨经》中的符号学思想 ……………………………… 李先焜（57）
1997
 道教艺术的符号象征 …………………………………… 詹石窗（70）
 《说文解字》中的符号学思想初探 …………………… 高乐田（84）
1999
 中国文学观念的符号学探原 …………………………… 王齐洲（95）
 得意忘言与言意之辩
  ——兼论中国文化的符号学特征 …………… 袁正校 何向东（111）
2004
 《文心雕龙》的符号学问题 …………………………… 冯宪光（123）
2005
 象的文化符号学（节选） ……………………………… 龚鹏程（133）

1

2006
　"声无哀乐论"与符号的任意性
　　——兼论音乐符号与语言符号的差异性 ………… 齐效斌（149）
2012
　唯识学中的名言与真实 ……………………………… 续戒法师（161）
2015
　论汉字符号的肉身性理据 ………………………………… 孟　华（175）
　符号学视野中的阳明心学"格物"说 ………… 赵毅衡　王墨书（187）
2016
　论先秦楚漆器符号的审美意味 …………………………… 余静贵（195）
2017
　礼与法：两种规约形式的符号学考察 ………………… 祝　东（208）
2018
　观象制器：夏商周时期青铜器图像的文化符号表征
　　………………………………………………… 谢清果　张　丹（223）
2021
　唐宋佛学的符号学思想及其伦理价值 ………………… 曹　忠（241）

1934

意 义[①]

李安宅

文字满纸，各有意义：道无形无声，故圣人强为之形，以一字为名。(《文子》)

我们既觉悟到语言文字与所表现的思想情感与所代表的种种事物，三者之间是有直接或间接的关系，不能混为一谈，而且已经分析了整个语言所有的几种用途，那么，我们就不能满足于这样的纲领概念，必要找几个字眼，仔细分析一下，看看我们对于语言的自觉可以怎样具体地表现表现。最含糊的字眼之一，便是"意义"。我们平常总是说这个没有意义，那个没有意义；或者这一位没有了解那一位底意，那一位又看整个的世界没有意义或意义深远。究竟什么是"意义"呢？这倒是很难即刻答复的问题。他如"信仰""美""爱""善""真"之类，都是习而不察地日常用着，赶到仔细追问起来，便难猝然置答。

我今日选了"意义"来和大家讨论，一方面可以供给我们对于语言的自觉一个例子，另一方面这是吕嘉慈（I. A. Richards）与欧格顿（C. K. Ogden）所已研究过的问题。他们二位所作的意义底意义一书，便是对于这个问题的答复。所以本章的讨论，一面利用他们二位底理论间架，一面尽量提出中国文字里的证据作个分析语言的具体例子。

研究"意义"已经有的用法，可由三方面下手：

（Ⅰ）一方面是语言所造的假东西，计两种（1—2）；

[①] 选录文章尽量保留时人用语习惯，部分文字及标点符号有改动。后同。

（Ⅱ）一方面是语言随时的滥用，计九种（3—11）；

　　（Ⅲ）一方面是心理作用对于外界的种种事物，因为屡屡经验，造成相联而来的心理过程；各人的心理过程不同，故于当前的刺激所有的心理反应或解释也不同，计五种（12—16）。

　　合计三方面，共有十六种不同的"意义"。这十六种虽然都是"意义"，可是奇怪的乃是我们要将"意义"解说清楚，竟需引用旁的字眼如"意向""价值""所指""情感"之类，当作同一字眼，代替"意义"；或用旁的符号，将这单简的"意义"引申起来，以明究竟指的是什么。这样严格推敲起来，竟将"意义"弄没了，弄得不如常识对它那样靠得住了，真像变戏法似地骇人听闻。然而事实终究是事实，我们不惜破坏一个笼统"意义"，找到事实所在，找到"意义"底真的意义。现在且容我们一条一条地分析起来。

Ⅰ　语言所造的假东西

　　（1）根据原始的巫术信仰，我们每易觉着语言文字底本身会有不能分析、不可磨灭的"内在德能"。在这一种情形之下，语言文字底本身便具有"意义"，便是"意义"，用不着被人用来表示什么，才算有意义。当初皇帝底"金口玉言"，术士底符箓咒语，后世的"金兰玉字之书"，就是不当作符号，而当作内在的力量。李商隐的"南浦老鱼腥古涎，真珠密字芙蓉篇"，"密字"便是这样的东西。这是后来已不相信一切语言文字都有内在的力量，然尚相信某种"密字""玉字"之类仍有内在的力量。"吕氏春秋"谓有能增损一字者立舆千金，也是相信一个字只有一个用法，字底本身具着意义，所以增损一字不得。至如曾巩底"况排千年非，独抱六经意"，虽也可以作抱着六经所传达的意思，然在一般好古之士看来，恐怕还是六经本身便是"六经意"，用不着有个六经，再有个六经所传达或六经所被解释的意义。

　　（2）不但相信语言本身具有内在德能才会造出假东西来，即相信语言有个与旁的东西不可分析的"关系"也可造出假东西来。先假定有个不能分析的关系，凡因这种关系与旁的任何东西发生关系者，便算具有"意义"。假定甲与乙有关系，这个关系又不是不可分析的，则甲底"意义"便是这个关系或径是乙。譬如说"物"这个字与实际的物并没有天然的关系，不过是人底智慧造出"物"这个字来，以指外边的物。倘若以为这个间接关系是直接关系或是并不可分的单纯关系，径说"物"底意义是与实物的关系或简直就是实物，那便不符事实。更如说人之所以为人是人底意义：而人，乃是"无羞恶之心，非人也；……无是非之心，非人也；无……非人也"。那么，人底意义便是与羞恶、是非……之心的关系。孟子又说："无父无君是禽兽也"，则人更得有父有君。有父便是孝，而孝又靠着好多旁的关系，如"战阵无勇，非孝也""三年无改于父之道，可谓孝矣"之类。至如有君便是忠，而忠又靠着好多旁的关系，这里便不必细举了。由此看来，人与孝的关系、孝与勇与无改于父之道的关系，便是人与孝底"意义"。不过，这样种种关系，并不是不可分析的；试看人类学所发现的事实，便知各时各地都有不同的关系。将相对的关系，信为不可分析的绝对关系，便造出不符事实的假东西来。

这样将"意义"看成简单的德能或关系的，是第一方面。

Ⅱ 语言底滥用

儿童拍手笑何事？笑人空腹谈经义——苏轼

所谓"意义"，不但看成不可分析的德能或关系，便致不可理解；就是随便滥用，也会将它弄到一塌糊涂，使人莫知所从。这一方面的"意义"，计有九种。

（3）某字在"字典"里的同义字眼，常被认为或用为该字底"意义"。如，意：料也，臆度也，疑也；义：宜也，假也；告：语也；同：共也，齐也，聚也，和也。我们若问意、义、告、同等字底"意义"是什么，通常都是容易得到上边的答复。其实，同字异义与异字同义的情形非常之多，足以证明思想是一回事，所思是一回事，所藉以思又是一回事。所藉以思或所藉以表思的是符号。同一符号可以表一串的思；串底这一端与串底那一端竟会差得很远；欲求其精密，不如可用多少不同的符号。符号之间彼此所代表的思与所思，又会界限不清，彼覆此，此掩彼。字典里的同义字眼不过告诉我们这一套的字可以用来表示某种上下差不多的思想；哪一个字比较切近实际思想一点，便可采用哪一个字；并不是拿着哪一个字去限定活的思想状态。这是一说即显然的事实，只是普通常易被人忽略，以为这一字就是那一字底意义。

（4）一般传统的逻辑都以为"意义"是字底"内包"（connotation）。所谓内包，是我们对于事物抽出来的属性，如说桌子是方的、硬的、粗的、黄的；

则方、硬、粗、黄都是桌子底属性。与这些属性所不能分离的具体物件若用文学（如桌子一词）来代表，这个文字便以这些属性为内包。拿着"桌子"这两个字去应用到外面的种种桌子（实物），这些实物的桌子便是名词的"桌子"底外延（denotation）。一个名词底内包，决定名词可以用到什么地方，那就是它底外延。一个名词底外延所有的属性，决定它所包含的形容词，那就是它底外包。不过内包只是形容词，只是代表具体实物里抽析出来的属性——不能离开具体事物的属性；符号应用到它底外延，应用到它所指示的具体事物，又是凭着心理作用为之媒介，不是有个单纯不可分割的天然关系。将形容词当作名词看待，将间接关系当作直接关系看待那会造出假东西来，引人误入歧途。我们平常所说的"顾名思义"与孝经序所说的"约文敷义"，倘若是指着名与文所记录的原来的"义"，指着名与文所有的活的内包，而不是名与文自身所有的"义"，不是名与文所假定的硬板的内包，那便很好，便是不离原义的解释与注释。

（5）不过这样不该有的硬板的内包，竟会是"批评的实在论者"所认为的"意义"，那就未免太"实在"而缺乏"批评"精神了。"新实在论"主张认识论上的单元（epistemo logical monism），以为知即等于所知，我看见的桌子，即等于实际的桌子，"批评的实在论"在知与所知之间又有一个似主观似客观的"素"（essence）。这个"素"或名为"普遍"，或名为"内容"，或名为"直观的感觉或事实"，或名为"感觉或思想的符号"，或名为"逻辑的实体"，或名为"属性复体"，总而言之，就是"意义"。这样介乎主客之间的玩意儿，实在就是知对于所知的结果，就是实际的内包；只有"批评的实在论者"硬要给它一个独立地位。为方便计，在语言文字上有的不得不说，乃是语言文字的不得不然（linguistic necessity）。若将方便决斗用以证明外界事物底性质，将文字的必然变成逻辑的必然（logical necessity），便是本末倒置了。这些"批评的实在论者"，是七位美国教授。他们在1920年共同出版一本批评的实在论论集，自己声明道："我们熟于彼此底'意义'，得以了解彼此底表现方法；所以以前觉着不同的地方，现在都没有了。"然而仔细考察起来，这七位教授所以能够站在一个主义上面的，乃是凭着对于"意义"一词的含糊使用。

（6）席勒（Schiller）说："意义是对于对象的一项动作，且将这项动作像个颗粒似地投射到对象里去。"又说："意义是我们对于自己底经验的一项要

4

求，要求经验去选择所要注意的对象。"这样的说法，将"意义"看成投射到对象里的动作，自然很得极端唯心内省派（Solipsists）与克罗奇派（Croceans and Empathists）底欢心，只是毛病乃在不切事实。所说的投射，不过是譬喻；若真以为客观界可以被我们底心理作用"投射"进去，那便错了。席勒很反对将因果关系看成记忆作用；其实，他这说法便是用"活动"二字代替了"心理"，与记忆作用一点实质上的分别也没有。

不过，我们若将这种状态看成心理状态，而不假定那是主观作用将客观世界变化了的状态，也可坦然自得的藉着外界现象来享受我们自己所有的心理态度。例如苏轼底"萧然风雪意，可折不可辱"，范仲淹底"好山深会诗人意，留得夕阳无限时"，都是姑且想象风雪与山是有意识与人格的；倘若只是"姑且"，不是真的弄到有生观（Animatism）与有灵观（Animism）的地步，当然无害于事而有助于诗意的培养。其他的例子如"君看叠巘云容变，又有中宵雨意生"（范成大），"幽意含烟月，清阴庇蕙兰"（郎士元），"山意凄寒日，秋光染瘦诗"（杨万里），与"云气披猖月意孤，冬青倒影上庭隅"（朱棒）等，所谓幽意、雨意、山意、月意，当然都是人意——人对于客观界所发生的思意。

（7）葛迪内（A. Gardiner）说："一句话底意义，乃是说者希望听者所了解的东西。"那么，"意义"便等于意向。我们通常说"机械的宇宙没有意义"，便是说机械的宇宙没有计划，没有目的，没有意向。不过人的意向，有时很不容易捉摸；说的话与本意，不一定一样。所以他明明说的是东，你若打一点折扣，便见到他底本意在西。我们要以表面的话为意义呢，还是打了折扣的才算是意义呢？即便如葛氏所说，一句话底"意义"是说者希望听者所了解的（不一定是说者所实际想到的），我们也要追问"了解"是什么。"了解"某人底意思可以是：

1）想到某人所想的，
2）向某人所说的起反应，
3）向某人所指的发生感情，
4）向某人本身发生感情，
5）假定某人是想什么，
6）假定某人是要求什么。

只一个"了解"就有这好多意义，则"希望听者所了解的"又是哪一种呢？葛氏本已料到说话底本意与所说的话会不一致，所以才将意义限定为说者所希望于听者的意义。这样小心之后，还有六种含糊意义，更何况根本就不小心的一般说者与听者呢？

意向之为"意义"，又可两面来说：（甲）一面是所希望的事件，（乙）一面是希望本身，那就是意志或决意。我们常说某人"抱负不凡"，也说"生命底意义便是生命底努力"，王维底诗又有"浩然出东林，发我遗世意"，都是后者底例。至于"当年落笔意，正欲讥韩子"（苏轼）与"我无挐云意，所念在一饱"（程俱），讥韩子与一饱便是前者底例。

（8）"意义"有时又是任何事物在某系统（计制，意向也在其内）里的"地位"。譬如说，人是动物底一部分，动物是生物底一部分，生物是地球上的物底一部分，地球又是太阳系底一部分，太阳系又是整个天体底一部分。这样谱系起来，我们就好像明白了人与动物等等底意义。又如说，"此事在我底计划里有重大的意义"，也是说该事在我底计划里有相当的地位。孟子有云："公孙丑问曰：'不见诸侯何义？'孟子曰：'古者不为臣不见。'"孟子所以能够答复公孙丑"何义？"的问，便是举出"古者不为臣不见"的一件公案，以见自己底"不见诸侯"只是这条公案底一条例子，或包括在这条公案里的一部分。他如举出三纲五常，便可证明女子有从丈夫的意义；举出"十义"，便可证明或兄弟或朋友底意义，都是这样。再如我们说小孩子不明了光年（light year）底意义，也是说小孩子对于星底远近没有很适当的比较，找不出个体在系统里的正确比例来。我们普通下定义，好大一部分都是利用全体与部分的观念。

不过只说"地位"这一类的"意义"，则十分模糊：谁是谁底原因呢？谁是谁底结果呢？于是又有（9）（10）（11）三项较为切实一点的"意义"。

（9）失业底"意义"是什么？宣战底"意义"是什么？亚当获罪底"意义"是什么？这一切问题答案都是说明这些事故底影响，这些事故底实际结果；所以事物在我们底未来经验里的"实际结果"便算该项事物底"意义"。譬如说："祥多者，其国安；众异者，其国危：天地之常经，古今之通义也"（汉书刘向传），祥多底"意义"（这里叫作通义）便是祥多底实际结果，其国安；众异底"意义"（这里叫作通义）便是众异底实际结果，其国危。

唯用论（Pragmatism）底整个哲学系统就是建设在"用"上，建设在实际结果上。詹姆士（William James）说"任何命题底意义都可放在将来经验底某项实际效果上面——不管这经验是自动的，或是被动的"（真理底意义——页二百一十）。又说："真的观念，是我们能够消化，能够证明，能够牵合，能够实用的观念……这就是真理底意义，因为这个才是唯一的真理，除了这个以外，我们不知道还有什么真理。"（唯用论——页二百零一）

（10）一切演绎法的"意义"，都是"理论结果"。先定一个大前提，而小前提，而结论，便可一贯地弄下去。譬如先作好了"劳心者治人，劳力者治于人"这样的判断，于是"治于人者食人，治人者食于人"便不得不然地成了"天下之通义"（孟子）。我们常说"义不容辞"就是这类逻辑上的约束。更如：斯频挪沙（Spinoza）注重结果，不能不忽略原因；牢立（Prof. Laurie）注重原因，不能不忽略结果——也是逻辑上的不得不然。

（11）不但理论结果与实际结果可以看作"意义"，即任何事物所伴随的"情感"，也当指为"意义"，"理义之悦我心，犹刍豢之悦我口"（孟子）这个例子，使我悦便是理义与刍豢底"意义"。"今日违情义，恐此事非奇"（庐江小吏诗）；"此事非奇"底"意义"便是"违情义"。更如说"善""美""自由"等究竟有什么"意义"？也不过因着价值判断而有喜悦的情感罢了。尔班（Urban）说："价值谓辞便是蓄贮下的情感意志的意义（a funded affective-volitional meaning）。"所以诗歌、文艺、音乐等"意义"，多半都是这一类的意义。

以上由（3）到（11）凡九种"意义"，都是字眼底随便滥用，彼此之间，并没有什么关系；只是为方便起见，才别于前（Ⅰ）后（Ⅲ）两大类，列为第二方面。

Ⅲ 藉以联想的记号（sign）与藉以解释或标记思想的符号（symbol）所有的境地

　　自古写字人，用字或不通——米芾

　　约文申义，敷畅厥旨，庶几有补于将来——尚书序

看见打闪，即便听到雷声；摩擦火柴，即便看见火光。这样习惯下来，心理过程上可以造成一种连带作用，成为一种组织（contexts），致使一有闪电即便想到雷声，一有火柴即便想到火光；实际遇着闪电与火柴是这样，心理想

到闪电与火柴也是这样。在这种情形之下，闪电与火柴，成了我们经验底一部分，成了心理组织底一部分，成了与雷声和火光不能分开的部分，在这种情形之下，拿着闪电与火柴当作记号（sign）便可猜测或预期雷声与火光；记号是原来经验底一部分，现在当作记号以测其他部分，便是对于其他部分的解释。

记号是自然经验底一部分。除了拿记号解释事物以外，尚有一种旁的方法，那就是利用符号（symbol）。我有我底经验，你有你底经验；我底总是我底，你底总是你底，怎样可以彼此传达，彼此了解呢？我藉着一种方法来表现我底经验，你就藉着这种方法来解释我底经验；你藉着一种方法来表现你底经验，我也就藉着这种方法来解释你底经验。这样的方法便是利用符号。符号，或打手势，或使眼色，或打旗语，或用图画；最通行的当然是语言文字。语言文字本不是自然情境里的自然份子，不过是人的方便法门；其为符号之用，等于数目字与加减乘除等他种符号。我们藉着"灯"这个字，便可想象到一种器具，会发光，能够帮助我们底视力，能在夜间补济日光底缺乏；至于是油灯、电灯，还是电石灯，则可不管。"灯"与实物的灯，本没有什么关系，不过我们利用"灯"这个符号以表示我们所指的实物；且在有人说"灯"的时候，我们可以解释他底思想，了解他底所指。

这样不与实物直接相关的符号，加上本可自己是实物而又与其他实物直接相关的记号（那就是使我得到自然经验的东西），便可使我们交换经验；一方面表现自己底经验，一方面又解释人家底经验。

不过，一种记号不一定属于同一心理组织；一个符号也不一定单指同一事物。譬如闪光是打雷底记号，也是天地异彩底记号，也是帝神示警底记号（如"迅雷风烈必变"之类）；同是"看火！"一句话，也许只是让你看火；也许是让你看火底美丽，火底暴烈，火底危险；也许是让你不要使火灭了；也许是让你将火封了。究竟哪一个对呢？哪一个是正当解释呢？这非得看当时当地的情形不可。领悟了记号与符号底境地，乃能将它们放到相当的关联里去，放到相当的组织与范围里去——乃能得到正当的解释。

记号与符号底境地这样不同，便会使我们得到种种不同的"意义"。现在就来讨论这一方面的"意义"。

（12）"新序"底"向也见客之容，今也见客之意"乃是原来只以容为容，现在才将容当作记号，察见与容有关的意思，察见现在的意义。这样与记号发生"实际"关系的"意义"，例子正多。"深情出艳语，密意满横眸"（卢思道）是将艳语与眸当作记号以猜出深情与密意。"相看不得语，密意眼中来"（徐陵），也是将眼当作记号以猜出密意。前面讲过的"君看叠𪇵云容变，又有中宵雨意生"（范成大）也是将叠𪇵云容当作记号，断定中宵的雨意。他如"月晕知风，础润知雨"都是解释记号的话。

在这样意义之下，心灵分析（Psycho-analysis）所说的"梦底意义"才有意义；拿着梦作记号，可以测知致梦的原因。以上所述的（9）实际结果与（10）理论结果，与这一项的执果求因或执当前现象以测未来，都是将"系统"与"地位"那项意义（8），弄弄清楚；因为因果关系本是一个系统，执因求果与执果求因，都是将因或果放在整个关系的系统里面。

不过心分析有时将梦看成"无意识"（unconscious）的欲求，则其"意义"便等于无意识间所希望的某种东西。这样的"意义"实是以前说到的（7）（甲）所希望的事件，不在本条范围之内。同样，心灵分析有时将梦看作"普遍的符号"，则其"意义"便等于（I）类底（1）条所说的符号本身底内在德能，也不属本条之内。

（13）现容我们讨论关于"记忆"的"意义"。

（甲）第一，先说记忆影响底本身。杜甫底"十觞亦不醉，感子故意长"，"故意"即是"十觞"底意义。十觞这宗刺激物若无记忆影响，联想不起以往的交谊绝对不会给老杜那样浓厚的意致。杨衡底"不堪今日望乡意，强插茱萸随众人"也同样是乡思借着九日的茱萸引动起来。

过去的事件与情感在心理上留下的作用，不知道什么时候又会招惹起来。这样的心理过程，变动不居，有时过而辄逝；所谓"欲辩已忘言"，便是这种情景。只是，诗意的自赏，怎么样都可以，有迹可循与无迹可寻都随便；若要希望人家也明白一点，自己也保持起来，便不可单靠内省与临时自信，必要符号帮一帮忙。譬如说，我们对于相差不多的东西或情形，若不藉着符号分别一下，纯然的心理反应便也没有多大分别。"一百零一"与"一百零三"，若无这两个数目字的符号，你能记得清楚吗？你能在心理上觉有什么不同吗？

我们底思想，时常是靠着符号的。然有时觉着这个符号也不好，那个符号也不好，什么字眼都不合适。这也足以证明这种感情的记号，是在彼此左右着，觉得我们所使用的工具（符号）或者合适，或者不合适；我们底心理过程，并不完全在符号底支配之下。诗人写诗，常是忘了字眼而自然流露出来；这种忘形的记忆影响，常是诗底高的境界。俗人不察这种道理，偏在字眼上用工夫；字眼越工整，诗意越没有了。

（乙）除了记忆影响底本身以外，又有记忆影响所适宜的另项事故，以作我们底"意义"。这又可分两层来说：（i）一层是将记忆所被"解释"的东西当作"意义"；（ii）一层是将使用符号的人"实际"指示的东西当作"意义"。

（i）孔子获麟绝笔，是因为看见麟再联想起他那栖栖皇皇多少年的奔波，便以为"吾道穷矣"；是将获麟看作记号，将它解释成"吾道穷矣"底象征。李商隐诗"安知夜夜意，不起西南风"也是将一夜一夜的经验综合起来，当作记号，看看"意义"是否要起西南风。这样因着记忆影响而有的解释，倘若正当，结果便等于（12）项与记号实际发生的关系。然而解释不一定正确，所以结果不必等于（12）项。

这样的"意义"，因为是将已经经验过的对象看作记号，然后再解释成这个，解释成那个，根本都在记忆影响的系统以内，或是或非，要向自己底经验算账，所以用不着"内外相当说"（correspondence theory）——用不着外边一个不变的对象，再将我们底心理解释往上套，看看套上套不上。刺激尽管不变，而刺激对于我们的影响，则会千差万别。

（ii）记忆影响所适宜的另项事故这种"意义"底第二种，乃是使用符号的人"实际"指示的东西。譬如孔子说"吾道穷矣"这句话，究竟是指着什么呢？这只有他自己能够说，因为旁人说的都是对于这句话的解释，不一定是他底实际原来的意见。

若将说话的人所说的话分析一下，可以看到五种用途：（子）第一，话这符号标记什么？指着什么？是一种意义。倘若描写桌子，便与桌子相切合（accurate），便算达到目的。陆机底文赋所谓"选义按部，考辞就班"即指此等。（丑）第二，说话的声调是否与听话的人身份相称（suitable）也是一种意义。韩愈与雀华书谓"与足下情义，宁须言而后明耶？"这种情义，或言或不言，或好或坏，都是说者对于听者所必有的态度。（寅）第三，说话的时候，又许对于所指的事或人（第三者），抱着一种感情；或是爱好，或是憎恶，或是珍惜，或是不屑。倘能省妙（appropriate）地表示这一层，也是一种意义。文心雕龙底"拙辞或孕于巧义，庸事或萌于新意"概指此等。（卯）第四，所说的话，是否有效（judicious），是否容易达到希冀的目的，另是一种意义。"乡人敦懿义，济济荫光仪"（<u>曹摅</u>）与"了义惠心能善诱，吴风越俗罢淫祠"（<u>刘长卿</u>），便是歌咏这种效果。（辰）第五，说话不但可以表现以上四种意义，也可表示这话说得容不容易，说话的人思想纯熟不纯熟。"法苑珠林"谓"自大法东被……经论渐多，而支竺所出，多滞文格义"，这时的"滞文格义"与时下翻译界底不通畅，都是表明这个人的（personal）意义。

一句话会有这些用途，所以断定使用符号的人"实际"指示的东西是什么，必要十分小心。使用符号的人，也要尽量控制符号，使在解释人底心里可以凭着符号引动与说者相同的过程，达到成功的语言交换（language transaction）或传达（communication）。

使用符号，有人非得靠它不可，有人可以随时选用。靠着符号的人，你要给他换换字眼，就等于强迫他改变思想。有一位大主教在火车上旅行，遇着一位检票员向他要票。他在随身物件中左找右找也找不到这个票，非常着急。恰好检票员正是受他管辖的一位信徒，便客气地说："不要紧，不查也行，不必费事了吧。"主教却依然坚执地非找着不可。"没有票，我知道到哪里去呢？"——他说。离不开语言的思想家，也就等于这位主教了吧。

（14）一个符号是用来表示什么，在一般惯例之中，都有一种不期而然的约束；所以有训练有经验的人，用法常与这种约束默相符合。因为这种远古，使用符号的人"应该"指示的东西，便是一种"意义"。我们听见人家说"桌子"，一定知道不是指着没有面、没有腿的什么东西；一定是可以放一点什么且比椅子高一点的东西。我们为什么这样想？便是我们相信说话的人有个"应该"指示的东西。善于使用符号（good use）这种"意义"，有时与（3）字典的用法相似。然而以前已经说过，字典底同义字眼不过供给我们选择的材料，使我们在上下差不多的几个符号之内选择一个比较切合我们底思想的符号；并不是几个不同的字眼竟会意义完全相同，只是在某种情形之下相同而已。许多人不明这层道理，在字典查着一个所谓同义字眼，便真地互用起来；或者在汉英字典上查着一个与汉字互译的字，便将英文字用于汉字所适用的任何地方，或将汉文字用于英文字所适用的任何地方，以为这是忠实的翻译；这样误认符号只有唯一的境地的习惯，都是非常错误的。

（15）使用符号的人，有时不但实际指着什么，而且自己意识到指着什么。

所以使用符号的人"相信"自己所指的东西也是一种"意义"。苏轼底"自写千言赋，新裁六幅图"与净住子底"从旦已来，已得演说几句深义，已得披读几卷经典"都是自觉地知道自己底意义。至如"万般诗外意，百种梦中花"（薛季宣）更是觉到形式的"诗"以外尚有许多不被符号所表示的意义了。

（16）"鲁论二万三千字，悟入从初一句中"（宇文虚中时习斋）。符号自是符号，若得到符号所表示的东西，必要经过一番解释的功夫。所以解释符号的人所解释的"意义"也是一种"意义"。

魏书孙惠蔚传所记"今求令四门博士及在京儒生四十，在秘书省专精校考；参定字义；如蒙听许，则典文允正，群书大集"，便是要作解释的准备。

解释的"意义"又分三方面：

（甲）一是解释符号的人"所指"的东西。如"……者……也"之类，全是如此。"哀窈窕，思贤才，而无伤善之心焉，是关雎之义也"，便是作"诗序"的人解释关雎所指的东西。

（乙）一是解释符号的人"相信"自己所指的东西，比前项多一番自觉。如"认得渊明千古意，南山经雨更苍然"（朱熹）便是自己知道"认得"，相信自己所指的东西。

（丙）一是解释符号的人相信"用符号"的人所指的东西。这不但说出自己如何解释，而且相信自己解释的就是原著者所有的意义。凡什么"通义"什么"本意"之类，都属于此，都是解释者相信原著者底本意。"晚看作者意，妙绝与谁论？"（杜甫）与"燎须谁识英公意，黄发聊知子建心"（苏轼）也是相信独得作者底本意。

公羊"西狩获麟"传疏所谓"麟之来也，应于三义：一为周亡之征……二为汉兴之瑞……三则见孔子将没之征，故此孔子曰'吾道穷矣'"，当然也是作疏的人替孔子"吾道穷矣"这句话作注解，以为孔子在说这话的时候含着这三种意义。

以上由（12）到（16）各条"意义"，都是因为记号与符号底境地不同，是为第三方面。

总以上三方面十六种不同的"意义"，可以简单列表，以醒眉目。所谓"意义，"我们见到是：

（Ⅰ）语言所造的假东西

   （1）语言文字底"内在德能"，

   （2）与一种旁的东西不可分析的"关系"；

（Ⅱ）语言底滥用

   （3）"字典"里的同义字眼，

   （4）字底"内包"，

   （5）内包所变硬的（hypostatised），"素"（Essence），

   （6）"投射"到对象里的动作，

   （7）意向：

      （甲）所希望的事件，

      （乙）意志本身，

   （8）任何事物在某系统里的"地位"，

   （9）实际结果，

   （10）理论结果，

   （11）伴随感情；

（Ⅲ）记号与符号底境地

   （12）与记号发生"实际"关系者，

   （13）刺激所引起的记忆影响：

      （甲）记忆影响本身，

      （乙）记忆影响所"适宜"的另项事故：

         （ⅰ）记号所被"解释"的东西，

         （ⅱ）使用符号的人"实际"指示的东西，

   （14）使用符号的人"应该"指示的东西，

   （15）使用符号的人"相信"自己所指示的东西，

   （16）"解释"符号的人：

      （甲）"实际"所指的东西，

      （乙）"相信"自己所指的东西，

      （丙）相信"用符号"的人所指的东西。

然而一般用"意义"一词的人都好像以为"意义"就是"意义"，自然是不会变的；十六种不同的含义都被同一符号（意义）遮蔽过去。费了这一些力

气,才证明了同一符号尽管代表这许多不同的东西,我们必要对于一切符号,一切字眼都是这样搜根问底,才是正确思想底始级,才有科学底基础。

这只是一个例子,其他同样含混的字眼,当然还有好多好多。不过有的含义比较少,有的含义比较多罢了。然而符号尽管会糊得好像乱丝,不可猝然抽理;其实,乃并不是随便含糊得没有界限。将好多符号分析起来,互相比较下,则见含糊底本身好像是遵循着什么系统。这乃是对于关心语言与思想者的一个福音,使他们不致过早地在了心拙作美学(世界书局出版)讨论什么是"美"的时候,也是根据吕嘉慈等将"美"分成十六种不同的解释。即将这两个字眼会看一下,便可发见许多一致含糊(systematic ambiguity)的地方了。美学里的价值论可作本书底第六章,读者可以参考,此外不复录。

(本文节选自李安宅《意义学》第五章《意义》,上海书店据商务印书馆1934年版影印)

1983

谈符号学

金克木

提起符号学，也许有人就联想到语义学、结构主义等，又会联想到唯心主义、资产阶级等。这样的警惕性是很自然的，但不会有人要因此竟封闭符号学吧？我们不会忘记，黑格尔哲学是最严密而庞大的唯心主义体系，马克思、列宁却热心研究；摩尔根也不是马克思主义者，恩格斯却采用他的研究成果。一门新兴科学研究，若唯物主义者不去阐明，自然会落到唯心主义者手里去。本文并不是要打破什么防线，也无提倡之意，不过是作一点外行的介绍，至于专题论述，则有待于专家。

符号学在英语中有两个词：Semiology 或 Semiotics。前一词同医学中的症候学 Semeiology 本来一样，词源一致，用意也有点相像。顾名思义，这是研究符号系统的学问。开始提出这个词的是本世纪初的瑞士语言学家索绪尔和美国哲学家、实用主义哲学的创始人皮尔士。前者着重符号在社会生活中的意义，与心理学联系；后者着重符号的逻辑意义，与逻辑学联系。这两位仅仅提出说会有这种科学，却没有进行研究。各种利用符号理论以及使用符号的如语义学和符号逻辑（数理逻辑）等都不能算是符号学。直到第二次世界大战以后，大约从六十年代开始，符号学成为一门学问，才热闹起来。从西欧、美洲到苏联、东欧和日本等国都有人作符号学的研究。可是这些研究并不都符合最初提出来的人的想法，不是属于心理学、语言学、逻辑学，而是发展了另外的研究，尤其是对于文学作品等的研究。现在符号学的许多说法在国际上几乎已经成为常识。这大概是由于电子计算机的广泛应用，控制论、信息论、系统论对各方面的影响。倘若不具备一点这类常识，在看当代外国书刊和想了解外国当代文化及思想时，不免有点困难和误解。我自己就有这种感受。

符号学虽然已经成为一项科学研究，而且是国际性的，可是似乎并没有什么教科书和"经典定义"，还是一门发展中的科学。值得注意的是它总是同某一门科学相联系，例如研究动物的交际通信的动物符号学，研究生物细胞的信息传递的进入了仿生学范围，研究机械通信的联系了控制论等。这大概也是因为对符号的内涵广狭理解不一。狭义的只指语言以外的符号，把语言符号的研究归于语言学。广义的则指有符号意义和作用的一切，例如礼仪。我国古代重视制礼作乐，原始社会中节日必有舞蹈和音乐；跳什么舞，唱什么歌，也都是维护社会传统秩序的传递信息的符号。还有另一种符号学，认为文学艺术都是人类社会应用符号的活动，应当作为传递信息的符号来研究。这种情况有点像现代的人类学，同考古、语言、心理、医学、生物学、生态学、艺术科学等等都联系起来，发展了不少的分支。这也许是当代科学的一种趋势。严格的界限分明的教科书式的科学似乎只是常识说法和笼统名称了。甚至大范围的自然科学和社会科学的界限也有些模糊起来。作为这两大科学部门基础的数学和哲学已经互相渗透而且都进入所有科学的领域了。社会和自然的联系之密切日益超过几十年前的人的认识了。说明一门科学往往需要结合具体情况，因此符号学也无法从定义入手作说明。若要给符号下定义，只好说是传递信息的中介。一般说这种研究包括三方面：一称"语义学"，研究符号与实物（能指、所指）的关系；一称"句法学"，研究各种符号之间的关系；一称"语用学"，研究符号与人（使用者）的关系。不过这种分类说法偏重语言符号研究，而符号学结合各种科学，范围超过这些。它所密切联系的是范围同样宽泛的人类学。

符号作为标志是现代社会中不可缺少的日用品。交通标志是最明显的，到处都是。街道名称的牌子也是。任何人都不会在王府井大街的街口路名牌上去找百货大楼。这个标志并不是大街本身，只是告诉人们：从这里开始是王府井大街了。这是固定的符号。还有商标等等也是。通信用的符号各有固定含义，但组成就不固定。传达信息的符号，如同电子计算机中的程序，有各种编码系统，不能错乱。所有符号在应用中的共同过程，分析起来很简单：

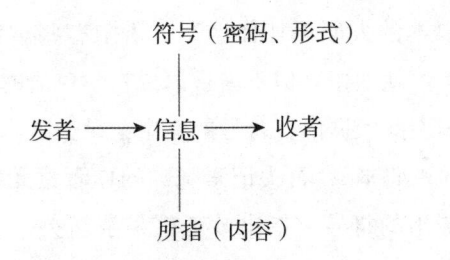

```
                符号（密码、形式）
                      │
    发者 ──→ 信息 ──→ 收者
                      │
                所指（内容）
```

　　信息必须以具备物质因素的能被感觉知道的符号传达，仿佛密码，因此，发者和收者都必须有密码本，而且必须一样，否则信息就传达不过去。两国人说话如语言互不相通就是没有共同的密码本。听的人虽听见一连串声音符号，却不能知道说的是什么，不能解译出符号中的信息。文字也是一样。手势也莫不如此。不懂哑语和盲文的人不能得到那些手势和点子所传递的信息。推而广之，生物之间是这样，生物同自然界之间也是这样，都由信息传递形成不断联系又不断变化的复杂的有机构成。人类语言，照巴甫洛夫学说，属于大脑的第二信号系统，其中明显有个译解过程，与机械的刺激反应有区别。婴儿初步认识光与暗，再辨别形象，逐步学习大人发出的传统信息符号，得到一步步完善的密码本以后，就可以和大人通话，而不是只靠哭、叫、笑、手舞足蹈来传达自己的信息了。这些都是常识。符号可以有各种分类。一种分法是将符号归入三个方面：科学技术的，社会性的，美学的。这是指人类所用的符号，动物的不算在内。

　　语言学家雅可布森引过一个故事，说是莫斯科艺术剧院的一位演员曾经在晚会上作过一次表演。据说他用了几十种不同表现法发出简单的"今晚"这个词，使听众在没有上下文的情况下，从他的表演的声调和姿态中，能了解到几十种不同的情景。这可以是文体学的和心理学的资料，也可以从符号学的角度来考察说明。他发出的"今晚"或"今天晚上"信息所用的符号不仅有声音，而且有声音的音调，等等，还有各种表情的符号，构成了一个复杂的系统。听众同时是观众，接收了这个复杂的视听符号系统，立刻解译出了他所传达的信息"今晚"。这只要他用的是双方都懂的一种语言，就可以得到。但是各种不同情况下的"今晚"所带的各种不同的符号，要解译出来就需要进一步的密码本，没有这一本的人就会莫名其妙。例如儿童就不能体会出幽期密约的"今晚"的语气，而惊讶、怀疑、哀叹、喜悦等附加于"今晚"的情绪也不能为没有这类情景的密码本的人所深切体会。日语中有些虚词的应用区分男女、尊卑、长幼，用错了，就别扭，但不懂日语或初学口语的人对这种错误的感受就和日本人不一样。因此依据语言符号的文字记录去解译发者的全部信息是困难的。这依靠收者的密码本。《石头记索隐》的作者蔡元培用自己编造的一种密码本解译曹雪芹传出的符号，指出妙玉就是姜宸英（西溟）等，如同猜谜游戏。很少人承认他这种密码本与曹雪芹的相同。谜其实也是一种符号，谜面是"能指"，谜底是"所指"。古人喜欢用典故，也是一种用简单符号传达复杂信息的方法。上述这一些语言中的符号功能是日常都用而大家不觉的。所谓"没有共同语言"往往是没有共同的密码本。理解错误也是出于同样原因。收者的解译不一定符合发者的信息。例如钱锺书同志的《管锥编》中"管、锥"二字，除了本身意义以外，显然是"用管窥天，用锥指地"（《庄子》）的简化符号。这个典故传达信息用的是人所共知的符号。我却由此联想到，"管城子"和"毛锥"和"中书君"都是古代笔的雅号，而"中书君"恰恰是钱锺书同志早年用过的一个笔名，这样又与传达功能以及密码本有关。由于语言符号所含信息不确定，因此数学、化学、经济学等许多科学的术语常用一些别的符号代替文字符号，以求确切。数字也不能脱离密码本。例如电话号码和电报挂号也是数目，但并不表示那个数，只表示那个号码。同样一个数目符号却传达不同信息，起不同作用。我们不能用电话号码打电报。1、3、5可以是音乐简谱，不是数字。

符号的功能可以有各种分类。若就人类语言而论，上面说的科学符号是一种指物的，表达客观的；另一种是指感情的，表达主观的。如上述那位演员表演所用的种种表示情景的"今晚"上附加的符号就包括这两种。符号还有作为社会交际对话传达信息的功能。这些又可以各各分类。功能不同，有的只需要认识、理解，有的需要感受。这比电报密码本复杂得多。科学的和艺术的又不相同。对于符号进行研究，发现了很多值得注意的现象。例如电视是现在传播最广泛的视听符号系统。它对儿童的影响极大，却并不限于所传达的信息（节目）的内容。它的传播就对儿童的感觉和意识起着不容忽视的作用。儿童一边听广播或看电视一边做功课的情况出现了。日语中已有了"一心二用的人"（那加拉族）的说法。由于电视中一切迅速变化，儿童的时间和空间观念正在改变；会觉得一切都迅速、无常。电视、电影、广播等所谓"群众性通信"的符号序列和所传信息正在对人类文化起着重大影响。儿童和少年所接受的符号信息繁多，他们的密码本不完整又没有大人那样稳定，这使一代一代人之间的时间距离缩短而思想感情距离扩大。从前要不定多少年才会出现传统中断的"代沟"，而现在用不了几年或几十年。有人给现代文化信息符号分类列表，认为可以照理智、感情，科学、艺术，社会、个人等划分。这位学者还研究符号中介对社会文化所产生的效应，说从抄写书、印刷书、出版书报到广播、电影、电视，传递信息愈来愈快、愈多，可以叫作"热"文化，反之可称"冷"文化。科学、工业、城市、西方文化"热"，而艺术、农村、原始文化"冷"。他还进一步认为，西方中世纪文化编码固定，因此现实主义反映生活，幻想奇迹反映梦境。现代却相反，抽象反映生活真实，街头喜剧和通俗小说等反而象征欲望。这也许会使人想到现代派绘画。举这一派说法为例，可见对于符号的研究已从动物的非语言符号到科技性质的和社会性质的符号，又发展到现代文化的许多领域了。

　　对于符号传递信息的研究日益发展。符号与象征和隐喻的区别、编码问题、形式与实质问题、认识价值问题等，不仅与语言学相联系，更与心理学相联系。符号学自己有一套分析法，有自己的术语，因为符号是指本身以外的另一对象的，所以指示物和所指示物之间的关系要研究，各种符号之间的关系，符号与人的关系，都要进行分析。对语言作为符号的研究更加复杂。文学比艺术中的视觉的图画和听觉的音乐，空间的造型，综合性的舞蹈、电影、电视等还难于分析。各种探索纷起，这里当然不能介绍。但这些研究涉及整个人类文化，不论各派理论如何，都值得注意。

　　这里举一个非语言的例子说明对符号传达信息功能的分析，但原来分析者着重的不是其与环境条件其他符号的联系，而着眼于其本身性质的区别。一个警察身穿制服，手拿指挥棒，对一个盲人指示道路，这是表示一种客观事实，是自然。若他穿制服赴婚礼就表示郑重，他在节日表演中持指挥棒要表示欢乐与和谐。一张警察为盲人指路的图是表示他的有益作用，表现事实的表示存在，只是要引起收受者的"注意"，后面列举的表示了价值判断要求收受者的"参预"。这可以说是一客观，一主观，恰恰同样表现了语言作为符号的两种功能：认识的和感情的。这一点区别又指出了现代西方文化的一个特点，可以简单说是技术和艺术分开了。这在古代文化中是不分的，技术和艺术相混。狩

19

猎、战争、宗教活动和农业、牧业等都是仪式化的。我国古时的"六艺"（礼、乐、射、御、书、数），也是这样。由这种符号学的分析可见符号学的研究者实在是企图利用现代各种科学以探索现代文明的奥秘。法国结构主义者列维-斯特劳斯由人类学出发并应用于文学以建立其理论。虽然他有一部书叫《野蛮人思想》，其实他是为了研究当代世界文化。由他的《悲哀的热带》[①]可以看出来。他的理论也是现代文明的产物。

将语言作为符号的研究现不介绍，而关于代替或辅助语言的符号还可以讲一点。例如汉语的文字是一种符号。汉语普通话现在还需要推广，不能通行全国各地各民族，而汉文却可以通行于读书人中间。古代用古文完全可以在读书人中间通行无阻，不仅能对话还可以笔谈。中国人和日本人之间也有过这种情形。这种汉文形成了一个密码系统，是通用于同行之间的特定语言。手势语的符号，有人统计说最多达一千三百个。至于翻译则是接收、解译、再解译、重发，是双重编码过程。改小说、戏剧为电影、电视剧，变故事为连环画，都有改变符号重新编码的过程。辅助语言的有声调、姿势，还有对话者之间的距离。后一点常为人所忽略，实际上这是社会关系及身份的符号并表示谈话的性质，而且随文化而不同。外交谈判绝对不能像情人密语一样，双方挤在一起。美国学者对这方面有过研究，称为"近体学"（Proxemics）。不但空间，时间也有符号意义，准时到或让人等待时间长短表示亲或疏，尊重或轻蔑。这在中国旧社会就有，赴宴不能准时，必须迟到。许多外国都有这类习俗，而且各不相同，常生误会，甚至产生外交问题。此外，交通标志、灯、钟、铃、鼓、汽笛、军号等的形象或音响都有指示行动的符号意义。这一类符号的共同特点是单一、明显、高度稳定（共同规定不变，如红灯表示危险），还日益国际化。例如交通信号据说已有一百五十种定型化。再有一种是科学符号，这是认识性符号。订立符号涉及"同一"和"类似"的区别问题，这里不谈。有一种特殊符号是占卜之类所用的，有人统计举出三百五十种，实际上不止此数。这不仅用于个人，而且用于社会，如战争、政治等。我国殷墟的甲骨卜辞就是一例。这构成文化的一部分。这是由已知推测未知，利用"类似"方式，有自己的符号系统，有完整的结构思想，是将人之间的时、空等关系与自然间的时、空等

---

① 又译作《忧郁的热带》。——编者注

关系对应。占星、相面、圆梦等都如此。对这一类符号有些人作过研究。值得注意的是，西方占星图体系，印度的星命图体系，中国的八卦、五行以及星辰分野等体系，都是既用"同一"又用"类似"的密码系统。这在古代不但用于炼丹、星相而且渗入医学等，如同今天的数学用于语言学、经济学等一样。宗教性的符号之多更是大家所熟悉的。

以上说的这些可以算是逻辑性符号一类。美学性符号一类就大不相同，需要另行处理。这是当前国际上正在发展的，关于人类文化中的文学艺术的一项科学研究。

正像各门科学一样，符号学有自己的一些术语，往往是同别的科学相通的。用于文学作品时有些人还规定了一些符号。这里不作专门解说，不能介绍专题研究。这类文章往往分析形式，不能脱离所分析的原文，无法翻译。这正同符号学和语言学、分析学联系时出现了句法、语义学、语义哲学、符号逻辑等一样，只能专题介绍，很难作概论或引言。下面略提一点值得注意之处。

将符号学的理论应用于文学，可以说就是英美的"新批评"，法国的"新评论"，德国的"文学学"，然而那些又各不相同，不能说都是符号学。标榜符号学的如《符号学在波兰》论文集，虽也论文学，却和我们所谓文学批评很不一样。包括英、法、德文著作和在荷兰出版的《符号学研究》丛刊，则包罗万象，近似人类学研究。人类学家列维-斯特劳斯和语言学家雅可布森合作的，对波德莱尔的诗《猫》的分析，可算是这类研究中的经典著作，却是首先刊登在法国的人类学杂志《人类》上面而且是无法译述的。这些人的做法也很不一样。有完全从形式出发的，如对《猫》的分析；有的则追求内部思想结构，如一篇分析福尔摩斯侦探案的文章，竟归结到探案最终是合理与不合理的矛盾冲突而以合理胜利为结束。因此，我们只能说是，千变万化不离其宗，他们所探讨的是"能指"（符号）和"所指"（意义）的"结构"（系统）。看起来是讲"表层结构"，其实是追求"底层结构"。他们真感兴趣的并不是形式而是那个潜在的东西。我们不能把与符号学观点有关的各方面的各种探讨一概而论，不能只用一个符号去贴商标，尤其是在文学研究方面。这方面同语言学、人类学方面一样，他们用的有些词的含义和我们所习惯用的有时差别很大，甚至相反。例如"内容""形式""本质""价值"之类，各家说法也不尽相同。

现在必须介绍一下这类文学（广义）探讨的源流了。被称为形式主义者的苏联的学者普罗普在一九二八年发表了《故事形态学》。他分析了二百多个民间故事，得出三十一个基本行动，认为变的是人物和现象，不是这些行动的功能。他提出在这个基础上建立一种类型学。随即在捷克有了被称为布拉格学派的一些研究者，照他的路线进行探索。一九五八年这部创始著作由俄文译成英文。在法国，列维－斯特劳斯又加以发展，用于对神话的解释，并且结成了所谓《结构人类学》和一系列研究著作。这就是人类学中的结构主义。他对俄狄浦斯神话（传说）的分析和弗洛伊德以及继承人荣格的理论不同，两者都对文学研究产生很大影响。列维－斯特劳斯的方法基于普罗普的着重内容结构进而认为，分解出来的各组成部分的历史内容不如其活动的形式关系的系统那么重要；这一方法现在已用于故事、小说、电影等方面。目前国际上已经承认苏联和匈牙利、罗马尼亚等国在民间文学（民俗学、民族学）研究方面有独到之处。苏联学者又将符号学的研究延伸到印度的古代吠陀神话，其中一书已译成法文，列为上述包括英、法、德文（不翻译）的丛书第三十种，于一九七三年出版。苏联学者还用民俗学的观点研究"飞碟""绿人"（太空人）问题，在国际性刊物《当代人类学》一九八一年第二期上刊出论文。文中分析的四个典型传说中有一个正是和《聊斋志异》中《偷桃》故事一模一样的世界性传说。这类研究起于第一次世界大战以后而盛于第二次世界大战以后，和语言学、心理学、人类学等方面情况一样，都受当代社会思潮影响，又对当代社会思潮起反馈作用。其内容都互相牵涉，而且有些说法虽类似从前，但实际大有不同。用昔日的范畴套今日的发展很可能似是而非。这种国际学术情况毫无疑问反映了当代国际社会的发展，尤其是科技的发展。这些不是少数人胡思乱想便能轰动一时的，而是社会思想动荡不安竭力追求出路的表现，也是信息交流迅速和世界缩小的结果。

符号学的关于所谓神话的研究，关于社会性符号的研究，关于各种符号系统的研究，都有一些发展。尽管有些过于概括的结论只能是试探性的或属于某一学派的，但这种探索和细致分析都是有大量依据的，不是从冥想得来的。因此，虽然有些说法使我们想到康德，但现在出现的绝不是康德当年主要凭借逻辑推理的哲学。正像这种语义分析使我们想起古代印度的语言和文学理论，但两者只能对照，不能相提并论。庄子说"得鱼忘筌"，禅宗和尚说"因指见月"，同符号说法更是只能类推，不能比附。今天的人类思想反映今天的人类，昨天的反映昨天的，虽然今天继昨天而来，究竟今天不同于昨天。所谓符号学的出现不是属于一门学问的，也不是属于二三十年前的。我们需要了解它，为的是要了解今天的世界。至于明天怎么样，那是另一范围的问题。

不论如何解释，我们生活在充满符号的世界上是不成问题的。许多人抽烟抽的是烟的牌号，买表买的是商标，戴黑眼镜也舍不得撕下镜上的商标纸。广告充斥，各宣传其牌号。各种各样的明码、暗码每天向我们冲击。如果把符号当作实物，甚至重视符号过于重视实物，那会有什么后果呢？要了解今天世界上许多学术思想以至社会思想，了解一点研究符号的学问和思想，总是会有帮助的，也许还是不可缺少的吧！

（本文原载《读书》1983 年第 5 期）

1990

意义、符号与《周易》

俞宣孟

本文从意义理论和符号学的角度来研究《周易》。阐述了意义现象的实质，符号的一般特点及其与意义的关系；分析了《周易》卦象符号的特点和它的表达功能。得出意义内容在先、符号形式在后，符号形式只具有相对的独立性，符号形式对于理解意义内容有补足的作用，《周易》符号具有普遍的表达功能的结论；并认为根据这些观点可以消除《周易》的神秘色彩，从而展现它的真实的价值。

一、神秘的易经符号

《周易》是中国文化的一个重要源头。它记载了古人对"天文地理"、宇宙人生的总的看法，其言简意赅、恢宏精深的论说，即便在今天仍然有强烈的感染力。赞叹之余，人们或许也会产生这样的疑问：《周易》的文字所阐述的思想为什么要依着"鬼画符"一样的六十四卦的卦象来展开？这些思想是六十四卦本身蕴含着的吗？如果是，为什么后人不能根据这六十四卦独立地得出相同的结果？如果不是，那么为什么古代的"圣人"对照着卦象侃侃道出他的思想时却显得有条有理？譬如，对照乾卦的六条阳爻，论说一般的事物经历潜伏、萌发、生长、壮大、鼎盛、穷极而尽的运动过程的普遍道理，既形象又生动，同时令人觉得六十四卦充满了神奇的力量。这究竟是怎么一回事？

还有许多情况也说明了六十四卦的神秘性。最突出的是它原来是用作卜筮的。《左传》《国语》上记载着这样的例子。这在今天看来都是缺乏根据而不可信的，但它在当时人作出重大决策时却起着重要的作用。对这种现象我们也应作出分析和说明。如果说上述情况离开我们太久远，使我们将信将疑的话，那么另一些情况则是确实无疑的。首先是，随着计算机技术的发展而得到广泛应用的数学的二进位制，居然是可以用六十四卦来表达的。此外，有报道说，近来有人将《周易》用于对抽象艰深的中医学理论和最新发展的物理学理论的解说，也获得了很大的成功。这说明《周易》的六十四卦具有多方面的表达意义的功能。它的这种功能正是六十四卦神奇性的秘密所在之处。

近年来随着符号学的产生和传播，人们开始认识到，人类用以表达思想的主要工具——语言，不过是一种符号系统。同样，一种礼仪、一个行为可以看作表达某种伦理或宗教价值的符号，一件艺术品可以看作表达某种审美情趣的符号。我们还可以说，当思想观念、伦理或宗教价值、审美情趣被表达出来的时候，就是表达出了某种意义。因此，归根结底，符号又被认为是使意义得到表达的工具。这一发展使人们有可能从符号学的角度对《周易》作新的研究，因为六十四卦显然是一个典型的符号系统。

符号学揭示了符号在人类文化模式中的地位、符号的基本特征、形式结构及各种表达功能。这些成果对于分析《周易》符号系统的特点有很大帮助。但是，《周易》符号系统为什么具有表达意义的功能？这个问题要求我们不仅要搞清《周易》符号系统的特点，而且要搞清它所能表达的那些意义的特点。可是，后一点又涉及一般意义的意义问题，即"意义是什么"的问题。

二、意义的意义

当符号学断言人是"符号的动物"时，它的意思是说，人是通过创造和应用符号构造了文化世界从而达到文明的高度的。但是依照上述立论方法推论下去，似乎更应当说"人是意义的动物"，或者用梅洛-庞蒂的话来说，"人是注定有意义的"。因为符号是人类用以表达自己早已有之的意义的。借用中国哲学的术语说应当是，意义为"体"，符号为"用"。

意义是什么呢？当我们不去追问这样的问题时，我们自以为是明白的，我们所理解的每一件事、每一个行为、每一种思想，都包含着对意义的理解。人们还常常用"重大的现实意义和深远的历史意义"来表达他们对某些事情的重要性的认识。可是，一旦我们问意义的意义是什么，人们就不禁茫然失措。

现代西方哲学中对意义问题讨论得最热闹的也许要数分析哲学。他们曾经试图通过对语言的分析清除形而上学，因为在他们看来，形而上学是一些无意义的命题组成的。这样他们就面临着回答什么是意义的问题，最初他们认为，一个有意义的命题必须符合两个条件：一，其中的每个词都应有其实指的、经验上可观察到的对象；二，词的排列必须符合一定的逻辑规则。这就是说，命题的意义在于词的意义及其排列，而词的意义在于词所指的对象，或者说，词所指的对象就是该词的意义。这种理论的困难在于：首先，同一个对象有时可有不同的意义，如晨星和暮星就是同一对象的两种意义，可见对象本身的意义离不开与之打交道的人的情况。其次，有些词并不指示可观察的经验对象，但包含这种词的句子未必没有意义，如"他不怕鬼"，"鬼"这个词所指示的显然只是一种观念的东西。为了克服理论上的种种难处，分析哲学家们也做过种种努力，总的倾向是不断放宽他们对意义的标准。例如，把用来判断一个命题有无意义的"证实原则"放宽为"认可原则"。分析哲学中的日常语言学派则更明确地提出，词的意义与词的使用有关，词的意义离不开一定的语境。日常语言学派其实是受到维特根斯坦后期思想的影响，他曾指出，如果有人想在某个存在领域内寻找某个词的"意义"，那是注定要失败的，"词的意义就是词在语言中的用法"。

　　分析哲学初始想通过对语言的意义的分析清除形而上学，并且把这一点看作一大发明，结果却表明，他们对最小语言单位的词的意义究竟是什么也不能得到确定。其实语言不过是表达意义的一种手段。如果对意义本身究竟是怎么回事还没有搞清，那么要想确定语言的意义当然是困难的。意义本身的问题绝不限于语言的领域。事实上，在日常的交往中，一个眼色、一种手势甚至特定场合下的沉默，都能传达某种意义。视觉艺术、习俗、礼仪、禁忌等都是"无声的语言"。此外，"意在言外"的情况也是人们熟悉的理解意义的方法，例如人们听取俏皮话、幽默话、双关语乃至欣赏诗歌时，就遵循这种途径。这些都说明，拘泥于语言的意义讨论意义，便不能深入意义本身领域的堂奥。当维特根斯坦说出"词的意义就是词在语言中的用法"时，他可能就已经看出了分析哲学讨论意义问题的局限。

　　我们的讨论只能展开在语言中，而意义本身的范围比语言的意义要大，搜遍了语言的意义还是不能穷尽意义的意义，我们的讨论还能进行下去吗？继续讨论的方向在哪里呢？正当我们"山重水复疑无路"的时候，注入了现象学方法的现代释义学哲学把我们引向了柳暗花明又一村的境界。现代释义学看穿语言的本质,认为语词不过是一些符号,它们的意义是人们约定俗成的。人们借助语言来表达对各种各样事情的理解,然而不知不觉中,人们总习惯于抓住语言却放过了事情本身。因此应当面向事情本身,而把语言当作通向事情本身的一座桥梁。面向事情本身是现象学的基本原则。

我们这里要抓住的事情本身就是意义的现象。抓住意义的现象首先要看意义出现在什么场合,然后对它进行分析。

凡是我们对事物从简单直接的领会到高深复杂的理解都包含着对意义的领会和理解。笼统地说,人的一切明白都是对意义的明白,意义的现象就发生在人的明白之中。意义是明白的内容,它伴随着明白而发生。于是,对意义现象的分析离不开对明白这个现象的分析。

当人们明白一件事情的时候,常常采用的基本形式是指出甲是乙,这也就是说,人们是从与乙的联系方面去明白甲的。亚里士多德制定的传统定义方法,种加属差就是这种形式之一。我们通过指出甲与乙的联系而明白甲,其前提是乙必须已经是我们明白的内容。倘若我们对乙一无所知,那么企图通过与乙的关系去明白甲也是不可能的。当然,我们可以通过乙是丙、丙是丁……这一连串的关系去弄明乙、丙……的意义。这说明当我们明白某事物的意义时,这种明白总不是孤立的,只有当事物处在相互关系的网络中时,我们才能获得对这些事物的理解。因此,我们初步可以说,意义,作为我们明白的内容,就是事物之间的相互关联的网络。所以现代释义学在提到意义时总采用"意义的网络""意义体系"这样的说法。

意义是事物之间关联的网络,我们是通过事物的相互关联而明白其意义的。这里,一些事物对另一些事物具有指示、指明的作用。但是并非任意的事物之间都具有指示的作用,一对他物的指示作用同人的活动有关。例如通过人的劳动,矿石炼成了铁,铁铸成锤子,锤子用来敲打以制作物件等。人的劳动是有目的性的活动,目的性是一种意向,矿石、铁、锤子、物件等就是在人的意向性的活动中关联在一起,并获得其一定的指示作用的。

一切意识活动都是意向性的,意向的形式是多种多样的。意向总伴随着意向对象,例如,感觉有感觉的对象,想象有想象的对象,思想有思想的对象。只是由于在意识活动的过程中向我们显示出来的总是意向对象,乃至于意向本身不易为人们注意。然而，意向却是意识活动中积极、主动的方面，意向所向之处才显示出我们要明白的东西。海德格尔因此把这种意向比作照亮万物的澄明的光。由于意向可以有不同的形式，它在不同取向上构成的不同关联网络就成了不同的意义体系。凡伴随着实际活动的意向所串联起来的意义系统是有现实性的，而在纯粹抽象的思想活动中意向所串联起来的意义系统则不一定能从现实性方面得到证实，但这并不妨碍它是一种意义。所以分析哲学可以通过证实原则确定那些有现实性的词语的意义，但并不能否认那些没有现实性的词语也可以具有一种意义。

有些客观性的描述揭示事物本身固有的关系，表面看来，这样一些意义不需要人的意向把它们串联起来。其实不然，当我们去描述它们时，这一活动本身就是有意向性的，它或者是为了引起人们的注意，或者是出于研究的需要。如果没有意向指向，那么客观事物的联系再牢固，其联系的规律再明显，人们也只是"熟视无睹"，或"视而不见、听而不闻"。

综上所述，我们可以进一步认为，意义就是人的意向性的活动中所联结起来的对象关系的网络体系。这里的活动可以指实践活动，也可指纯意识的活动；对象既可指实践活动中所涉及的实际存在的事物，也可指纯意识的非实际存在的对象。人生是在贯穿着意向性的奋斗、追求中展开的，在这个过程中，人把意向性活动中所涉及的对象编织成各种关联的网络，通过这种关联的网络，人获得了对世界和自身的认识。而人所认识的关于世界和人生的意义又是人自己的创造性活动造成的，就这一点而言，同样可以认为，人生就是意义。

三、意义的表达——符号

既然意义是人的意向性活动中所串联起来的对象关系的网络，那么，意义最直接的表达就是当下的活动以及当下活动所涉及的那些有指示作用的对象。例如，两支配合默契的球队之间的比赛，其中每个队员都明白根据场上变化的情况应当如何跑位、传球、进攻和截击，他们明白相互之间的每一个行动将导致的后果，因为这些行为本身就是对象关系网络中的环节。又如"月晕而风、础润而雨"，人们之所以看到月晕、础润的自然现象便想到风和雨，是因为成为意向性对象的月晕和础润的自然现象本身就有指示刮风、下雨的作用。这些自然现象表达着某种意义关系，但它们本身不是符号，而是意义关系的直接组成环节或承担者。其中指示已发生过事情的自然现象叫迹象，指示将发生的事情叫征兆。只是当人们不在当下的活动中，或者所要表达的对象关系不在场的时候，才使用符号来表达意义。反过来说，符号不是实际的意义联系中的对象，符号本身是没有意义的，它只是人们创造出来用作表达实际意义的可感形象。

有些符号论学者把一些实际的对象也视作符号，比如说一幅绘画、一个舞蹈动作或一项宗教礼仪。其实当它们被当作符号来看时，它们已经在观察者的意向中被当作它们本身直接意义之外的另一种意义的代表物了。例如，一张绘画，它的直接意义就是其艺术形象引起的欣赏者的当下美感，这时，它不是符号，它本身就是意义关系中的实际对象。当一个评论者把它纳入另一种意义关系系统中去加以审视，例如从中思考当时一般意识形态的特点，或者经济生活的特征，这时这幅画成了一个代表它自身直接具有的意义之外的意义的替代物，这才成了符号。符号本身不是作为实际意义系统中一个环节的对象物，这一点还使符号与信号、标记区别开来。信号和标记虽然也如符号一样有人造和约定俗成的特点，但它们本身是实际意义系统中的一个环节，它们本身承担着实际指示的功能。例如一个危险区的标记指示人们必须离开，一种交通信号指示人们采取相应的交通行为等。

既然符号本身不是实际意义中的一个对象环节，它没有意义——因为人们用一个符号代表某个实际对象时有任意性和约定俗成的性质，而意义则是一个复杂的关系网络，那么，符号怎样才能表达意义呢？

第一，实际事物由于被意向性的活动网罗进关系的网络，具有一定的指示作用而获得了意义。当人们在用符号来代表这个实际事物时，就把他所了解的这个事实的指示作用注入这个符号，使这个符号承担起作为另一些事物代表的符号的指示作用。

第二，复杂的意义系统包含着数不清的对象事物，要表达这样的意义，符号本身必须具有同样数量的可资区别的不同形式；被人纳入各种意义系统的对象事物是不断增加着的，与之相应，人也应具有造成无限多符号的创造性机制。

第三，对象事物是在一定的关系中获得意义的，符号也只能经过一定的排列才能表达这种关系。

从这些要求来看，人类创造语言这种符号系统作为表达意义的主要工具，确实有很大的优越性。首先从口语说，发音和听觉是人的生理功能具有的能力，它可以随时随地取用，以代表那些当时不在场或不容易重显的实际事物和实际对象。人们发音时要改变口腔形状、部位以及发声方法，就产生声音的区别，这些互相有别的基本音素经过组合形成单音节和多音节的声音单位，其数量多得几乎无法测定。人们可以从这些互相区别的声音单位中任意取出一种来代表一种所指的实际事物，并且通过这些声音发出的时间上的先后顺序来表达事物间的联系。书面语言——文字，基本上是对口语的记录。它靠线条形象创造的字母或策划，可以组成与口语相仿数量的互相区别的符号形象。与口语相比，文字符号要借助一定的工具，它不如口语符号使用方便，但它不像声音那样转瞬即逝。因此，文字的发明对于人类文化的积累起了很大作用。

然而语言毕竟只是一种符号系统，本身是没有意义的。它能被人用作表达意义的工具，首先需要人们对它加以约定俗成。约定俗成就是把意向注入到语言符号中去。只有在语言中注入了意向，在词语和实际事物以及词语的排列与实际事物之间的联系建立起对应的关系，人们才能通过语言了解实际的意义。但是语言符号一经注入了意向，似乎也获得了独立的生命力，乃至于人们变换词语的排列也可组合出能够理解的句子。事实上，人们所了解的关于世界和人生的意义，大部分是通过这种可理解的句子获得的。这里存在的危险是，人们对于真实的意义距离反而远了。从古希腊的赫拉克利特说的"不要听从我的话语，而要听从逻各斯"，到现代非理性主义对于直觉和体验的重视，都反映了人们对于这种危险的警觉。还有禅宗佛教的棒喝，也明显反映出要冲破语言的局限直接体察真谛的倾向。

四、《周易》的卦象与义理

从符号与意义的关系去看《周易》，六十四卦符号的神秘性也就消除了，它同《周易》的文字部分一样，都是用来表达某种意义的符号。我们对文字符号系统不感觉神秘，是因为我们学习文字的时候就在这些符号中注入了意向，明白了这些文字所代表的意义。而卦象符号则没有被我们经过这样的学习消化。另外，文字可直接与口语相参照，卦象则没有这种参照物，这也是卦象容易给人造成神秘印象的原因。但是我们现在可以说，卦象是符号，文字也是符号,当我们还没有在卦象与它所表达的实际意义之间建立起一定的联系,即还没有接受卦象符号约定俗成的意义时,卦象就是不可知的神秘的东西。事实上,中国人在初见西方由字母组成的文字时也一定是会产生神秘感的。

有一种观点认为,意义是根据卦象产生出来的。从这个观点出发,产生了历史上研究《周易》的象数之学。他们从卦象的排演中去推算时间和历法,制定天地万物产生的过程和秩序那样的"先天图"。依照这种观点,符号不是表达人们已经有所领会的意义的手段,意义倒是从符号中产生出来的。这种观点最初见于《周易·系辞上传》,其中说,古代的圣人创作了卦象,然后根据卦象来教民兴办事业。例如:"作结绳而为罔罟,以佃以渔,盖取诸离。……斫木为耜,揉木为耒,耒耨之利,以教天下,盖取诸益。……"金景芳、吕绍纲二位先生的近作《周易全解》批评了这种观点,其中谈道:"《易》卦有井、有鼎,皆于实物取象,今日'作结绳而为罔罟,以佃以渔,盖取诸离',颠倒本末,于事理说不通。"

根据传说,伏羲作八卦、仓颉造字,说明人们用卦象符号表达意义要比文字早。有了文字以后,卦象符号并没有立即被取代,而是继续存在,并且从八卦发展为六十四卦。从《周易》来看,卦象与卦辞、爻辞是同时产生的,而是相互参照着表达同一套思想意义的。那么为什么同一套思想意义要借助两套符号来表达呢?这是因为对于周易所欲表达的意义来说,卦象自有语言不可替代的表达功能。

周易反映了当时的人们对于天理人事的系统的看法,即所谓"明于天之道,察于民之故"。他们认为,自然界和人类社会是相通的,它们服从于同样的运动变化的规律,它们根据这种规律而产生、根据这种规律而存在。这个规律就是,一切事物都是根据阴、阳两种因素相互作用而变化的。其中阳代替刚健的方面,阴代替柔顺的方面,或者借用现代的话来说,它们分别代表矛盾的主要方面和次要方面。揭示这种规律还不是《周易》一书的根本目的,它的根本目的是要让人根据事情的变化规律,采取相应的行动以趋吉避凶。

如果周易所要表达的就是上述这些意义,那么不借助卦象符号就可以明确说出。但问题并不这样简单。既然《周易》的作者是要指导人们采取适当的行动趋吉避凶,那么就应当具体指出,一共有多少种不同的变化,并且所列举的变化种类应当包揽无遗,这样才算得上"易与天地准,故能弥纶天地之道"。

这涉及对一个整体加以逻辑划类的问题。我们可以用语言表达出许多种不同的变化方式，但是即使说出成百上千种，我们还是不能说，变化方式已经列举尽了。古希腊的时候，人们就意识到，对一个对象领域作完全的逻辑划分必须是：各类之间互不包含，所有的类正好穷尽整个对象领域。但是对于一个范围不确定的对象领域的划类就很难实施。对此，柏拉图通常使用的方法是划为甲和非甲。但是这个非甲依然是一堆不明确的东西。《周易》的作者面临着同样的问题：天地之间的变化本来没有止境，现在要把这没有止境的对象当作一个整体看，并且要划分出变化的类来。当我们这样摆明了问题的性质，周易运用卦象表达的巧妙就显示出来了。《周易》是用阴（--）阳（—）两种爻，布到六个爻位上得到卦象的。依据这一规则得到六十四卦，其中没有两卦是完全一样的，并且也不会有第六十五个不同的卦象存在。把世界上的各种变化发展的方式确定在六十四这个数字上，这当然是不足信的。但是如果认为世界整个就处在变化发展中，并且这些变化发展恰好反映了世界的全貌，那么，《周易》卦象在既标示出不同变化的定式，又表示出这些定式组成一套变化系统的整体方面来说，它的表达形式的逻辑是严密而完整的。

我们前面说过，符号本身是没有意义的，只是当符号内注入了意向，即约定俗成之后，符号才有了指示的作用，才能被用来表达意义。同样，周易的卦象用于表达意义时，也是经过约定俗成的。这种约定俗成一部分是易经的作者制定的，这反映在卦辞、爻辞中；一部分是易传即十翼的作者发掘出来的，对这部分约定要加以重新发掘，可能它在当时本来很流行，但后来一度失传，没有这些约定，我们是无法确定卦象究竟表达了什么。这些约定的内容主要有：(1) 阳爻（—）代表刚健，代表为主的方面，阴爻（--）代表柔顺、为辅的方面。(2) 每卦的六个爻位，从下而上，依次代表发展的六个阶段；下为初、上为终；其中第五位代表发展的成熟、兴盛阶段，而第六位则是发展的极盛阶段，预示"物极必反"。此外，一、三、五位是阳位，二、四、六位是阴位。阳爻居阳位、阴爻居阴位叫当位，当位比不当位好。爻位还有两种划分方法：一是六个爻位分成三节，每节两个爻位，上二爻为天才，中二爻为人才，下二爻为地才。这是把事物的发展分成三阶段来看。又一种划分法是六个爻位一分为二，上、下各成两个经卦，下卦又叫内卦，上卦也称外卦。这种划分往往用于对事物变化作静态态势的分析。内、外卦的划分又产生了二、五和三、六变爻的应对关系。对爻变的约定最多，其反映的变化也最复杂。这说明，确定一个事态发展的吉凶，不仅要看它是刚健的势力还是柔顺的势力，还要看它处在什么发展阶段，是否当位，与其他爻位或因素的关系，等等。这些关系确实很复杂，要用语言一桩桩叙述出来很烦琐，而六十四卦则将各种情况一一标明、一无误差，不由不令人赞叹。(3) 卦序也是一种约定。《周易》首二卦为乾、坤，乾的六个爻位全阳（☰），坤的六个爻位全阴（☷）。这意味着全部变化是从两种纯粹的状态开始的。把阳看作天，把阴看作地，那么又意味着天地细蕴而生化万物，变化是由简单到复杂展开的。卦序的约定与意义的联系可从《周易》与它以前的两种不同的易的比较中看出。相传夏代的易称《连山》，殷代的称《归藏》，其不同在于卦序的排列。其中《归藏》首卦为坤，它的主旨便是推崇柔顺，有的人认为这是母系社会的反映。《周易》则推崇刚健，主张"天行健，君子以自强不息"。另外，《周易》的排列，相邻每两卦之间的卦象有"非反即对"的特点。这种排列很容易使人想到，《周易》的作者认为各种变化方式之间不是孤立的，它们之间是相反相成的。(4) 八经卦各有它们代表的事物或意义，这也是一种约定。这些约定记载在十翼的"说卦"中。

　　用《周易》对卦、爻的基本约定去看卦象，卦象便像文字那样变得有所指示了。如我们举乾、坤二卦后的屯卦为例，屯（☵☳），震（☳）下坎（☵）上。震有动的意思，坎有险的意思，这些都是约定俗成的，这一卦所反映的变化态势便为"动而遇险、动在险中"。这是接着纯乾和纯坤两卦后面的，故又可明白为"刚柔始交而难生"。再从爻的情况看，初爻为阳爻，再有第五爻位即九五为阳爻，余皆为阴爻。据前面的约定我们不难明白，这好比是一种初生刚健的事物，需经过种种磨难，才能达到当位，即达到九五的阶段。由于困难大，事业也大，《周易》的作者在卦辞、爻辞中就通过"建侯"事业为例加以说明。

　　又如，末二卦为既济（☲☵）、未济（☵☲）。从当位与否的角度去看，既济是阴、阳当位，说明发展变化到了这一步，都各正其位，达到了各自该达到的地位。但周易的作者将与之相对的未济放在最末的地位上，在这里，又没有一爻是当位的。根据这个卦象就可以认为，易的全部变化又将重新开始。这是周易的作者巧妙地跳出表达形式造成的封闭圈的方法。

　　试想一下，要是我们用语言来罗列《周易》中所有的变化定式，这将是多么的烦冗，而《周易》只用六十四个卦象符号就表达清楚了。这六十四个卦象就是变化形式的六十四类,它们构成了一部《周易》的提纲。所以《周易·系辞上传》说:"乾以易知,坤以简能。易则易知,简则简从。"

"易简而天下之理得矣。"

五、小结

综括全文,我们得出如下几点看法。

1. 如果我们承认意义在先、符号在后,那么同样,我们应当认为《周易》中的卦象是中国古代的人们通过长期的实践活动,对自然人事获得了一种普遍性的理解之后,用来表达这种理解(即意义系统)才制作产生出来的一个符号系统。这个观点没有什么惊人之处,但如果忘记了它,便会以为《周易》的全部义理是从卦象中推演出来的。历史上的象数派甚至认为,一年的四季、十二月乃至三百六十日都是从卦象推算出来的,而不是人们从观察自然运行的实际过程中得到的。这种错误的认识势必给《周易》蒙上神秘的色彩。

2. 卦象作为表达形式,会有它的相对独立性,形式对于理解意义内容有帮助,如门捷列夫制作化学元素周期表,当时他只是对已知化学元素按原子量的递增排列,发现了变化的规律,从而依据周期表的空格而正确地预言了当时未曾发现的元素的存在,这正是形式的相对独立性。同样,我们设想周易卦象的制作者在制定六十四卦的时候,并不一定正好有了六十四类关于事物变化规律的实例。但形式上的完美性反过来帮助人们理解内容,使人们一旦接触到新的关于事物变化的态势,立即就找到了一种适于表达的形式。然而形式毕竟依赖于内容,不适当地夸大形式的独立性,是卦象符号给人以神秘感的又一原因。

3. 《周易》卦象是具有普遍表达功能的符号系统。卦象符号系统对应的对象既可以是确定的,又是不确定的,它提供了六十四套或者说三百八十四个有联系的信息符号,只要人们对卦、爻、卦序、爻位作出新的各种约定或排列,它便可以用来表达新的各种意义系统。这样来看,《周易》被用于数学、物理学和中医等的表达也就不奇怪了。

神秘性的原因一经揭示,神秘性便不再具有神秘感了,而显示出它的真实光彩。

《周易》的真正伟大之处在于,它是中国古代的人们第一次对天道人事一般变化运动规律的系统而完整的表达。从某种意义上说，理解难，表达更难。天道人事的变化规律仪态万千，却又是无思无虑无言的，自然每时每刻呈现给人类，但自然并不言说。周易打破了无言的沉默，它是人类文明的一座里程碑。

（本文原载《上海社会科学院学术季刊》1990年第4期）

1993

传统文化典籍的符号学特征与典籍阐释

邓生庆

  文化传统是通过多种渠道和多种方式传播的。其中，有一定文本的文化典籍是最为重要的媒介，因为这种媒介能极大限度地突破时间、空间障碍，使传播者得以与受传者直接对话。为继承传统文化优秀遗产，典籍阐释是一项极为基本、极为重要的工作。从传播学的角度来看，典籍阐释属于受传者对文化信息产品的解码活动。这样的文化信息产品是借助特殊的符号来传播的。因此，笔者认为，要对文化典籍的阐释作出较为深入的研究，势必要求对它借以传播文化信息的语言文字符号的特征、符号的编码和解码作适当的考察；从而，不仅需要运用阐释学的原理和方法，还有必要借助符号学、传播学的基本理论。

一、文化典籍的符号学特征

  一切信息都必须借助符号载体而存在和传播。符号所承受的信息是符号的所指，符号之作为载体称作符号的能指。符号是能指与所指的统一体。从传播学上分析，符号的所指功能是多层次的。著名语言学家罗曼·雅柯布森曾对这些功能有过分类描述，但其中存在不少问题。此处只简要陈述笔者自己的所指功能理论。

  符号的指代功能确定符号与思维对象之间的关系；情感功能确定传播者与思维对象之间的关系，即传播者对思维对象的态度；指令功能确定传播者与传播效果之间的关系，即传播者借助符号进行传播活动期望对受传者发挥的作用；交流功能确定传播者与受传者之间的关系——传播关系，即传播者对于传播的态度；美学功能确定符号及思维对象与非功利层次的传播效果，即受传者非功利性的愉悦状态与鉴赏意向之间的关系；元语言功能确定符号与符号之间的组合关系；等等。图1较为直观地表示了符号所具有的多层次的所指功能：

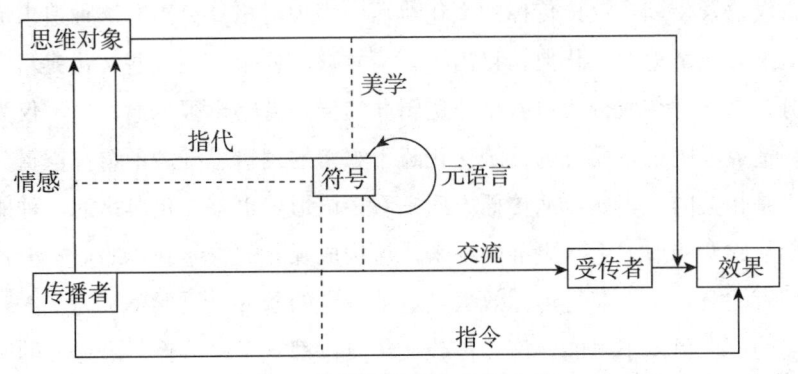

图1 符号的多层次所指功能

大量的符号都可能具有多种所指功能，从而可承受多层次的信息。而且，就一符号所具有的某种所指功能而言，该符号与其根据这种功能所传递的信息之间通常并不存在一一对应关系，比如说，一符号可能承受多种指代信息，或承受多种美学信息。此外，能指不同的符号可能具有完全相同的所指。符号所具有的这种多层次所指功能的情形也适合于符号组合。

语言文字符号是一种特殊的符号。书写文字符号的能指包括语音、语形两个方面，汉语文字作为一种起源于象形文字的表意文字，其能指方面以语形为主、语音为辅。这与拼音文字的情形正好相反。从古文字符号产生的途径可以看出这两类语言文字在能指方面出现区别的原因（见图2）。

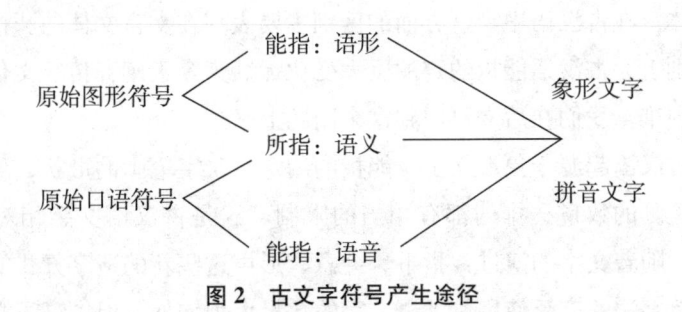

图2 古文字符号产生途径

与以语音为能指主要方面的拼音语言文字相比较，汉语文字符号及其组合的图像美学功能要强得多。这一特征与中国传统文化富于形象思维和直觉体验具有密切的关联。而且与中国哲学概念抽象性、概括性不足，形象性、具体性有余也不无关系。汉语的能指约定（即从语形、语音上约定文字符号）主要针对语形，由此导致了汉文化对汉语文字及文字组合语形美的多种追求。这种情形在古汉语及借助古汉语传播的文化典籍中表现得格外突出。这种追求语形美的趋势顺理成章地对文化典籍提出了言简意赅的要求。在这些文化典籍中，语句成分、语句联结成分大量省略，逻辑联结词的省略也很普遍。这不仅为后来的阐释造成了困难，而且与传统文化疏于缜密的逻辑思维、不重视逻辑分析和论证也是相关的。当然，从传播方面来看，语形美也是文化典籍的一种能指优势，即从媒介的形式上（更准确说来，从构成媒介的符号载体的形式上）为获得受传者注意，从而获得传播效果创造了一定的条件。语形美又为平仄对仗等语音美的追求提供了可能。许多传统文化典籍都富于语形美、语音美的能指优势，令人阅来赏心悦目，读来朗朗上口，百诵不厌。

语言文字符号的能指约定可能跨时间、跨空间而发生变化，明显地遵循简单化原则，而且这种原则随语言的演进有加强的趋势。其目的当然是使用起来方便。如汉语文字的简化便属于这一趋势。

汉语语言共同体覆盖了极其广阔的地域，汉语文字的历史极其悠久，这就造成了古汉语演进过程中语形、语音的巨大变化。这种变化不仅跨时间地表现在古汉语文字与现代汉语文字之间，也跨空间地表现为不同地域之间的巨大语音差别。至于古汉语中大量的异体字，则是跨时空出现的语形变化。能指变化还会出现在跨亚文化群体方面，即不同的亚文化群体对能指的约定有所区别。如在现代的英国，仅凭某些语词的发音便可被认定是否属于或曾属于受过最好教育的群体。在古汉语中，这方面的区别主要表现在文言文体的严格性和美学方面的差别上。古汉语能指约定的巨大变化无疑为今天阐释传统文化典籍造成了一定的困难。我们在后文再回到这个问题上来。

由于古汉语起源于象形文字，能指的约定对汉字笔画的形状、种类，对构成文字的笔画的数量、排列都有相当的限制，这是古汉语文字相对较少的原因。诚然，随着文字的演进，指事、会意、形声这些新的造字方式的采用，特别是形声造字法的广泛使用，汉语文字的数量大为增加，但古汉语文字数量仍然不多。并且，在如前文所述的对语形美的追求下，古汉语语词中单字语词（即单音节词）所占比重极大［如在《论语》《孟子》等典籍中，单字语词竟是双字语词（双音节词）的 3.7 倍］。因为单字语词在组成符合语形美的复合语词及语句方面具有更大的灵活性。这样，就使得古汉语文字具有了众多的所指功能，能承受极其丰富的各种信息。

作为以象形文字为基础的语言文字，汉语的文字是最小的词素，文字本身不可能附加前缀、后缀，再加上上面所说的能指约定简单化原则及单字语词的特征，许多古汉语文字便可充任多种词性的语词。这也是导致古汉语文字兼而具有多种所指功能的原因。此外，汉语中没有约定从语形上表示复合语词的方式，古汉语甚至还缺乏标点符号这样的工具作为特定语句成分及语句之间相区分的标志。这就为文化典籍的阐释平添了区分能指单元的困难。

以上是从古汉语的能指方面分析了传统文化典籍的一些符号学特征。下面，再从各种功能的所指编码的角度对此作一考察。如前文所述，文字符号及其组合具有多种所指功能，由文字符号组合成的语词、语句与文本可能承受多层次、多方面的信息，即具有多种意义。为借助特定的语词、语句与文本传播特定的信息，语言共同体需要对文字符号的特定组合所承受的特定信息作出必要的约定，这种约定称作编码。

一方面，与能指约定的情形相似，编码规则也可能随时间、空间的变化而发生变化。在同一语言共同体的不同亚文化群之间，编码规则也可能存在某些差异。而且，这些变化，还要比能指约定的变化大得多。

另一方面，与能指约定遵循简单化原则的情形相反，编码规则的约定则有力求细致并在客观上具有复杂化的倾向。而且，这种要求与倾向也随语言的演进而加强。显然，这与前述能指约定原则及其趋势可能在某些方面出现冲突。例如，汉语文字语形、语音的简化可能导致某些文字、语词美学功能的减弱，有碍于美学信息编码的细致化、复杂化，而后者会反过来限制语形、语音的进一步简化。再如，新字、新词的造出虽不符合能指约定简单化原则，却是能指编码细致化的要求。注意到这方面的原则要求、发展趋势及其相互间的制约关系，对于探索文化典籍的阐释也是很重要的。

语言文字所指编码包括逻辑编码（也称作技术性编码），与非逻辑编码即诗学编码（也称作美学编码），二者在严格性、确定性、系统性、完全性等方面具有显著的区别。如就确定性而言，逻辑编码规则随时、空、跨亚文化群体变化较小，而诗学编码规则的变化则大。再就完全性而论，逻辑编码是完全性的编码，而诗学编码是不完全的编码。当对某一信息的编码属于逻辑编码时，则该信息就是完全按照约定的规则直接地或间接地（逻辑蕴含地）编排在文本中的。至于这样的规则，通常可以在字典、辞典、语法书或其他的文本中寻找到。逻辑编码的信息实际上完全为编码规则所封闭。与此相反，经诗学编码的信息，则不为编码规则所封闭。诗学编码仅仅是部分地按照约定的规则进行编码。除特定的规则外，这种编码还依照文化传统的各个方面，如风俗、习惯、伦理、道德观念、价值、审美观等，同时还在很大程度上包括了传播者心灵的自由创造。对信息进行逻辑编码，旨在使受传者通过阐释正好获得该信息，而诗学编码则是为了使受传者能够进行创造性阐释，能唤起受传者的自由想象。诗学编码引发受传者对阐释的高度参与，逻辑编码则造成低度参与。

对于符号的各种所指功能所承受的信息，都既可实行逻辑编码，亦可实行诗学编码。一般而论，对各种信息实行这两种编码可能造成不同的效果。比如说，文本中经逻辑编码的情感信息，会使阐释者感觉到作者态度鲜明，喜怒哀乐溢于字里行间；而经诗学编码的情感信息，则可能产生情感藏而不露、耐人寻味的感觉。再如，科学论著主要传播采取逻辑编码的指代信息。艺术作品多传播经诗学编码的美学信息。传统诗、画派强调对美学信息采取必要的逻辑编码，而现代许多诗派、画派则尽可能地排除逻辑编码。中国文学史上，初唐反六朝浮华诗风、韩愈等倡导古文运动，实质上都是提倡对美学信息加强诗学编码、减弱逻辑编码。

中国传统文化典籍在编码方面的一个极为明显、极其重要的特征，便是强调诗学编码、疏于逻辑编码。几千年来传统文化典籍为何在中国社会始终保持着久盛不衰的传播记录，难以计数的名篇佳句为何在如此广阔的时空领域为人世代传诵，乃至于达到童叟皆知、脍炙人口的程度？除却前文所谈到的那种因语形美、语音美的能指优势令人乐于阅诵的原因，就所指方面审视，恰好就在于这些典籍中浓厚的诗学编码成分。由于倚重诗学编码，这些典籍为读者的自由阐释留下了相当充足的余地，令阐释者感觉不是在聚精会神地聆听一门满堂贯注的课，而仿佛是自由地参与了一种气氛活跃的讨论，从而成为高度参与文本的阐释活动。

由于诗学编码大量依据了语言共同体的文化心理、风俗、习惯、思维模式、伦理、道德、价值、审美观念、民间传说、历史典故，以及已有文化典籍中的思想、学说等文化传统中的东西，而对文化传统方方面面的理解、把握又因人而异、因时而异，故阐释的结果也必然是仁者见仁、智者见智。由此又造成了阐释过程中必然会附加大量的信息，而且，这些典籍传播时间越长，阐释所附加其上的信息量越大。这些附加信息诚然不乏真知灼见，但也时常不无误解、偏颇之识，而且，其中必然还会出现有所差异甚至相互矛盾的见解。特别是当典籍传播过程中发生了某些意外情形，还会出现原始典籍与阐释文本难以分辨的情形。阐释者或声名赫赫，其言也重，其阐释或许又为集大成之作；阐释者也可能人微言轻，聊以借阐释典籍微言大义以抒发自己的见解、主张。这两种情形，都可能使后人难以定夺典籍的原始信息与附加信息。

传统文化典籍由于偏重诗学编码，其文本中除在能指方面刻意追求平仄对仗工整等语形美、语音美的指标，还大量采用了隐喻、引申、转义等修辞手段，且成语、典故、典谟训诰随处可见。这不可避免地会对词句、表述方式造成严格的限制，使后者迁就于前者，从而妨碍了准确地传播指代、指令信息。事实上，尽管美学信息、情感信息等经诗学编码可能产生积极的传播效果，但指代信息、指令信息通过大量采用诗学编码的文本予以传播，却可能导致误解。这种情形，与文化典籍中哲学概念抽象性、概括性不足的特征相结合，显然增加了后人阐释、把握其指代信息、指令信息的难度。传统文化典籍倚重诗学编码的倾向与中国丰富的文化传统及其许多重要的特征是密切相关的，而且是相互作用的。对这一论断，若从宏观上来理解，其含义是说，内涵极丰厚的传统文化为强调诗学编码造就了条件，而阐释富于诗学编码的典籍又必须预设坚实的传统文化功底，并且，在高度参与下进行创造性阐释，势必产生大量围绕传统文化典籍的附加信息，由此又进一步充实了文化传统。对此论断也可以作进一步的细致思考。比如说，传统认识模式富于形象思维、直觉体悟（如前文所述，这一特征与古汉语能指约定刻意追求语形美不无相关）。在以此见长的语言共同体中，诗学编码无疑是最合适的选择了，而成功的阐释实践自然又要求并进一步加强了这种思维方式。

二、文化典籍的阐释

上文已多处涉及文化典籍的阐释问题，而且，主要的切入点都在于，传统文化典籍的符号学特征给典籍阐释造成了困难。尽管西方阐释学大师们在从历史学、哲学、语言学、文学等角度探索阐释问题、建立阐释学理论时，已从多方面深刻揭示了文本阐释所面临的困难，提出并考察了诸如阐释学循环、时间间距等阐释学难题，但是，在笔者看来，倘若再进一步运用符号学与传播学的工具，如像本文上面的分析那样从探索诸如文本的能指约定、编码特征及其与文化传统的相互关系等问题入手，或许能更进一步地说明特定文化传统中阐释特定文化典籍所面对的具体问题，从而可望寻找接近解决问题的具体途径。

从传播学的角度看来，文本阐释就是受传者对文本进行解码，即译码，以获取其中所传播信息的活动。在理想状况下，可以把受传者视为收报人，他收到未受干扰的电波信号，将这种符号载体转换为一组组数码符号，再根据电码本进行翻译，便可获悉借助电波传来的全部信息了。在这种情况下，实际上无须阐释，只谈得上完全机械的译码。阐释本质上是一种创造性译码。在此例中，如果收报者手中没有译码本，且不了解编码规则，或只了解部分编码规则，或者虽有译码本，但他被要求用某种外文译出电文，或者他接收到的是受到某种干扰的电波信号，那么，他就不得不进行带有创造性的译码，即着手其阐释活动了。

上面这个例子可以大致视为对完全采取逻辑编码的文本进行阐释活动的形象描述。如果语言符号的能指约定在文本传播过程中没有发生变化，编码规则亦保持不变，则阐释能达到类似于机械译码的理想状态。事实上，准确说来，这样的文本根本也就无须阐释。阐释的必要性仅出现在这两个条件之一或两者发生了改变的场合。当然，阐释的必要性更主要的还是发生在文本并非采取逻辑编码而采取诗学编码的场合。犹如收报者要处理一段密码编制的电波信号，其编制方式有发报者个人的创造，有未以译码本的形式流传的约定，也有为社会所知晓的编码规则。在这种场合，译码的创造性才真正表现出来了。在这样的创造性活动中，收报者对译码对象的理解将会具有重要作用。

文化典籍的阐释自然是要比译电文复杂得多、困难得多、创造性程度大得多的解码活动。前文所提及的那些困难与复杂情形，在阐释学中基本上都可以归结到时间间距这一论题下来讨论。所谓时间间距，指的是文本作者即传播者与阐释者即受传者之间所存在的时间差距。时间间距论题强调编码、阐释的历史性，即在一定历史条件下进行的编码必然带有当时历史条件的特征，后来在一定历史条件下从事阐释又不可避免地受到后来历史条件的制约，然而历史在演进，相关的条件在变化，这便为阐释达到理想状态设置了障碍。古典阐释学与现代阐释学的代表性理论对于时间间距持有截然相反的态度。前者（如狄尔泰、贝蒂等人）力主探索克服时间间距以达到客观阐释的途径。后者（如海德格尔、伽达默尔等人）则认为，从时间间距的本质（或者说得更确切些，从传播者与阐释者作为存在的时间本质）来说，无所谓客观阐释；我们所能企求的只是有效的阐释，而有效的阐释不仅不需要克服时间间距，反而要恰当地利用时间间距，因为文本的意义并非作者即传播者的原意，而是在时间间距中展示开来、产生出来的意义。

时间间距问题是阐释学上的一个基本问题。实际上，立足于前文对中国传统文化典籍符号学特征的分析，或许可以觉察出古典阐释学与伽达默尔等人就此问题立论的出发点。如果待阐释的文本主要经逻辑编码，那么古典阐释学的目标无可厚非。因为只要作者已将其传播的信息完全按照编码规则编排进了文本，那么，无论后来能指约定与编码规则发生了多少变化，从理论上来说，我们总渴望通过探索这些变化而对文本传播的信息（亦即作者的原意）实行解码。另一方面，伽达默尔等现代阐释学家所思考的，是偏重诗学编码的文本。这种文本只对信息实行了部分编码，其编码结果使得阐释作为一种创造性解码必然导致附加信息的产生，而且，随着历史与文化的演进，附加信息量必然会增大，这便是伽达默尔等人所谓文本的意义在时间间距中展示、产生出来的说法在传播学上的含义。

我们不打算在这里进入时间间距问题的一般的阐释研究。截止于此已能够看出，上述两种见解都有其偏颇之处，不过，从总体上说，伽达默尔等人的思想似乎更合乎传统文化典籍阐释的实际情形。倘若仅就艺术作品而论，伽达默尔等人的主张基本上可以说就是正确的。可是，我们面对的文本，有大量并非艺术作品。即使像中国传统文化典籍这样倚重诗学编码的文本，所传播的信息更多的也并非美学信息，而显然是大量传播了有关政治、伦理、道德等内容的指令信息，当然也包括指代信息与其他的信息。对这样的文本而言，无疑不仅需要通过阐释获悉未经编码从而未封闭在文本中的信息，同时更需要通过阐释对根据编码规则为文本所承受的信息进行解码。对这样的文本，直接将文本的意义等同于时间间距中展示出来的意义，至少是对文本所获信息的层次缺乏区分的做法，而简单地否定阐释的客观性及客观阐释的必要性，则显然就是错误的。

将本文第一部分的有关论述概括起来,我们看到,在这些典籍传播数千年的历史间距中,无论汉语语言的能指约定,还是其编码规则,都有了极大的改变,而且,这些典籍的编码多以诗学编码为其主要成分。这种不完全编码在很大程度上所依据的、并为典籍阐释所必然预设的传统文化的方方面面,伴随着社会演进,特别是经历过百余年来中国社会翻天覆地的变革,也发生了重大的变化,有许多东西已消失得难以觅其踪影,或只能在某些文化典籍中寻到程度不同的描述了。这就是时间间距给我们造成的状况。

在上述这些状况中,文化环境即文化方方面面的总和的变迁,至少导致了四个方面的后果。首先,它对受传者形成与传播者相一致的对阐释典籍的理解造成了障碍。阐释学上的理解,指阐释前对阐释对象的心态、取向、期望、(或借用康德的术语来说)统觉,它是阐释的基础,并将影响到阐释过程。即令传播者、受传者都具有主体间性,相一致的理解也必须产生于相同或相似的包括价值体系在内的文化环境或对文化环境的把握之下。其次,它有碍于对(部分或全部)借助编码规则传播在典籍中的、关于当时文化的信息的阐释。再者,由于前面的两个后果,它可能影响对根据当时文化称采用诗学编码所传播的信息的阐释。最后,它还会影响阐释者对于典籍及典籍所传播信息的评价(阐释学中将这样的评价亦称作理解)。

最后这一结果又是多方面的。其一,对于正确地评价典籍及其所传播信息在当时文化环境下的理论与实践意义,上述文化环境的变迁所造成的影响显然是不利的。其二,文化环境的变迁有利于正确评价被阐释典籍在理论与实践方面的历史意义,正如狄尔泰、伽达默尔等人都曾指出过的那样,时间间距、文化环境的变迁可以过滤掉评价体系中对阐释对象的功利性考虑、成见、预设等不利于正确理解其历史意义的因素(从清朝后期的洋务派、维新派到五四时期的陈独秀、鲁迅等人,再到现今海外的新儒家的文化态度,不正好是这方面的例子吗?);而且被阐释典籍在已有时间间距所出现的文化环境变迁中于理论与实践方面所产生的作用,可以作为评价历史意义的重要参考。其三,它有利于正确评价被释典籍在理论与实践方面于当今时代的现实意义。尽管对现实意义的评价主要还是立足于当今的文化环境与历史条件,但对历史意义的正确评价亦是可资借鉴的材料。

以上分析进一步揭示了伽达默尔等人所谓时间间距对于有效阐释不可或缺

的说法的片面性。事实上，时间间距的影响仅仅有利于上述后两个方面的评价，或在特定情况下（即当阐释者能克服时间间距获得对当时文化环境的把握，从而形成与传播者相一致的理解，并正确地阐释典籍中借助编码规则所传播的有关当时文化环境的信息时），有利于阐释经诗学编码的某些信息（如美学信息），因为如前文所提到的，在经时间间距的影响过滤出了某些功利性的考虑后，对传播这些信息的文本的阐释更能进入自由的、创造性的状态。

从以上就时间间距对阐释典籍的影响所作的分析，可以得出一些很明显的逻辑推论。例如，可以得出，在不同的历史时期、不同的文化环境下，对传统文化典籍（一般地，对任一借助诗学编码的文本）会有不同的阐释结果。还可以得出，在一般情形下，时间间距的长短与上述各种有利影响与不利影响的程度成正比。特殊情形是指，以 P0、P1、P2 分别表示典籍产生的历史时期、与 P0 时间间距相对较短的历史时期、与 P0 时间间距相对较长的历史时期，尽管 P2 与 P0 的时间间距长于 P1 与 P0 的时间间距，但 P2 的文化环境比 P1 的文化环境更相似于 P0 的文化环境。显然，在这样的特殊情形下，上述推论就应表述为，文化环境相似的程度与各种有利影响和不利影响的程度成正比。第三个推论是，至少就中国传统文化的大多数典籍（如前所述，这些典籍偏重于诗学编码，主要传播有关政治、伦理、道德方面的指令信息）而言，为达到有效的理解与阐释，对时间间距所造成的影响，既需要利用其有利的方面，又需要克服其不利的方面，而且，当以后者为主，前者为次。

这里，我们再对第三个推论略作一些说明。关于语言能指约定与编码规则变化所造成的影响，当然是需要克服的，在大多数情况下，都可以借助辞书或历代的相关典籍。如对于编码规则变化造成一语词所承受指代信息、情感信息等的变化，可借助这样的方式建立起关于该语词所指功能演变的链条。实际上，训诂学研究已在这方面解决了极其大量的难题。因此，克服这方面的影响并非难以实现，困难主要还发生在如何克服文化环境变迁所造成的、上述前面的三种不利影响方面。其中，为形成与传播者相一致的理解，需要对当时的文化环境有相当程度的把握，这在实质上涉及了阐释学循环的问题。对待这一难题的正确态度，海德格尔已表述得十分清楚，他认为，这种循环并非恶性循环，关键只在于我们如何有效地进入这一循环。在本文作者看来，有效地进入循环至少意味着，尽管完全把握了当时文化的方方面面、形成了与典籍作者相一致的理解，就意味着典籍阐释只是在阐释已完全理解的东西，从而阐释之前的理解必定是有碍于客观阐释的理解，可是，只要我们清醒地认识到了这一点，我们就可以从初步的理解出发开始阐释，在阐释的过程中，随时准备根据阐释的结果考虑对原有理解的修订，再从新的理解出发继续阐释；在这种理解—阐释—再理解—再阐释……的过程中，逐步形成有利于客观阐释的理解，并立足于这样的理解不断提高阐释结果的客观性程度。在这方面，胡适所谓"大胆假设，小心求证"的说法乃是有一定道理的。阐释前的理解无疑是立足于一定的知识对待阐释对象的初步认识，是一种假说性质的认识。由这种具有假说性质的理解可以推导出一些预测以供阐释过程中予以验证。如果这些预测在阐释过程中全部得到证实，则原有的理解的正确性程度便有了提高，从而阐释也较为可靠；如果在阐释过程中否定了这些预测中的某一些，则原有的理解不正确，从而需要修订理解；新的理解依然是具有假说性质的，于是又可继续上面所说的过程。

最后，在结束本文之前，作者还想再就传统文化典籍的阐释谈几点一般性的意见。

其一，在新时期，应该加强对文化典籍的阐释。尽管在过去几千年的历史上，我国的文本阐释实践极其丰富，并且留下了大量的反映阐释结果的著述，但这些阐释结果并未穷尽新的阐释的可能性，在不同的历史时期，必然会有不同的阐释结果。至于说到理解、评价，就更是如此了。因此，文化传统的丰富发展需要每一代人付出创造性的劳动。

其二，对文化典籍的理解阐释应提倡借助新学科的原理与方法，阐释学、符号学、传播学、逻辑学等学科的思想方法均可广泛地用于研究文化典籍的阐释。例如，运用逻辑方法将孔子或孟子或其他某人某方面的思想理论整理成一个系统，探索其初始概念、初始命题，研究该系统是否具有一致性；用道义逻辑分析儒家的伦理理论系统，考察对这一系统可能提出的多种解释、可能建立的多种模型；将现代归纳逻辑的方法与理论用于阐释过程；等等。

其三，关于传统文化典籍阐释，应该就不同层次的信息，采取相应的阐释标准与方法。首先是（全部或部分）被编码规则封闭在文本中的信息，特别是指代、指令信息，应采取客观阐释的标准，为此目标不惜穷经竭典、大力考证。其次是采用诗学编码未封闭在文本中的信息，特别是美学信息，应采取有效阐释的标准，即依据封闭在文本中的信息，在保持与前一类信息相一致的前提下，提倡创造性阐释，引经据典之类的考证在这方面并无必要，因为既然是创造性阐释，就理所当然会仁者见仁、智者见智，子曰诗云都不足以为唯一标准。

语言本身便不容置疑地指向主体间性。同样不容置疑的是，传统只有居住在语言中才能成为主体间性的。所以语言的界限必定就是传统自身的界限。传统使人敞开，语言则使传统敞开。这种本体论境域中的敞开，使每一代人都能够在拥有整部人类史的基础上去重构一个自己的历史世界。然而，敞开就是遮蔽，敞开已经遮蔽。当语言摄取世界时，它仅仅能够允诺给居住在语言状态的传统中的人一个历史性的世界。从本体论的视界上理解语言－传统的这种敞开－遮蔽的辩证法，也许是我们进入对传统的"创造性转换"的先决条件。

上面已指出，语言是传统的本体论维度的边界。边界与其说是一条外在的感性线条，毋宁说是一种"界面"，即一种同时贯穿着、界定着边界两端的界面：作为边界，语言诚然建构并限定传统的存在维度；但作为边界，语言也同样组建和形成传统的认识论维度。因此，廓清了传统的本体论维度远不等于传统本身的澄明，而是从本体论的深处再一次把我们逼向认识论的维度。然而，这已超出本文触及的边界了。

（本文原载《哲学研究》1993 年第 1 期）

1996

论中国古典哲学的意义理论

宁俊社　苟志效

摘　要：本文运用符号哲学的基本观点，考察分析了从庄周和《周易》的作者到王夫之长达两千年的中国古典哲学思想史中，不同哲学家对言意关系的论述，揭示了中国古典哲学意义理论的思想底蕴和逻辑进程，指出：中国古典哲学中始终贯穿着言意关系的思想，蕴含着丰富的具有民族思维特征的意义理论。

关键词：意义；言；象；事；理

中国古典哲学有自己独特的意义理论，这就是以实践理性精神为论旨的言意关系理论。这一理论从庄周到《周易》的作者开始，中经王弼、欧阳建、孔颖达、邵雍、程颐、张载等人的反复辩难，到王夫之终结，两千年间一脉相承，余绪不绝，形成贯穿中国古代思想史的一条主线。过去，由于材料的荒杂和以西方意义理论为正统的偏见影响，人们不仅忽视了中国古典哲学在这方面的独特贡献，更有甚者，将中国古典哲学视为一种前语言哲学、反语言哲学。这种不合理的偏见大大局限了人们研究意义问题的视野。实际上，情况恰恰相反，中国古典哲学是一种十分重视语义分析的哲学。如果从观察的客观性出发，我们便不难发现这一点。

中国古代的思想家们关于语言意义的思考始于庄周和《易传》的作者，庄子在他的《外物》中首次提出了言与意的关系问题。他指出："筌者，所以在鱼，得鱼而忘筌；蹄者，所以在兔，得兔而忘蹄；言者，所以在意，得意而忘言。"庄周的这一论述，将言与意的关系问题形象地比作筌（提鱼的竹篓）、蹄

(抓龟的套绳)与鱼兔的关系问题,成为后世学者屡屡借用的经典比喻。庄子认为,言,作为工具,是用来表达意的,得意后,言也便可忘了。这种得意忘言的观点,是中国古代思想家关于意义问题最早的理论说明。从庄子的论说中我们可以看出,他首先考虑的并不是弄清"意"是什么这一问题,而是言能否达意和如何达意的问题。这是一种非常明智的实用态度。由庄子发轫的这种实践理性精神,对尔后的中国古典意义理论研究产生了深刻的影响。

从理论层面上看,庄子论述中的言,既可指口语,即所谓微言,也可指书面语言——文字。因此,他听说的言便是一种广义的语言符号。庄周论述中的意,有意见、意念、本意等许多含义,虽然和现代意义理论所研究的意义并不完全一致,但也约略相当。关于言和意的关系,庄子主张言是达意的必要工具,这正如他在《齐物论》中所指出的那样:"失言非吹,言者有意。"就是说,人的话语,并不像单纯的空气流动,话语引起的空气流动是有一定意义在传递的。但庄子同时又指出,语言符号同时又是遮蔽意义的东西。他指出:"道隐于小成,言隐于荣华""大言炎炎,小言詹詹"(《齐物论》),这就是说语言符号达意的功能是有限的,不宜估计过高。庄子这种将语言符号看成是既澄明又遮蔽的观点,思想容量相当大,因而成为后世各派讨论言意关系问题时共同的论案,在筌蹄鱼兔的比喻中,言尽意论者和言不尽意论者,都能找到自己所需要的东西。

《周易》中关于言、象、意关系的论述,和庄子的筌蹄鱼兔比喻相映生辉,成为中国古典意义理论的另一个源头。《易传》说:"子曰:'书不尽言,言不尽意,然则圣人之意,其不可见乎?'子曰:'圣人立象以尽意,设卦以尽情伪,系辞焉以尽其言。'"这段论述,提出的同样是一个意义如何表达的问题。具体来说,就是如何理解卦象和卦意(意义)、卦象和对象的关系。关于卦象和其所表达的卦意之间的关系,《周易》主张象能达意。《周易》还注意到了卦象符号和它所表征的对象的区别,故而主张"立象尽意",并不主张"观物求意"。总之,《周易》的作者们认为:《易》作为一个符号系统,它有自身所指向的对象;而在符号系统与对象系统的关联中,产生、形成了一个意义系统。意义系统表达的是对对象系统的认识,但又不等同于对象系统;意义系统附着在符号系统之上,但又需要超越卦象符号才能体悟到。

值得注意的是,庄子和《周易》中有关意义如何表达的不同看法,由于其实质相同，在后世很快合二为一，变成了一个问题，即言能否尽意的问题。这一理论的整合，首先是由魏晋时的天才少年王弼开始的。

王弼指出："夫象者，出意者也；言者，明象者也。尽意莫若象；尽象莫若言。"（《周易略例》）象，本为兽名，古人借之为一个重要的哲学范畴。王弼这儿所讲的象，来自《易传》中的有关思想，基本上有两层含义：一指今天所谓的天象，一指今天人们通常所讲的象征之象。王弼具体指出了言、象、意三者之间的关系，认为象是用来表达意的，言则用以明象。就是说，意义要用象（卦象）来表达，而卦象则要靠语言符号来说明。

接着，王弼从解释和理解的角度指出，言、象都不过是表达意的符号工具罢了，要掌握言象符号中所蕴含的意义，忘言、忘象是不可缺少的前提。王弼说："意以象尽，象以言者。故言者所以明象，得象而忘言；象者所以存意，得意而忘象。犹蹄者所以在兔，得兔而忘蹄；筌者所以在鱼，得鱼而忘筌也。"（《周易略例》）这一点是王弼言不尽意论的根本论旨。王弼强调说，言和意都不过是存意和达意的工具而并非意义本身。因此，如果人们的理解仅仅停留在言和象的形式上，就不可能获得对意义的理解。为了进一步说明问题，王弼借用了庄子的《外物》中"得兔忘蹄"和"得鱼忘筌"的例子。王弼以为，蹄和筌都是工具而非鱼兔本身，如果我们仅仅抓住蹄筌不放，那还不等于获得了兔和鱼。同样，固守言象符号也不等于获得了意义本身。要理解和掌握意义，必须抛开言象这些表面的符号形式。从现代符号学的立场看，王弼这一论断有其片面的合理性。因为符号形式与其所体现的内容（意义）之间确实存在差异，而且符号形式并不能绝对地决定意义。符号形式的确是一些一旦通过便可以抛弃的工具。但是，完全否定符号形式的作用，将其看成意义传达的障碍，当然又是武断的、错误的。过分强调"忘言""去言"和"废言"，将会导致意义认知过程中的神秘主义和不可知论。

根据王弼的言不尽意论，后起的欧阳建提出了针锋相对的观点，阐发了言能尽意的理由和根据。

首先，欧阳建在考察符号对象客观性的基础上，分析了符号的功能与作用。他认为，符号是标示事物和传达意义的必不可少的工具。

欧阳建指出："诚以理得于心，非言不畅。物定于彼，非名不辨。言不畅志，则无以相接；名不辨物，则鉴识不显。鉴识显而名品殊，言称接而情志畅。……欲辨其实，则殊其名；欲宣其志，则立其称。"（《全晋文》）这是说，"理""心"等属于意一类的东西，如果没有"名""言"等符号，根本就无法外化为可交流的信息，就会成为潜藏于心、默默无闻的心理过程。所以，意义要得传达，必须借助"言""称"等外在化的符号工具。

其次，欧阳建又进一步指出："名逐物而迁，言因理而变。此犹声发响应，形存影附，不得相与为二矣。苟其不二，则言无不尽矣。"（《全晋文》）

欧阳建把符号与意义及对象的关系比作声与响、形与影的关系，认为"言""称""名"等符号可以完全达意，二者之间存在着天然的一致性。这里欧阳建虽然准确地揭示了符号与意义不可分割的内在联系，但又有简单化、理想化的趋向。现代符号学的研究表明，在理解和解释的过程中，符号和意义会因主体背景、符号结构系统的变化而变化。符号中所凝结的意义与它在接收者心里激起的意义效应是有差别的。欧阳建主张言能彻底达意，显然是将符号的达意功能理想化了。

唐代，孔子的32代孙孔颖达对言意关系有过较为集中的研究，他的论述集中地体现在《周易正义·序》和《周易正义·卷首》中。

首先，孔颖达指出："先儒所云，此等象辞或有实象，或有假象。实象者，若地上有水，比也；地中生木，升也；皆非虚，故言实也。假象者，若天在山中，风自火出，如此之类，实无此象……皆以义示人，总谓之象也。"（《周易正义》）在这段论述中，孔颖达着重指出了符号对象与符号意义的区别。他主张符号不论真假，都有自己所凝结和传达的意义（所指）。假象（虚假的符号）虽然没有自己真实的对象，却有意义，有自己的所指。孔颖达的这一观点，和现代符号学的意义理论基本上是一致的。现代符号学认为，意义不是一个实体或实体性概念，而是一个关系概念，是对符号本身与其所反映的对象之间关系的一种概括，因此虚假符号也有意义。

其次，孔颖达还具体考察了言、象、意三者的关系。他指出：

> 圣人立象以尽意者，虽言不尽意，立象可以尽之也。设卦以尽情伪者，非唯立象以尽圣人之意，又设卦以尽百姓之情伪也。系辞焉以尽其言者，虽书不尽言，系辞可以尽其言也。变而通之以尽利者，变谓化而裁之，通谓推而行之，故能尽物之利也。鼓之舞之以尽神者，此一句总结立象尽意，系辞尽言之美。圣人立象以尽其意，系辞则尽其言，可以说化百

姓之心，百姓之心自然乐顺，若鼓舞然，而天下从之，非尽神其孰能与此，故曰鼓之舞之以尽神也。（《周易正义》）

在这一大段论述中，孔颖达先是复述了王弼对言、象、意三者关系的理解。王弼认为，为易之道玄妙无比，因而书不尽言，言不尽意。要把握玄妙的易道，须靠灵性去作悟方可。孔颖达不同意这种看法，他主张立象可以尽意，系辞可以尽言。孔颖达试图从符号刺激引发的行为证明言能尽意的观点。他所谓"鼓之舞之以尽神"的看法，实际上就是在强调，既然卦象和爻、象（符号）能在人心中产生或引发感应活动，那么，由此导致的行为，自然就是言象符号意义的外化了。简言之，人的动作语言（鼓之舞之）是对符号意义的直接解释，行为反应是言象符号意义的外化和客观化。孔颖达的这一观点和现代意义的行为论有许多相近之处，即都企图在意义所引发的行为中寻求意义的规定。这是有一定道理的致思趋向，基本上是可取的。只不过孔颖达的观点比现代意义行为论早一千三百多年，其思想穿透性由此便可见一斑。

宋代，是中国学术思想史上一个富有创造性的时代。仅就意义问题的研究而言，邵雍、程颐、张载、朱熹、杨简、叶适等人都有自己独到的见解，这其中，程颐的意义理论以其深刻和丰富多彩著称于世，堪称代表。

首先，程颐主张"因象以明理""假象以显义"，对言、象符号的能指功能作出了新的界定。

关于言、象符号与意义的关系问题，王弼在同汉代象数派的论辩中曾指出过"得意忘象"的主张，将象数符号看成意义可有可无的外在形式，进而否定象数符号作为载体在意义凝结和意义传述中的作用。这一见解，基本上将象数符号当成了意义的滞累，而没有注意到言象符号还是意义得以外化和传达的工具，离开了言象符号，意义的外化和传达都成了一句空话。程颐虽然也属易学义理派，但他不同意王弼的这种极端片面化的主张，他认为："理无形也，故因象以明理。理既见乎辞矣，则可由辞以观象。故曰得其义则象数在其中矣。"（《答张闳中书》）程颐指出，卦的义理是无形的，看不见、摸不着，人的感官无法直接把握。也即是说：卦的义理作为意义，通过卦爻所取之象（言象符号）才能外化为人可感知的东西。卦辞和爻辞作为符号是表征和说明义理的，同时它的形式又是由它所反映的义理所决定的。故而人们可以循义理求卦象和爻象。程颐的这一见解，已为现代语言学的研究所证实。索绪尔在考察分析语词与意义的关系时就曾提出过类似的观点。他指出：

> 从心理方面看，思想离开了词的表达，只是一团没有定形的、模糊不清的浑然之物。哲学家和语言学家常一致承认，没有符号的帮助，我们就没法清楚地、坚实地区分两个观念。思想本身好像一团星云，其中没有必然划定的界限。……在语言出现以前，一切都是模糊不清的。①

由此，我们可以断定，程颐当时已差不多完全正确地把握了言、象、意三者相互依赖、相互决定的关系，当然也就肯定了符号和意义之间"表里如一"的存在特征与表现特征。

其次，在前述研究的基础上，程颐进一步展开、分析和论述了言象符号与意义的关系，提出了"体同一源，显微无间"的著名论断，对言象符号与意义的关系作出了全面正确的解释和说明。

程颐指出：

> 君子居则观其象而玩其辞，动则观其变而玩其占。得于辞，不达其意者有矣，未有不得于辞而能通其意者也。至微者，理也。至著者，象也。体用一源，显微无间，观会通以行其典礼，则辞无所不备。故善学者求言必自近，易于近者，非知言者也。予所传者，辞也。由辞以得其意则在乎人焉。（《易传序》）

抛开表面上的文字形式不论，从其思想实质看，程颐的这段论述至少包含着下面两方面重要内容。一是他指明了意义必须通过符号来保存和传达。程颐认为，虽然人们有时候接触了符号还无法立刻就理解和把握其所代表的意义，但意义绝对不会赤裸裸地存在于人面前而为人类感觉器官所直观。"得于辞，不达其意者有矣，未有不得于辞而能通其意者也"，说的便是这个道理。因此，对意义的解释和理解，只有通过符号才能进行。二是程颐分析指出了符号的特征。他认为，符号是意义与符号形式的统一体。意义为"至微者"，是人类感觉器官无法直接感知的；而符号本身则是"至著者"，是我们的感觉器官可直接感知的一个有意味的形式。符号意义和符号形式紧密结合在一起，如同一枚硬币一体两面，两面一体，共同构成了一个凝结意义，代表外物的心理因素与

---

① 索绪尔：《普通语言学教程》，北京：商务印书馆，1980年版，第157页。

物理因素的统一体——符号。

"体用一源，显微无间"的意义观，批判性地总结了汉唐以来言意争论过程中言不尽意派和言尽意派各自的片面性，从符号与意义相互依存、相互规定的有机联系中，揭示了符号与意义的整体性和不可分割性，为后世正确理解言意关系提供了一个可靠的基础。

最后，程颐指出："至显者莫如事，至微者莫如理。而事理一致，微显一源。"（《遗书》二十五）这一论断，将理和象（也即意义和符号）的关系看成理和事（也即意义和行为）之间的关系，这分明又是一种关于意义的行为主义的解释。程颐认为："理"作为至微者，通过发挥其作用，支配人的行为（事）便会表现出来。这种通过人的实际活动，在人的生存实践中考察意义的做法，是完全正确的。因为作为事中之理，也即最初行为行动意向的意义，也正好是后来的符号意义。这两种意义，是源和流的关系，原本是一个东西。伦纳德·布龙菲尔德（Leonard Bloomfield）在研究语词的意义时也曾认为，一个语词的意义，就在于说话者在其中说出它的语境和它在接受者那里所引起的反应行为。早在近千年前，程颐就能从行为的角度理解意义，应该说是一个天才的洞见。

程颐之后，作为宋明理学的批判总结者，王夫之对言意关系进行了新的、较为全面的准确的研究，科学地揭示了言意关系的真实内容，从而为中国古代思想史中这场持续了近两千年的论争画上了一个令人满意的句号。

首先，王夫之在批判总结前人思想成果的基础上，进一步分析了言意关系的各个方面，具体考察了它们之间所固有的那些真实联系。其一，王夫之认为："举《易》而皆象，象即《易》也。何居乎以为兔之蹄、鱼之筌也！夫蹄非兔也，筌非鱼也。"（《周易外传·系辞下传》）这就是说《易》不过是象组成的符号系统，而象则是表征《易》理（意义）的符号单元。但是，《易》理作为意义是形而上学的，象作为符号形式是形而下者，二者之间的关系不同于筌蹄与鱼兔的关系，因此不能同筌蹄鱼兔的关系加以比拟，接着王夫之指出了不能这样比拟的原因，这就是其二："鱼、兔、筌、蹄物异而象殊，故可执蹄筌以获鱼兔，亦可舍筌蹄而别有得鱼兔之理。畋渔之具夥矣。"（《周易外传·系辞下传》）由王夫之的论述可以看出，《易》之理与象的关系之所以不同于蹄筌与鱼兔的关系，最根本的原因就在于舍筌蹄而别有鱼兔的办法，但是，舍象则别无再得《易》理之途径。也就是说,象作为符号系统是成易理、存易理、知易理的唯一工具,离开了这一符号系统,《易》理就无所寄托,没有着落,也就无从知晓了。由此又有了其三:以筌蹄鱼兔之喻说明言意关系仅有某种比喻的意味。人们可以用筌蹄鱼兔,同样也可以由言象而知易理,二者的相似之处,仅此而已,如果离开了这一点,将象和筌蹄等同视之,将《易》理和鱼兔也等同视之,则其谬大矣。因为这二者是性质完全不同的东西,根本不能生硬地联系在一起,人为地赋予某种相似和一致。其四,王夫之指出:

> 舍筌蹄而别有得鱼得兔之理,舍象而别有得《易》之途邪?
> 若夫言以明象,相得以彰,比拟筌蹄,有相似者。而象所由得,言固未可忘已。鱼自游于水,兔窟于山,筌不设而鱼非其鱼,蹄不设而兔非其兔。非其鱼兔,则道在天下而不即人心,于己为长物,而何以云"得象"、"得意"哉?故言未可忘,而奚况于象。况乎言所自出,因体因气,因动因心,因物因理,道拟因言而生。则言、象、意、道固合而无畛,而奚以忘邪!(《周易外传·系辞下传》)

这里,王夫之强调的是,言象作为《易》理的符号表征,是人们理解和传达《易》理的唯一工具,离开了对言象符号系统的把握,《易》理便成为不可言说的神秘之物。所谓"山中之兔""水中之鱼",说的便是这种意思。因而,王夫之主张,言和象作为符号,是对象的表征,是人心的产物;有了言象符号的表征,《易》理也才有所附丽。总之,言、象、意、道这四者水乳交融般融合在一起,既不能分割,又不能混为一谈。

其次,王夫之主张言有所用,言能达意,反对"言者不知"和"言隐于荣华"(庄子)等极端废言论思想。

中国古代思想史上,很早就有人对语言的弊端进行过分析讨论。老庄就是其中有代表性的人物,提出了"言者不知"和"言隐于荣华"的观点,反对人们片面夸大语言的识物达意作用。后来王弼曾继承了这种思想,从言不尽意的立场出发,提出了废言的主张。佛教禅宗则更有"不立文字"的主张。王夫之不同意这种极端偏颇的观点,他认为,"夫言者因其故也,故者顺其利也。……庄生曰'言隐于荣华',君子有取焉。后世喜为纤妙之说,陷于佛老以乱君子之学,皆荣华之言,巧摘字句,以叛性情之固然者,可弗谨哉!"

（《尚书引义》）在王夫之看来，庄子的"言隐于荣华"思想有其可取之处，因为语言确实有禁锢思想，将理解导入歧途的缺陷，而且，语言有时还会"无中生有"，虚构出原本就不存在的东西，从而引起解释和理解的复杂化。但王夫之又认为，仅仅承认这一点是不够的，因为语言毕竟还是我们理解世界、传达思想的工具。所以，当后世也有人将庄子的观点推向极端时，王夫之便提出了批评，认为不能片面否定语言识物达意的作用。由此可见，王夫之对语言作用的理解是较为全面的。他既反对废言，但又不否认语言符号达意的局限性，因而准确地把握了言意关系。可以说，到了王夫之，中国古代思想史中持续了近两千年的言意争论才得到了正确而又圆满的解决。王夫之以其求实精神和敏锐的思维，公正地剖析了言尽意论和言不尽意论两派各自的理论得失，科学地揭示了言意关系不同层面上的实质性内容。可以说，王夫之关于言意关系的论述，既是言意论争这场理论运动必然的逻辑归宿，同时又标志着中国古代意义理论研究所取得的最高成就。一个历经时变，受尽生活磨难的人，矢志不移研究学术，能取得如此巨大成就，无论在人格上还是在学术理想的追求上，王夫之都为后世树立了榜样。

总之，中国古典哲学思想史中，确实隐含着一种关于意义分析的理论冲动。两千年来，这种冲动虽然始终没能以纯理论的形式表现出来，但其致思趋向和运思特征，却为现代人思考有关问题提供了可借鉴的思维路径和宝贵的思想资料。今天，回顾这些理论成果，从中寻找有益的思想萌芽，无疑是现代意义理论研究取得突破的可供选择的发展模式之一。本文的写作动机和目的，也正在于此。

（本文原载《宝鸡文理学院学报》1996年第2期）

《墨经》中的符号学思想

李先焜

摘　要：《墨经》包含着丰富的符号学思想。这体现在《墨经》对于"言"与"名"的理论，《墨经》的定义方法，《墨经》对"辩"与"说"的论述等方面。《墨经》认为，"言"是口的一种功能，"执所言而意得见"。"名"是用以"举实"的。《墨经》中的"正名"学说超出了儒家的政治、伦理的正名理论，而真正成为"名辩学"的一个有机组成部分。《墨经》中运用了多种定义方法。《墨经》认为"辩"的特征是"争彼（反）"，其目的是"明是非之分""察名之理"。"辩"的准则是要"当"与"宜"。《墨经》的"说"运用的是语用推理。

关键词：言；名；辩；争；当；说；效；法；止；狂举

《墨经》包括《墨子》中"经上""经下""经说上""经说下""大取""小取"六篇，是墨翟弟子所作，其内容涉及逻辑学、语言哲学，以及很多自然科学和社会科学的知识，其中也包含着丰富的符号学思想。我们从以下几个方面进行探索。

一、《墨经》中的言语行为理论

1. "言"（话语）是《墨经》语用学的基本范畴

符号学的一个重要分支——现代语用学，重点研究话语。这是因为语用问题总是体现在话语中，而不是体现在一个孤零零的语词中。《墨经》已注意从言语的整体性来考察名辩问题，《墨经》中有19处提到"言"的问题。"言"，相当于现代所说的"言语"（speech），也就是"话语"（utterance）。《墨经》从功能上给"言"下了定义:"言,口之利也。"(经上,92)[①] 这就是说,"言"是口的一种功能。又说:"执所言而意得见,心之辩也。"(经上,93)墨家认为通过言语可以了解说话者所要传达的意思,也就是说,说话者的话语表达了说话者的思想,而听话者能理解对方所说话语的意思,是因为人的大脑(心)具有辨察和分析的能力。墨家在这里强调了"言"的表意功能,显然在古代"言意之辩"(即"言尽意"与"言不尽意"之争)中,墨家是站在"言尽意"一派的。

《墨经》还说:"言,出举也。言也者,诸口能之,出名者也。名若画虎也。言也谓,言由名致也。"(经上,32)这是说,"言"要求能对事物有所指称,也就是说,"言"与"实"要有对应关系。言是由名组成的,"名"是"言"的组成部分,也是"言"的行为结果。名与言是部分与整体的关系。言通过名去称谓事物。名像画虎一般,"虎"这个名像所画的"虎"一样,就成为客观存在的虎的符号。

《墨经》说:"故言多方,殊类,异故,则不可偏观也。"(小取)这就是说,同样的"言"在不同的语境中会出现多种含义,表现为多种形式,同一"言"可由不同的"故"推出。因此,理解一个话语,必须了解其多种含义,了解产生这多种含义的"故",才能防止表面性和片面性。

《墨经》还说:"以言为尽悖,悖,说在其言。"他接着说:"以:悖,不可也。之人之言可,是不悖,则是有可也。之人之言不可,以审必不当。"(经下,172)"悖"就是"不可"的意思。这是说,"言"有是非之分,不能说所有的"言"都是错的。如果说"言尽悖"这句话为"可",则是有"可"(不悖)的话存在,这样说"言尽悖"这句话本身就"不可",也就是"悖"。而且说"言尽悖"这句话为"可",则说"言尽悖"这句话本身也是"言",因此也应为"悖"。这跟古希腊流传下来的〔相传是爱皮门尼德(Epimenides)记载的〕所谓克里特人中有一个人说"克里特岛的人都说谎"的故事有些类似。不过《墨经》表述得更明确,说"以言尽悖"本身为"悖",并且指出其原因在于"言"本身不允许这样,因为"言"要"出举",即言要以实来进行检验,

---

[①] 本文所引《墨经》的语句编号均引自周云之所著的《墨经校注·今译·研究——墨经逻辑学》一书(甘肃人民出版社,1993年)。

不可能"尽悖"。

2. "名"的符号性与行为性

上面的引文已涉及名的符号性问题。但《墨经》是将符号性与行为性结合起来论述的。

《小取》篇中提出了"以名举实"的原理。就是说一定的"名"要与一定的"实"相对应。如何对应呢?《墨经》提出"举"这个概念。"举,拟实也。告以文名,举彼实故也。"(经上,31)《墨经》的"举"略似于公孙龙的"指",但比"指"更具有行为性。它表示"名"对"实"不仅要有指谓性,而且要能"拟实","拟"就是"模拟",具有"描述,反映"的意思,也就是"名"要能举出实的某些性质。"名"是指称"实"(物)的一个符号。

《墨经》不仅谈到"举",还谈到与"举"相关的一个概念"取":

[经]知其所以不知,说在以名取。[说]知,杂所知与所不知而问之,则必曰:是所知也,是所不知也。取去俱能之,是两知也。(经下,149)

其取之也,有所以取之,其取之也同,其所以取之不必同。(小取)

《墨子·贵义》篇有一个瞽者取黑白之物的故事:"子墨子曰:'今瞽曰:"钜者白也,黔者黑也。虽明目者无以易之。兼白黑,使瞽取焉,不能知也。故我曰瞽不知白黑者,非以其名也,以其取也。"'"这说明一个人使用一个名是否正确,不仅在于他能否解释这个"名"的语义,还在于他能否在行为上体现出其意义。所以墨子说:"今天下之君子之名仁也,虽禹汤无以易之。兼仁与不仁,而使天下之君子取焉,不能知也。故我曰天下之君子不知仁者,非以其名也,亦以其取也。"(墨子·贵义)"取"涉及名的使用者,涉及人的行为,涉及行为的目的。"举"与"取"都属于语用范畴。可见墨家的语义理论强调,掌握语义不仅要作出静态的描述,而且要作出动态的选择,能在行为上从诸多事物中将所说的事物区别、挑选出来。所以,"举"与"取"是墨家符号学理论中的重要范畴。

3.《墨经》的正名学说

先秦诸子都涉及"正名"问题。《墨经》特别关注"名实"关系,因此,它自然要讨论"正名"的问题。《墨经》说:"(经)彼彼此此与彼此同,说在异。(说)彼:正名者彼此彼此可:彼彼止于彼,此此止于此。彼此不可:彼且此也。彼此亦可:彼此止于彼、此,若是而彼、此也,则彼亦此此也。"(经说下,169)

《墨经》这一段传统上认为是对公孙龙《白马论》的批驳,但仔细看起来,似乎不是反驳,而只是补充。公孙龙强调"其名正则唯乎其彼此焉",他说:"谓彼而彼不唯乎彼,则彼谓不行;谓此而此不唯乎此,则此谓不行……故彼彼止于彼,此此止于此,可。彼此而彼且此,此彼而此且彼,不可。"(《名实论》)公孙龙的理论是一种理想语言的要求,即一个符号只具有唯一的一个指称,一种含义。这种理论在自然语言中实现起来是有困难的。

《墨经》并不认为公孙龙的观点不对,《墨经》说:当严格地"彼彼止于彼,此此止于此"的时候,是不允许混淆彼此的,但是当"彼且此"即彼此不异的时候,则将彼称为此,将此称为彼,是可以的。例如,"狗"与"犬"不异,那么将狗称为"犬",将犬称为"狗",是可以的。因此,《墨经》并无反对公孙龙之意,不过认为在某种情况下,不能过于机械。在自然语言中,仍有将"彼、此"通称的情况。

《墨经》讲"正名"是为了"辩"。《墨经》说:"夫辩者……明同异之处,察名实之理……以名举实……"(小取),可见他们把正确认识"名实"关系即"正名",看作进行"辩"的一个重要条件。

墨家讲"正名"与儒家"正名"有重要的区别,就在于,儒家认为"名不正"的原因在于违背"周礼",因此"正名"的目的在于恢复"周礼","正名"的标准也是"周礼"。孔子这种严守古制,"正名"就是要倒回过去的观点,是不符合时代发展精神的。这种"正名"完全沦为政治、伦理的工具。

墨家则从精确表达思想的角度,从语言学、逻辑学和符号学的角度对"名"本身进行了分析,找出"名不正"的原因,然后提出正确用"名"的原则,使"正名"超越于政治、伦理的范畴,而成为"名辩学"的有机组成部分。从这一点说,墨家比儒家有了重大的进步。

二、《墨经》中的定义方法

定义问题是符号学中的一个重要问题。定义,实际上就是给各种符号下定义。任何符号都必须有意义,但是某个特定的符号与某个特定的意义并无必然联系。一部《墨经》可以说基本上是一部定义的集合，其中的"经"与"说"许多都表述为定义的形式。大部分"经"（特别是经上）都是由一个被定义项与一个定义项组成的。

其定义的形式多种多样，有的是语词定义，即以词解词的定义，如："行，为也。"（经上，10）"直，参也。"（经上，58）有的是描述定义，即通过刻画对象的某一特征来下定义，如："梦，卧而以为然也。"（经上，24）"言，口之利也。"（经上，92）有的是因果定义，如："知，接也。"（经上，5）是说知识是通过主体对外界的接触而获得的；"智，明也。"（经上，6）是说智慧（知识）是其结果可以使认识主体对认识对象有明确理解的东西。有的是外延定义，如："名：达、类、私。"（经上，79）是说"名"有三种，即"达名"［相当于现在所说的"范畴"（category），如"物"］、"类名"（如"马"）、"私名"［相当于现在所说的"专有名词"（proper name），如"臧"］；又如："谓：命、举、加。"（经上，80）是说"称谓"有三种，即命谓（将"狗"命为"犬"）、"举谓"［称"狗"时以手指出犬来，相当于现在所说的"实指定义"（ostentive definition）］、"加谓"（即不是对狗的通称，而是骂狗时给狗所加的恶名）。

此外还有一些其他形式的定义。"说"是对"经"的意义的进一步阐述。实际上"说"是相应的"经"的定义项的一个组成部分，是定义的定义。例如，（经）"同：重、体、合、类"（经上，87），这是一个外延定义，它通过列举了"同"的四种形态——"重同""体同""合同"和"类同"，来揭示"同"的含义。但是，什么是"重同""体同""合同"和"类同"却仍不清楚。于是"说"给予了进一步的阐述。"同：二名一实（即同一个实体有两个名称），重同也；不外于兼（一个物体的两个不同部分，如人体上的手和脚），体同也；俱处一室（在同一空间中的东西，如"床"和"桌"），合同也；有以同（有相同的属性，如"马"与"牛"均为有蹄类动物），类同也。"

《墨经》较之古代其他经传使用的定义内容更丰富，形式更多样化。这也说明较之先秦其他各家来说，墨家不仅对自然科学给予了更多的注意，而且对语义问题也给予了更多的关注。

三、《墨经》中的"辩"

1. "辩"的目的

先秦时期，特别是战国时期，是一个"百家争鸣"的时期。诸子百家都很善辩，不善辩他们也就无从立说，甚至无从立脚。为了善辩，他们不仅要研究辩的内容，还要研究辩的形式和辩的方法，我们发现，在《论语》一书中还未出现一个"辩"字，但孔子的再传弟子孟轲却非常好辩。一部《孟子》可以说全部都是孟子与他人辩论的记录，但他自己却说："予岂好辩哉，予不得已也。"他说："我亦欲正人心，息邪说，距诐行，放淫辞，以承三圣者，岂好辩哉，予不得已也。"（《孟子·滕文公下》）荀况在其《荀子》一书中则大谈其辩，甚至认为"君子必辩"（《荀子·非相》）。但他并没有揭示出"辩"的形式，概括出"辩"的准则。先秦诸子中真正从理论上探讨了"辩"的问题的，要数墨家。

墨家认为"辩"的目的是："明是非之分，审治乱之纪，明同异之处，察名实之理，处利害，决嫌疑。"（小取）这里虽然也提到"审治乱之纪""处利害，决嫌疑"这样的话，但其主要目的还是要解决"是非""同异""名实"问题。这跟孔孟儒家的观点有着很大不同。正如前面所说，墨家的"辩"已超越了单纯的政治、伦理的范围，谈的是语言学、逻辑学与符号学的问题，特别是逻辑语义学与语用学方面的问题，而即使谈"审治乱""处利害""决嫌疑"，也不是单纯出于政治的目的，而具有逻辑语用学的性质。

2. "辩"的特征

《墨经》认为进行辩论必须具备一定的条件，即"辩，争彼也。辩胜，当也。"（经上，75）如"或谓之牛，或谓之非牛，是争彼也。是不俱当，不俱当，必或不当，不当若犬"（经说上，75）。这就是说，辩论是对相反命题的争论。辩论得到胜利，是由于论述恰当。例如，有人说"这是牛"，有人说"这不是牛"，这就是对相反命题的争论。辩论不可能两者都胜，究竟哪一方胜，则看谁的论述恰当。如果不胜，一定是某一方论述不恰当。如果有人说"这是牛"，而另一人说"这是犬"，这样的辩论不能保证一定有一方取胜，因为这不是"争彼也"，可能这既非牛，也非犬。这里所说的相反命题，相当于传统逻辑中所说的矛盾命题,即不同真也不能同假的命题。《墨经》对"辩"的特征的概述是非常准确的。他们是在总结了先秦时期大量辩论事实的基础上,而得出这一结论的。

道藏本的《墨经》原文为"辩,争攸也"。"攸"显然在此无解。后来不少学者追随张惠言将"攸"注为"彼",将"辩"解释为"争彼也"。但"争彼"也不能充分表达出"或谓之牛,或谓之非牛"两个反命题之争的意思。因为"彼"作为代词,只能代表辩论的一方,而不能代表辩论的双方。代表双方必须是"彼此"。我们认为"攸"实为"仮"之误,因为在古代篆书中,"攸,彼,仮"三个字颇为相似,"攸"既无解,"彼"又不能充分表达辩论是相反命题之争的意义,这样就只有解释为"仮"了。"仮"是"反"的异体字。《集韵·阮韵》:"反,或作仮。"《类篇·人部》:"仮,反覆也。""反"是指"相反的命题",也就是我们现代所说的"矛盾命题"。"争仮"就是以一对相反的命题(矛盾命题)作为争论的对象。

还有一点,《墨经》中所说的"辩",应属于语用学的范畴,因为这里说的不仅涉及命题之争,而且涉及辩论的语境,涉及辩论的人。如"或谓之牛,或谓之非牛",在古汉语中,"或"表示"有人"。而且前"或"与后"或"是表示不同的人。有学者认为这两个命题是形式逻辑矛盾律的表述,这样解释往往忽略了其中"或谓"二字。有了"或谓"二字,这两个命题的关系,就不单纯涉及"这是牛"与"这不是牛"之间的矛盾,还涉及其他的语用学因素。看不到这一点,就无法理解《墨经》的"辩"的实质。概括起来说,《墨经》的"辩"是指在辩论者两方之间的一种特殊的交际行为。它是在两个矛盾命题之间通过争论以得出一个正确的命题。

3. 辩的准则

《墨经》认为辩论的准则在于论述的理由充分,要论述恰当。认为"辩胜,当也。"(经上 75)还说:"谓辩无胜,必不当。说在辩。"(经下,136)这就是说,辩论双方必有一胜,谁能取胜,就看谁的论述恰当。"当",不一定就是真,"当"表示"言"(话语)的"恰当性",相当于英语中的"felicity","恰当性"是英国哲学家奥斯汀(J. L. Austin,1911—1960)和美国哲学家塞尔(J. R. Searle,1930—)所创立和发展的言语行为理论中的一个重要范畴。

语旨行为(illocutionary acts)是整个言语行为理论的核心。其语义基本概念不是真假值，而是"恰当性"。每一种语旨行为的意义都由一定的恰当性条件所决定。这种恰当性条件不仅涉及命题自身，还涉及说话者以及说话的语境。奥斯汀与塞尔对言语行为理论作出了比较严密系统的论述，《墨经》当然达不到这样的高度。但《墨经》确实提出了话语的"当"与"不当"的问题，这不能不说是他们的一种贡献。《小取》篇中很多例子都说明了这一点。例如说："白马，马也；乘白马，乘马也。""盗，人也；多盗，非多人也。"为什么可以说"乘白马，乘马也"，而不能说"多盗"就是"多人"呢？这里涉及一个话语"宜不宜"的问题。因为在一定的语境中，说"多盗"与"多人"具有不同的感情色彩。"多人"一般是一种中性叙述，而说"多盗"则具有憎恶的感情。因此说"多盗"是"多人"，显然"不宜"，"不宜"也就是"不当"。

四、"说"——墨家的语用推理

1. 什么是语用推理？

在《墨经》中，"说"占据着一个非常重要的地位。"说"是"辩"的组成部分，它们运用的是语用推理。语用推理是这样一种推理，它不仅涉及话语之间的形式关系，涉及话语的字面意义，而且涉及话语的具体语境，即在其具体推理过程中需要添加很多参数，如时间、地点、说话者、听话者、上下文，以及说话者和听话者的知识、信念、意图、情感，等等，这些参数组成一个话语的语境。话语与语境相结合可能产生一个不同于字面意义的言外之意，甚至产生一个和字面意义相反的意义（即说反话）。这就是说，一个处于一定语境中的话语，除了具有确实无误的字面意义，还具有一定的隐含意义与预设意义。而理解一个话语的隐含意义与预设意义的过程，也就是语用推理的过程。这种语用推理在人们日常会话中经常得到运用。

语用推理具有某种或然性。《墨经》中的"说"与"辩"都涉及一定的语境，例如《大取》篇中说："断指以存腕，利之中取大，害之中取小也。害之中取小也，非取害也，取利也。其所取者，人之所执也。遇盗人，而断指以免身，利也。其遇盗人，害也。"为什么将断指称为利呢？这里有一个语境，离开这个语境，就很难说断指为利，因此这是运用了语用推理。

2. "说"的语用特征

在《墨经》中，特别在"经下"与"经说下"中，使用"说"的地方相当多。例如:"推类之难,说在类之大小。"(经下,102)"不能而不害,说在宜。"(经下,106)"异类不比,说在量。"(经下,107)"假必悖,说在不然。"(经下,109)"合与一,或复否,说在拒。"(经下,112)

"说"的作用在于"说,所以明也"(经上,73),即将不明确的词组或语句给予明确化。如何使它明确化呢?就在于"以说出故"(小取),即揭示出它的原因或理由,如上述"推类之难,说在类之大小"(经下,102)。这是说,为什么按照类来进行推论会出现困难呢?原因在于类有大小之别。在"经说"中又举例说明:"推:谓四足兽,牛与,马与,物不尽与,大小也。此然是必然则误。"即是说,称四足的东西为兽,牛可以算在内,马也可以算在内,但并非所有四足的东西都可以算在内(例如青蛙有四只脚,但不能称为兽),这是因为有大小的不同。以为这个东西有四足,就必然是兽,那就要产生错误。原因说明了,别人对其意义也就明确了。这就是"说"的逻辑功能。由于它涉及语义和语境,因此它具有语用推理的特征。

3. "说"的论式

《墨经·小取》篇中举出了"说"的四种论式:譬,侔,援,推。

"辟(譬)也者,举也(他)物而以明之也。"譬就是要求举出另外一个已经知道的事物之理,以说明这个还不明确的事物之理。这种"譬"论式不仅在墨家的著作中大量运用,在其他诸子的著作中也大量出现。在《墨子·非攻上》有这么一段:

> 今有一人,入人园圃,窃其桃李,众闻则非之,上为政者得则罚之。此何也?以亏人自利也。至攘人犬豕鸡豚者,其不义又甚入人园圃窃桃李。是何故也?以亏人愈多,其不仁兹甚,罪益厚。至入人栏厩,取人马牛者,其不仁义又甚攘人犬豕鸡豚。此何故也?以其亏人愈多,苟亏人愈多,其不仁兹甚,罪益厚。至杀不辜人也,拖其衣裘,取戈剑者,其不义又甚入人栏厩,取人马牛。此何故也?以其亏人愈多,苟亏人愈多,其不仁兹甚矣,罪益厚。当此,天下之君子皆知而非之,谓之不义。今至大为攻国,则弗知非,从而誉之,谓之义。此可谓知义与不义之别乎?

这里举出了一个一个的"他物",这些"他物"的是非是人人皆知的,这些"他物"都用来说明"攻国"的不义。这用的就是"譬"的论证式。

由上述例证可以看出,"譬"的论证式绝非只是为文章生动,它含有一种很大的逻辑说服力。这就是亚里士多德在其《修辞学》一书中所强调的修辞的逻辑力量。他说:"在其严格意义上,修辞学的研究是涉及说服方式的。显然说服是一种论证,因为当我们认为一个事物已被证明之后,我们也就被充分说服了。"(1355a4—6)那些作为"他物"的事例虽各有不同,但它们的确具有相通之处,像上例中的"亏人自利……人愈多,其不仁兹甚,罪益厚",既然说话者与听话者都承认前面的事例都属于"不义",那么,他们就得承认攻他人之国的行为更加"不义"。这种推理一定具有一个说话者与听话者共同接受的前提,然后由共同前提推出一个必须共同接受的结论。

亚里士多德曾经讨论过这种推理。他将推理分为两类,一种叫证明的推理,一种叫论辩的推理。两种推理的区别主要在于前提性质的不同,前者要求前提一定是真的,后者要求前提一定为一般人特别是辩论的双方所接受。这种论辩的推理牵涉语境,因此它属于语用推理。《墨经》将"譬"作为一种论式,并明确提出"譬"是"举他物而以明之也"的逻辑特征,这是墨家符号学(特别是语用学)的一大贡献。

《墨经·小取》中还提到侔、援、推等式:"侔也者,比辞而俱行也。援也者,曰:子然,我奚独不可以然也?推也者,以其所不取之,同于其所取者,予之也。是犹谓也者同也,吾岂谓也者异也。"这是说,"侔"式是将依据对方所使用的或所承认的命题相比应地进行推理。例如,对方说或承认"狗,犬也",那么,再说:"杀狗非杀犬也,不可",而说:"杀狗谓之杀犬,可"(经下与经说下,155)。"援"式是既然对方已承认那个命题为真,我说的命题与对方的命题相同,那么我说的那个命题对方应该承认也是真的。对此辩论的对方是无法进行反驳的。我们现在还常说"援例而行",即你做得,我也就做得,就与《墨经》所说的这个意思相仿。"推",就是以对方所反对的命题,与他所赞成的命题相比,指出它们的相同性,然后说,既然承认它们是相同的,你怎么能又说它们不同呢?这些论式各有不同,但它们都在论述过程中涉及说话者与听话者,即都涉及相关的人,涉及语境,因此这些论式都属于语用推理的范围。

4. "说"的准则

《墨经》说:"效者,为之法也。所效者,所以为之法也。故中效,则是也；不中效，则非也。此效也。"（小取）依据沈有鼎先生的解释，"效"是在"立辞"之先提供一个评判是非的标准，再看所立的"辞"是否符合这个标准。符合这个标准的为"是"，不符合这个标准的为"非"。那个作为标准的东西就是"所效"。"法"是比"效"更广泛的范畴。凡是可以作为事物的标准、原则、模型的东西，都可以称为"法"。

《墨经》中谈"法"的地方很多，如：

"法，所若而然也。"（经上，70）"意、规、员，三也，俱可以为法。"（经说上，70）就是说，法是按其行事的准则。如要画圆，人心中关于圆的意念、圆规，或已有的圆的图形，都可以作为画圆的准则。

"法同则观其同。"（经上，97）"法，法取同。"（经说上，97）"法异则观其宜。"（经上，98）"法，取此择彼，问故观宜。"（经说上，98）这是说，对于同类事物，可取相同的准则，对于异类的事物，则要选取不同的准则，这就要看哪一条准则适宜。

"一法者之相与也尽类。若方之相合也。说在方。"（经下，166）这就是说对属于同一类的事物执行相同的"法"。如具有"方"的性质的东西都属于"方"这一类，原因在于它们都适用于"方"的准则。

各类事物有各类事物的"法"，但也有适用于所有事物的"法"。《墨子·非命中》说："故使言有三法。三法者何也？有本之者，有原之者，有用之者。于其本之也，考之天鬼之志，圣王之事。于其原之也，征以先王之书。用之奈何？发而为刑政。此言之三法也。"（参阅《非命上》的"言有三表"）墨家认为这三者是一切言语行为的准则，自然也是辩说的最根本的依据。

5. "说"的反驳

反驳也是一种语用行为。既然要辩，必然要对对方的"说"予以反驳。《墨经》将反驳称为"止"。说："止，同以别。"（经上，99）"止，彼举然者，以为此其然也，则举不然者而问之。"（经说上，99）这是说，反驳，要在相同的事物中找出有异于对方所认为的普遍性的东西来。如对方说："所有的鸟类都会飞。"反驳说："鸵鸟属于鸟类，但鸵鸟不会飞。"这就足以将对方驳倒。

《墨经》又说："止，类以行之，说在同。"（经下，101）"止：彼以此其然也，说是其然也；我以此其不然也，疑是其然也。"（经说下，101）这是说，反驳时必须用同一类的事例；如以异类事物去反驳，则没有说服力。如上面那

67

个例子,如果反驳者说:"爬行类运动不会飞。"这样的反驳完全无效。

6. "说"的谬误

《墨经》还研究了"说"可能出现的谬误。他将这种谬误称为"狂举"。他说"狂举不可以知异,说在有不可。"(经下,167)"(说)牛狂与马惟异,以牛有齿,马有尾,说牛之非马也,不可。是俱有,不偏有偏无有。曰:牛之与马不类,用牛有角,马无角是类不同也。若不举牛有角、马无角,以是为类之不同也,是狂举也。犹牛有齿,马有尾。"(经说下,167)

前面已经说过"举"是墨家符号学中的一个非常重要的概念。墨家要求"以名举实"(小取),并进一步阐述,"举,拟实也"(经上,31)。就是说,一个名要求能举出实的特殊的足以使它与其他事物区别开来的性质。而狂举却与此相反,它不能列举出对象的特殊属性,这样就不能区别出一个类,更无从据此进行正确的辩说。在辩论过程中如果发现对方出现狂举,就可揭露其谬误,使己方获得胜利。指出对方犯有"狂举"的错误,也是一种有力的反驳方法。

通过上面的论述,可以看出,《墨经》的理论中包含着大量的符号学思想。严格说起来,《墨经》缺少语形学方面的论述,而具有丰富的语义学和语用学方面的内容。这也正是中国古代名辩学的一大特点,如果单纯从语形学方面探讨,显然是不够全面的。

参考文献

[1] 孙诒让(1986). 墨子间诂. 北京:中华书局.

[2] 胡适(1991). 中国哲学史大纲:上. 北京:中华书局.

[3] 伍非百(1983). 中国古名家言. 北京:中国社会科学出版社.

[4] 沈有鼎(1980). 墨经的逻辑学. 北京:中国社会科学出版社.

[5] 张纯一(1988). 墨子集解. 成都:成都古籍书店.

[6] 陈孟麟(1983). 墨辩逻辑学. 济南:齐鲁书社.

[7] 温公颐(1988). 中国逻辑史教程. 上海:上海人民出版社.

[8] 周礼全(1994). 逻辑:正确思维和有效交际的理论. 北京:人民出版社.

[9] 周云之(1993). 墨经校注·今译·研究——墨经逻辑学. 兰州:甘

肃人民出版社.

[10] 刘培育（1992）. 中国古代哲学精华. 兰州：甘肃人民出版社.

[11] 吴毓江（1992）. 墨子校注. 重庆：西南师范大学出版社.

[12] Austin, J L (1969). *How To Do Things With Words*. Cambridge, MA：Harvard University Press.

[13] Searle, J R (1969). *Speech Acts*. Cambridge：Cambridge University Press.

[14] Levinson, S C (1983). *Pragmatics*. Cambridge：Cambridge University Press.

[15] Hansen, C (1983). *Language and Logic in Ancient China*. MI：The University of Michigan Press.

（本文原载《湖北大学学报》1996 年第 3 期）

1997

道教艺术的符号象征

詹石窗

摘 要：本文从符号学的角度对道教艺术进行探讨，指出道教艺术本身就是一个符号象征系统。本文区分了道教艺术的自然符号与人工符号之特性和功能，考察了具象符号与抽象符号在道教艺术中的不同表现及其象征蕴含。在此基础上，本文从道教艺术的审美功能上发掘了隐含于道教艺术中的人的精神，说明道教的生命意识在很大程度上就是通过符号象征来体现的。道教艺术之所以充满生命的气息和律动，正在于关注生命之精神的作用；也正因为此，这种艺术形式才闪烁着独具魅力的美的灵光。

关键词：道教艺术；符号；再现；表现；象征

道教艺术是中国传统艺术的重要门类。作为一个类概念，它统摄着许多不同的分支。对道教艺术进行划分，是我们深入研讨其性质、特征、作用的前提。从其对思想内容的呈现或表达的"显示度"来看，道教艺术可以分为再现型道教艺术、表现型道教艺术、象征型道教艺术。再现型道教艺术，一般来说是通过模拟方式对道教活动的直接显示，它在总体上是一种"写真"。表现型道教艺术则在"描摹"艺术客体时有了一定的寄托，它的起点是再现，整个内容包含着再现的成分，但它不是对道教活动过程的纯客观记录或反映，而是把道教活动既当作"艺术描摹"的对象，又当作艺术家心灵轨迹的"反映器"。在这里，艺术对象或曰艺术客体在艺术家心目中是二重化的。一方面，作为艺术对象的道教活动内容是艺术家"描摹"的原型物；另一方面，道教艺术家又要将自己对"道"的理解和其心灵观照感应贯入其"摹本"里。于是，艺术对象不仅是一种"客体性"存在的物象,而且是"大道信息"的"运载车"。比表现型道教艺术更高一层的是象征型道教艺术。"象征"在道教艺术中占有极重要的地位,不认识象征,可以说是无法进入道教艺术殿堂的,也是不能向纵深处理解道教思想体系的。

一、象征的符号性与道教符号象征的初步观照

黑格尔说过:"'象征'无论就它的概念来说,还是就它在历史上出现的次第来说,都是艺术的开始……"(黑格尔,1979,p.9)换一句话讲,艺术一开始便是象征性的。按照黑格尔的观点,象征首先是一种符号。它与单纯的符号或记号不同,意义与表现意义的手段之关系不是一种完全任意构成的拼凑。在艺术里,意义与象征的联系是密切吻合的。

符号象征,作为美学研究的一大概念,引入道教艺术研究领域,这是我们理解其深层意义之必需。在人文思想史上,象征是一个被广泛应用的概念。在哲学、美学、文学、历史、社会学、心理学、人类学领域中,人们对"象征"作了多方面的讨论和种种规定。由于讨论的角度不同,人们对象征意义的理解也多有分歧。一般地说,所谓象征是指用具体事物表现某种特殊意义。黑格尔认为:

> 象征一般是直接呈现于感性观照的一种现成的外在事物,对这种外在事物并不直接就它本身来看,而是就它所暗示的一种较广泛较普遍的意义来看。因此,我们在象征里应该分出两个因素,第一是意义,其次是这意义的表现。意义就是一种观念或对象,不管它的内容是什么;表现是一种感性存在或一种形象。(黑格尔,1979,p.9)

在这段话中,黑格尔把象征分为"意义"与"表现"两个因素,又从"表现"上升到"形象"。他运用抽象分析法,对象征的构成作了界定。通俗一点说,象征便是不直说本意,而以含蓄的感性存在物来暗示所要表达的意义。这样,象征也就有了隐喻性,可以造成一种朦胧的诗意美。故而,艺术家们大多喜欢运用象征。

用于"象征"的代表一定意义的"外在事物",既可以是存在于自然界的天然之物,又可以是人工创造的。事实上,作为艺术品,当它成为象征物时,

不管它是对自然物的肖似模拟或是变形处理，本身便都打上了人的精神烙印。当同一题材的某一形象与某一特定意义联系在一起时，这一形象便成了符号，它是这种意义的代表。因而，这种象征有别于一般的"外在事物"。现代"象征形式哲学"的代表人物卡西勒指出，一种象征形式应理解为一种精神能量，借它之助使一种精神的意义内容和一种具体的感性记号相连，并内在地属于此记号。据卡西勒看来，

> 象征不只是一种指示性记号，从一个领域指示另一个领域，而且是参与这两个不同领域的记号，即通过外部物质世界中的记号显示内部精神世界中的记号，或从可见物质世界中的记号过渡到不可见的精神世界中的记号。具有精神活动的人被其称作"象征动物"。因此作为一种记号观念的象征主要与它所"代表"、"暗示"、"含蕴"的精神内容有关。（李幼蒸，1993，p.493）

也就是说，象征不是独立性存在，它以符号的形式出现，是沟通"能指"与"所指"的中介。只有当符号暗示了有别于自身的意义时，象征才是存在的。

从符号象征的视角来审视道教艺术便会发现，即使是那些以道教历史故事为主要根据进行创作的艺术作品，也往往是夸张和变形的，具有符号象征的意义。如道教教主太上老君的原型是先秦道家学派理论大师老聃，他的生平事迹载于司马迁的《史记·老庄申韩列传》。在司马迁笔下，有关老聃的相貌着墨并不多，但到了葛洪的《抱朴子》，老聃的"真形"已相当具体。葛氏谓老子身长九尺，黄色，鸟喙，隆鼻，秀眉长五寸，耳长七寸，额有三理上下彻，足有八卦，以神龟为床，金楼玉堂，白银为阶，五色云为衣，重叠之冠，雷电在上，晃晃昱昱。葛洪不仅描述了老子的"肖像"，而且作了环境的渲染。唐宋以来，有关老聃的相貌更带上神秘的光圈。《混元皇帝圣纪》说：

> 老君者，乃元生之至精，兆形之至灵也。昔于虚空之中，结气凝真，强为之容，体大无边，相好众备，自然之尊，上无所攀，下无所蹑，悬身而处，不颓不落，著光明之衣，照虚空之中，如含日月之光也；或在云华之上，身如金色，面放五明，自然化出，神王力士，青龙白兽，麒麟狮子，列于前后；或坐千叶莲花，光明如日，头建七曜，冠衣晨精，服披九

色离罗帔，项负圆光；或乘八景玉舆，驾五色神龙，建流霄皇天丹节，荫九光鹤盖，神丁执麾，从九万飞仙，师（狮）子启涂（途），凤凰翼轩；或乘玉衡之车，金刚之轮，骖驾九龙，三素飞云，宝盖洞耀，流焕太无，烧香散华，浮空而来……（胡道静等，1989，p.692）

《混元皇帝圣纪》这段描述比起葛洪《抱朴子》关于老子的身形叙述来又具体得多，环境渲染更带浓烈的宗教气氛。不过，《混元皇帝圣纪》这种充满想象力的老君画像仍是以葛洪《抱朴子》为本的。因为《抱朴子》所言老子身形已隐伏着变的因子。老子脚下的"八卦"便是变化的总根源，八卦出于太极，太极涵阴阳，阴阳相感而八卦生。八卦会于中而成九宫，九宫之数以一、三、五、七、九为框架，所谓老子"真形"在整体上是"太极"，在数为一。一生二，二生三，所以老子额有"三理"。"三生万物"，万物各具木火土金水五行，故老子"秀眉长五寸"；五行各有阴阳，阴阳运化，天生地成，故《易》数变，一变而为七，老子"耳长七寸"，七变而为九，故老子身长九尺。① 由此不难看出，葛洪描绘老子真形的那些数字是别有一番用意的。作为数码代号，一、三、五、七、九也是符号象征，暗示了宇宙间天地万物的演化系列。由于代表宇宙演化的"九宫"数蕴含着化生妙理，老子身形也就有了多种变体，《混元皇帝圣纪》所描绘的正是其变体的表征。而老君之随从"九万飞仙"以及狮子、凤凰等，若抹去迷离恍惚的宗教云雾，显露出来的也是宇宙演化的多彩多姿之气象。葛洪《抱朴子》及《混元皇帝圣纪》的老君真形在中国隋唐以来的许多绘画作品中得以具体化，像元代画家赵孟頫所绘老子像、泉州石雕老子坐像、太清殿壁画——《老子讲道德经》《老子西出函谷关》的身形均具有这种特点，而讲经之时众弟子俨然而坐，四周云气缭绕之情形所象征的亦是宇宙的万千流韵。因此，从某种意义上说，老子身形图乃是道教关于宇宙演化观念的缩影。在这里，宗教信仰与宇宙发生论融而为一了。

太上老君题材方面的作品，我们更经常看到的是他骑青牛的坐像。这种坐像在许多道观中的壁画或雕塑作品里都可以见到。较早的有南宋晁补之的《老

---

① 关于"一变而为七"的数变见于《列子·天瑞篇》："易变而为一，一变而为七，七变而为九，九变者，究也，乃复变而为一。一者，形变之始也，清轻者上为天，浊重者下为地，冲和气者为人；故天地含精，万物化生。"其本即《易》"洛书九宫"数理。

子骑牛图》、李奇茂的《老子骑牛图》，以及元代的《老子骑牛铜像》、明代《列仙全传》的《老子骑牛》插画等。在这些绘画里，牛已经成为陪伴老子的反复出现的意象。事实上，凡是在老子遗迹传说的地方，有关"牛"的艺术品即十分突出。如陕西省周至县终南山脚下，唐朝曾在此建造了一座巨大的道观——宗圣宫，而今遗址中那石刻青牛以及系牛柏、系牛碑依旧昂然而立。在洛阳古城里，也矗立着巨大的青牛像。四川灌县青城山巨型老君雕像之坐骑也是青牛。青牛与太上老君的形象已不可分离地联结在一起。从符号象征的意义来看，近千年来，青牛形象反复出现，这本身便是值得关注的艺术现象。《说文》谓："牛，大牲也，牛件也。件，事理也。象角头三，封尾之形。"作为象形文字，牛取象于牛头，两角一头，合而为三。在道家学派的典籍里，"三"是个极重要的数字，万物生于"三"。三代表着天地人，一牛涵三，则牛乃宇宙全体的象征。老子骑在青牛上表示的是道家对宇宙的整体把握。牛在古代又是星宿之一。《说苑·辨物》："所谓二十八星者，东方曰角、亢、氐、房、心、尾、箕，北方曰斗、牛、须女、虚、危、营室、东壁……"牛居于北方，在五行上属水。这个"水"正是道家最为崇拜的东西。《道德经》曰："万物莫柔弱于水，而攻坚强者莫之能胜。"又曰："上善若水。水善利万物而不争。"青牛就是水牛。它象征的是道家对"水"的崇拜。牛在古人心目中，又与"紫色"相关。《晋书·张华传》："初，吴之未灭也，斗牛之间常有紫气。"相传老子要过函谷关时，关令尹喜观星望气，见有紫气东来。今所见各类"老子骑牛像"均有紫气缭绕。紫气起于"斗牛"之间，那是一种天象，代表着吉祥。由此可知道教艺术中的老子骑牛像，实凝聚着道家基本主张的"全息"。通过艺术信息传递，道教也同样崇尚水性阴柔之物，而其宇宙论亦与先秦道家有很大的相似性，这是耐人寻味的。

二、道教艺术的象征符号及其隐意

作为道教艺术象征的符号是复杂多样的。要对此类象征符号进行划分，可以有不同的标准。在这里，笔者拟以"艺能"作为尺度来划分。所谓"艺能"最早见于《史记·龟策传》："至今上即位，博开艺能之路，悉延百端之学。"后来，《后汉书·方术传》等也曾应用了这个概念。中国古典文献中的"艺能"概念指的主要是自身所具备的学问技能。引而申之，"艺能"可以看作技艺能量。如果人将某种思想贯注于天然对象物之中而没有改变其外形，那么这种对象物虽然已被赋予"艺"的观念，但作为"载体"来说依旧可以看作"自然"；如果人由于艺能劳动改变了对象物的外观形态或将某种艺术观念化为一定的对象物，那么这就带有"人工"的特质。根据这个标准，我们考察道教艺术，也就有了自然符号与人工符号的区别。对这两类符号作一定的分析，有助于我们认识道教象征美学的底蕴。

自然符号就是赋予自然物象以特定意义的符号。这种情形在中国远古时期便已发生。道教信奉者们酷爱大自然，故山山水水、花草树木都被艺术化，具有符号象征的隐喻性，成为其修道情感的寄托。相传天师道鼻祖张陵入蜀之前曾于云锦山中炼丹，丹成而龙虎现，抬头一看，云锦山恍然有龙虎之形，故易名龙虎山。钱惟善《闻尊师为萧泰定所作丹房寓隐图》云："结茅云里万尘空，辟谷相期伴赤松。昼夜常明羽人国，春秋不老药仙宫。飞腾舔药还鸡犬，蟠伏成形看虎龙。缩地壶天今有术，愿辞羁绊问参同。"（程关森，1991，p.18）这首诗是因"丹房寓隐图"而作的。丹房之对面正是蟠伏的龙虎山。在道教炼丹中，龙虎是重要的隐语之一，用以代称丹药、气血、精气等。朱熹《周易参同契考异》称："坎离、水火、龙虎、铅汞之属，只是互换其名，其实只是精、气二者而已。"龙虎的意象又有阴阳之别，《试金石·吕祖沁园春·济一子注》："龙雌虎雄，不交不成造化，二物相合，宝体生金。"炼丹中龙虎的这种隐语最初是观察自然山形而得出的。张天师在云锦山以龙虎为法象来炼丹，这正是赋予自然山形以符号意义的印证。在观念上，这种法象虽已有"艺术"的因素，但其对象物之客观形态却仍未被改变。

在道教信奉者心目中，道观园林中的山是仙境的象征。传说中的蓬莱、方丈、瀛洲三神山，神仙往来，逍遥自在，令人神往。仙山传说对于古代的崇道皇帝有极大的诱惑力。隋炀帝时京都洛阳所造的皇家园林，便有许多模拟性仙山。《资治通鉴》卷一八○隋炀帝大业元年载："五月，筑西苑，周二百里；其内为海，周十余里，为方丈、蓬莱、瀛洲诸山，高出水百余尺，台观宫殿，罗络山上，向背如神。"这个西苑里的"三神山"显然是假山，却也反映了道教以山为仙境的象征观念对世俗生活的重要影响。

道观园林以山为仙境，而花木则为"仙人"。"树有树神，花有花仙。"道人们真诚相信，当天机界临之际，树神花仙都会被感动而显现。道观园林依山形而设，山峦叠障假花木而奇。它们相映成趣，仿佛神仙便往来于其间。从性命修行的教理上看，道观园林的花木还象征着超尘脱俗，比喻驱邪益寿、青春常在。

道教园林艺术由于耗费了劳动能量，它作为象征符号，也就打上"人工"的烙印。随着艺能劳动的加大，人工艺术符号便丰富起来。从广义上看，道教音乐的曲线谱（又叫声曲折）、道教的舞蹈动作、道教戏剧的人物科步、道教的书法与绘画、雕塑与建筑都是人工符号，具有深刻的象征意义。在浙江省崇德县崇福寺西塔内有一尊西王母雕塑像，头部以象牙雕成，而衣冠身躯则用墨色沉香木雕成。其头部低垂，肩部自然扭曲，动态微妙。沉香木与象牙相辅为用，使得晶莹如玉的面部与凝重的身态得到巧妙的艺术对比。类似的西王母造像在许多壁画上也常可见到。在这位女仙形象上就暗示着道教关于阴阳化合的生成妙理。按杜光庭《墉城集仙录》所载，西王母又号金母，

  乃西华之至妙，洞阴之极尊。在昔道气凝寂，湛体无为，将欲启迪玄功，生化万物，先以东华至真之气化而生木公焉。木公生于碧海之上，苍灵之墟，以主阳和之气，理于东方，亦号王公焉。又以西华至妙之气化而生金母焉。金母生于神洲伊川，厥姓缑氏，生而飞翔，以主阴灵之气，理于西方，亦号王母。皆挺质太无，毓神玄奥。于西方眇莽之中，分大道纯精之气，结气成形，与东王公共理二气而育养天地，陶钧万物矣。（胡道静等，1989，p.794）

按照这种解释，西王母与东王公乃是阴阳真气所生，她和东王公一起共同管理生养的问题。可见，西王母又是"生"的象征。知道了这一番底蕴，那就不难明白，为什么在许多场合西王母又成为注生娘娘的秘密了。西王母在古神话传说中本已存在，但早先她是具有"豹尾虎齿而善啸"的怪物。在道教中，西王母作为上等女仙以华贵夫人形象出现。艺术家也是按照华贵夫人的形象来塑造西王母的，其主生乐养的观念与其慈祥面容亦相吻合。面对这一艺术形象，同一群体的成员都能悟出其所代表的理念，产生共鸣，进而产生崇拜举动。这正是此等艺术形象作为符号象征的精神力量之所在。西王母像是道教人工符号的一个小例子。若以此为媒介，仔细地考察道教艺术的众多作品，那就能在更大程度上发现它们作为人工符号运载信息的奇妙功能了。

道教艺术的符号象征

为了进一步了解道教艺术的符号象征的特质与功能，我们还可以从存在形态上把符号划分为具象符号与抽象符号。

具象符号是一种具体的形象符号，它与"肖似性符号"既有共同点又有不同点。所谓"肖似"就是对客体的反映尽可能保持其原貌，譬如张三之像或李四之像，明眼人一看即知它所代表的是谁。"肖似"不是原客体本身，但必须是对原客体的按比例的模拟。具象符号在一定层次上也是肖似的。在操作过程中，具象符号的创造有具体事物作范本或原型，但它不是简单地照搬原物。为了突出某一性质特征，具象符号往往作变形性处理。在音乐上，就是对主旋律的变奏；在绘画、雕塑、舞蹈上，就是在某些方面变动其造型。例如，同是"老子骑牛像"，晁补之所画之牛两角上翘，两耳伸展，是一头壮牛；而元代"老子骑牛铜像"之牛乃牛犊，头低下，显得较温顺。具象符号中的造型变化，有作者个人爱好的因素，但也有群体意识的作用。生活于具体时代的道教艺术家因其艺术禀赋自觉或不自觉地将群体的道教精神融进了艺术作品之中。由于这种精神不是以直接的形式表达出来，而是通过艺术语言以暗示隐喻的形式出现，这就造成了具象符号与本意之间一定的距离感。然而，正是这种距离感呈现出一种美的韵律。从这个意义上说，具象符号不仅是道教传达道体信息的载体，而且蕴含着积极象征的美学功能。

与具象符号相比，抽象符号与本意之间的距离就更远了。从哲学上讲，抽象本是与"生动的直观"相对而言的，它指在比较分析的基础上，从事物的许多属性中撇开非本质属性，抽出本质属性。应该说，抽象符号的形成在最终意义上也遵循这种"扬弃"原则。但是必须看到，抽象符号不是事物外观形态因素的简单"抽取"，而是经过一番"理念的玄想过程"。因此，并不是所有道教艺术品均有抽象符号功能。只有那些经过道教艺术家"玄想运作"的作品才具有抽象符号的功能。抽象符号的创制也可以有一个"内心描摹"的对象，但它与具象符号对原型的夸张变形处理不同，而要求对原型的曲折的、理念的转换。这种转换可以使本是声音的原物变成色彩，本是色彩的东西化为声音，立体的转换成平面的，斜的转换成正的。道教象征符号研究的最大难处是如何从图像上读出旋律，从色彩上听出声音。道教经典中有关抽象符号的声与形转换比比皆是。例如道人们对"灵图"之来历功用的描述便体现了这一点，《云笈七签》卷八在谈到《洞玄灵宝三部八景二十四住图》时说：

大运告期，赤明开光，三景朗焕，五劫始分。元始天尊与十方大圣至尊真神无极太上大道君、飞天神人、玄和玉女，无鞅之众，同坐南浮洞阳上馆柏陵舍中，清淡空泊，素语自然，灵音十合，妙唱开真，诸天欢乐，日月停轮，星宿默度，九天回关，河海静波，山岳吞烟，龙麟踊跃，人神欢焉。是时太上无极道君稽首作礼，上白天尊：今日侍坐，太漠开昏，无极世界，一切见明。法音遐振，泽被十方……（胡道静等，1989a，p.571）

这段话是用以说明传授《洞玄灵宝三部八景二十四住图》的情景的，其中既描绘了南浮洞众仙会集的场面，又勾勒出了"灵音"回转的情形。文中对于音乐的描述虽然是气氛渲染的需要，但也表达了"二十四住图"这种抽象符号与曲乐进行转换的理趣。

在道教中，带有抽象符号意义的"灵图"甚多，而备受道门崇尚的当推《元览人鸟山形图》。道人谓："无数诸天，各有人鸟之山，有人之象，有鸟之形，峰岩峻极，不可胜言。玄台宝殿，尊神所居，林润鸟狩，木石香花，芝草众药，不死之液，又难具陈。"（p.577）由此看来，人鸟山系道人的玄想仙境。按文中的描述，人鸟山的景观应是很具体的，有峰峦，有鸟兽，有殿堂。但是，真正画出来的却是如符一样的形状，整体上呈长方形，以粗笔曲线交叉而成，中间四小块纯属符笔法。道经释曰："妙气之字即是山容。其表异相，其遮殊姿。"（p.577）这里的"异"和"殊"充分体现了道教艺术中的抽象符号与具体事物间的巨大差别。它不是形态的写真，却是妙气神水的流泻，故谓之"真形"。

抽象符号的象征意义是具有多层性的，且随着环境的变化而有新的生成。仍以"人鸟山形图"为例，它既是道教诸天胜境的"符征"，又是"天地人之生根，元气之所因，妙化之所用"（p.577）。照此之说，"人鸟山形图"又成了天地万物之根本的抽象或象征了，因为在中国传统思维模式中，天地人三界代表着宇宙的全体。可见，在道教中"人鸟山形图"的象征意义已被无限地扩大了。这种意义的生成是抽象符号所赋予的一项重要功能。

道教艺术的符号象征是中国传统象征哲学的结晶，更是道门玄想实践的产物。《易经》八卦便有符号象征的功能。道教在修炼实践活动中借鉴了《易经》的卦象思维，通过宗教的玄想修持，不断丰富原有的神仙胜境，形成了多彩多姿的神仙传说，它们成为文人艺术家创作的活水源头。当文人艺术家以重复变奏的方式使神仙符号在不同场合再现时，象征意义就不断生成。

三、道教艺术符号象征的生命律动与人的精神

道教艺术符号象征的审美旨归与人的精神之高扬是一体化的。从表层上看，道教艺术的表现对象多是神仙幻境，似乎远离了人自身，但实际上道教艺术的符号象征所蕴含的是由深沉的生命体验而支持的强烈的自我意识。

英国诗人、大英博物馆东方绘画馆馆长劳伦斯·比尼恩（Laurence Binyon，1869—1943）在谈到中国的绘画艺术时指出：

> 单单是秩序，以及对秩序的顺从，永远也不会使人的精神完全满足。在那种精神里，欲望经常隐藏起来，经常受到压抑，然而却一直持续不断，超越自己；它变得面目皆非。它逃避，它扩张，它创造。在某种意义上说，这是对自身命运的对抗。而这种欲望可以通过渴望摆脱日常生活那种桎梏人的环境这样一种形式表现出来；这就是浪漫精神，在行动的天地里激发着为冒险而冒险的精神，而在想象的领域里则渴求着美：它醉心于怪异的、遥远的、奇迹般的、不能达到的东西。或者它采取一种有力而又持久的形式，一心想超越自身的局限，使自己与外界存在物同化，最后它达到升华而与宇宙精神、与无所不在的生命精神合而为一。（比尼恩，1988，p.20）

这种对欲望的曲折表达，对自我的超越，在很大程度上符合道教艺术的精神境界。搜奇猎异，逍遥八极，充满浪漫色彩，道教艺术正是以此为主要特色。这种色彩斑斓的外观铺排映射出一种对自我局限超越的需求。可以说，道教是一种最为关心生命价值的宗教。道教看到了人生的最大局限就在于生命的短促。为了改变这种局限，道教把眼光移向了浪漫的艺术世界，在这个世界里进行精心的营构。道教运用艺术形式对天界的咏叹，实际上是对自我生命的讴歌。在尘世中得不到的自我生命的永恒在艺术世界里得到了充分的满足，因为这时的自我已经与天地化为一体，万物的存在就是"我"的存在，宇宙的精神就是"我"的精神的本体。

在道教经籍《灵宝无量度人上品妙经符图》中收有《灵宝始青变化之图》

《碧落空歌之图》《太浮黎土之图》，道人们对这三图的解释都体现了神仙圣境与生命理想结合。例如对《灵宝始青变化之图》，作者称之：

> 天真皇人以紫笔记灵宝之气，交始青之气、变化之象也。主世间及天地鬼神之生道，能资蓄生气以抱魂，结炼以得真也。兆能有之，以青书竹帛之上，面西北服之，则生气归身，返老回婴。应运灭度，身经太阴，带服始青变化之图，始青帝君与兆同游逍遥太空也。（张宇初等，1977，p. 3007）

按照这种解释，《灵宝始青变化之图》是宇宙精气的写照，又是宇宙运化的法象。因为"灵宝"在道门中本是精气的另一种表示。陈观吾说："气谓之灵，精谓之宝；寂然不动，感而遂通曰灵，上无复祖，唯道为身曰宝。"又说："灵宝者，精气也。精气者，汞铅也。汞铅者，阴阳也。阴阳者，离坎也。"（p. 1951）宇宙精气，有阴有阳，阴阳相感，变在其中，所以说又是"变化之象"。将这种象征宇宙精气的"图"画在竹帛上，烧化和水服之，就能使"生气归身"，这个说法体现了宇宙精气与人体内气的对应，由此可见作者对人的生命的关注。

道教追求长生不死。为了达到这一个目标，道教中人不遗余力，进行养生的实践活动。而这种充满生命意识的活动在很大程度上又是借助符号象征来展开的。

天地广大，无所不容。宇宙自然，号称万有。尽管从局部看，存在物有各自的运动方式，但在全局整体上所有的事物又是互相配合、互相补充的。从这个意义上说，宇宙自然是和谐的。自然和谐，构成了宇宙的运动和发展，这也是道教艺术对美的最高追求。只要你迈入道教的洞天福地，几乎到处都可以看到黑白双鱼合抱的太极图，它已成为道教的基本标志。太极图看起来很简单，却蕴含着道教宇宙观的全体，也是道教艺术审美观的融缩。清人胡渭《易图明辨》卷三引明人赵仲全《道学正宗》云："古太极图，阳生于东而盛于南，阴生于西而盛于北；阳中有阴，阴中有阳，而两仪、而四象、而八卦，皆自然而然者也。"太极图中，阴阳之间存在着奥妙的关系，阳进一分则阴退一分，阴进一分则阳退一分，阴阳相推互转，两者配合，体现了自然的和谐。太极图是道教的宇宙生成发展模式，养生的总法象，也是道教艺术的审美旨归。绘画上的黑白构图，音乐演唱的步虚九宫旋绕步法，都离不开这个"太极"。老子《道德经》说："万物负阴而抱阳，冲气以为和。"太极运化，阴阳两分，构成天地之大美。清人唐岱《绘事发微》曰：

> 自天地一阖一辟而万物之成形成象，无不由气之摩荡自然而成，画之作也亦然。古人之作画也，以笔之动而为阳，以墨之静而为阴，以笔取气为阳，以墨生彩为阴。体阴阳以用笔墨，故每一画成，大而丘壑位置，小而树石沙水，无一笔不精当，无一点不生动，是其功力纯熟，以笔墨之自然合乎天地之自然，其画所以称独绝也。

唐岱是就作画而言的，却表明了太极阴阳和谐的重要意义。

道教中人通过一系列符号进行着生命的体验。例如有关《周易参同契》解说著作中所画的明镜图、金乌玉兔图、法象图、寅申阴阳出入图、月体纳甲图、水火匡廓图等，都具有指示内气修炼的意义。道人们对生命的关注在这些图里充分地体现出来。就是那些表示仙境结构的图像，往往也具有人体内象的效用，例如《修真太极混元图》中的"三景之图"便是如此。作者在图下释曰：

> 此乃大道之始，出乎自然，而居三十六天之上，本无形状，见于有象，上列三清，下分五太。玉清圣境，元始所居；玉山上京之下而有上清真境，太上道君所居；其下有太清仙境，老君居之；而下有太虚之界，太虚之界内有太无之界，太无之界内有太空之界，太空之界内有太质之界，太质之界内有天地混沌之形，而分玄黄之色……（张宇初等，1977，p.3053）

这里描述的"五太"居于"三清之下"，"三清"与"五太"层层相叠，构成了道教天上圣境的一种基本模式。这同时又是人体内景的法象，故《修真太极混元图》释曰："三清者，人之三田也；五太者，人之五行也。炼五行秀气而为内丹，合三田真气而为阳神。内丹就则长存，阳神现则升仙矣。"（p.3053）在这里，三清圣境与人体三丹田对应起来，五太结构模式也与人体的五行统一起来。这就说明道教中人所描绘的各种天地景观其实就是生命内景的写照。道教的斋醮科仪也具有描摹生命之气运行轨迹的蕴意。科仪中的种种法器供品往往都被看成传递信息的工具，譬如"符节"便被看作"信"的象征。《太平御览》卷六七五引《列仙传》称："先道有三十七种色之节，以给仙人。"在科仪举行过程中，"节"被悬挂于坛场上，作为同神仙交通的"符信"。它们在斋坛上的悬挂或安置，组合成一定的信息传递程序。当它们在手掌上有了相对应的位置时，行斋人之手实际上便成了浓缩的宇宙图式。在道教科仪中，主事者的手势动作具有特殊的象征暗示功能，"手印"更是如此。手印，又称印诀、掐诀、捻目等，系道人行法诵咒时以手结成的形态符号。《道法会元》卷一六称："祖师心传诀目，通幽洞微，召神御鬼，要在于握诀。"这个"诀目"系指"掐诀"的手势。每一个诀目都有一定的代表意义。行斋人之手无论是掌或指纹都有相应的象征蕴含。所谓北斗七星、十二时辰、九宫八卦、二十八星宿罗络于一掌之中便体现了这种旨趣。就拿指纹来说，道门以二、三、四指的九个关节纹为九宫八卦阵，中指中纹代表中宫，配上洛书之中数五，其余八纹代表乾、震、坎、艮、坤、巽、离、兑八卦。另一种法式是以手指之劳宫穴为中宫，八卦分纳于掌上八个方位。这样，手上每一个部位便有相应的代码意义。在古人的心目中，八卦往往代表了整个宇宙，具有无限包容性，因之便能产生丰富的符号语言效应。这样，随着手印的变换，道门中人便把符号语言转化成通信语言，产生观念效应。由此不难看出，道教实际上是力图通过某种手势符号语言来沟通外界，甚至调动外界的"力量"，以达到在现实世界所未能达到的生命完善和精神超越的理想目标，显示了道门中人强烈的自我生命意识。

劳伦斯·比尼恩在谈到道教与中国绘画的关联时说："大自然的生命并不是被设想为与人生无关的，而被看作是创造出宇宙的整体，人的精神就流贯其中。"（比尼恩，1988，p.53）事实正是如此。道教艺术之所以充满生命的气息和律动，正在于人的精神之作用。由于这种精神的"流贯"，道教艺术才闪烁着独具魅力的美的灵光。

参考文献

[1] 黑格尔 (1979). 美学：第二卷（朱光潜，译）. 北京：商务印书馆.

[2] 李幼蒸 (1993). 理论符号学导论. 北京：中国社会科学出版社.

[3] 胡道静等 (1989a). 道藏要籍选刊：第一册. 上海：上海古籍出版社.

［4］胡道静等（1989b）.道藏要籍选刊：第六册.上海：上海古籍出版社.

［5］程关森（1991）.龙虎山三绝.南昌：百花洲文艺出版社.

［6］比尼恩,劳伦斯（1988）.亚洲艺术中人的精神（孙乃修,译）.沈阳：辽宁人民出版社.

［7］张宇初等（1977）.正统道藏：缩印本.台北：艺文印书馆.

（本文原载《中国社会科学》1997年第5期）

《说文解字》中的符号学思想初探

高乐田

摘 要：本文旨在从符号学视角，对《说文解字》加以新的观照。把汉字作为一个符号系统来理解和阐释，是《说文解字》中体现的语言文字思想的核心。《说文解字·叙》是许慎的汉字符号学纲领。其中，对汉字的符号性质、汉字符号的来源与演变、汉字的形体结构特点及其发展变化、字形与字义的关系、构字写词的方法与条例、字符的分类原则等都有明确的阐述。《说文解字》正文则是对上述符号学理论的应用与实践。

关键词：《说文解字》；许慎；符号学；汉字；字符；字义

虽然符号学作为一门独立学科尚不足百年，但符号现象的存在和符号问题的探讨却几乎和人类文明的历史同样久远。在西方，符号学思想可以追溯到古希腊罗马时期。古罗马哲学家奥古斯汀就曾给符号下过一个简明的定义：符号是这样一种东西，它使我们想到在这个东西加诸感觉的印象之外的某种东西。20世纪初，这一思想传统得到了极大的深化与扩展，并形成了现代符号学。现代符号学是以符号现象为研究对象的理论体系，它"关心的是人类的'给予意义'的活动结构和意义，即这个活动如何产生了人类的文化，维持并改变了它的结构"（池上嘉彦，1985，p.3）。由于语言是人类迄今最典型、最完善的一种符号系统，因此，语言问题占据了符号学的中心地位。

符号学思想并非西方文化所独有，符号尤其是语言文字符号的重要特征和意义，也早为我们中华民族的先哲们所认识。我们的祖先早在东周时期便开始了对汉民族独特的语言符号系统——汉语、汉字的研究，并在两汉时期达到空前的繁荣，产生了《说文解字》这部解释古汉语文字的不朽之作。从现代符号学观点看，《说文解字》中蕴藏着丰厚的符号学思想：把汉字作为一个符号系统来理解和阐释，是《说文解字》中体现的语言文字思想的核心。《说文解字·叙》是许慎的汉字符号学理论纲领。其中，对汉字的符号性质、汉字符号的来源与演变、汉字的形体结构特点及其发展变化、字形与字义的关系以及构字写词的方法与条例等都有明确的阐述。《说文解字》正文则是对上述符号学理论的应用与实践。另外，它还在对文字的具体解说中，向我们提供了"以形索义""因声求义"以及"直陈词义"等与汉语言文字特点相适应的语义学方法。

一、汉字的起源、演变、孳乳是一个符号化过程

许慎在《说文解字》中开宗明义，对汉字起源问题，从符号学角度作了总结性描述：

> 古者庖羲氏之王天下也，仰则观象于天，俯则观法于地，视鸟兽之文与地之宜，近取诸身，远取诸物，于是始作易、八卦，以垂宪象。及神农氏结绳为治而统其事，庶业其繁，饰伪萌生。黄帝之史仓颉，见鸟兽蹄迒之迹，知分理可相别异也，初造书契。

从这段话中，我们可以得出如下两个结论：

1. 符号的来源是"客观之物"

符号的来源是什么？人们是怎样学会使用语言文字符号的？汉字作为符号是怎样产生的？许慎从朴素唯物主义立场出发，对上述符号学的根本问题作了回答："近取诸身，远取诸物，于是始作易、八卦，以垂宪象。"为人们描绘了一幅史前符号产生的真实图景。先民们在劳动与生活的实践中，逐渐发现了两物并立、两物对比的事实，并从这种并立和对比中看到了物与物之间的"天然联系"，这种联系使得用某物记录和标示另一物成为可能。而"一个符号……即一种可以通过某种不言而喻的或约定俗成的传统，或通过某种语言的法则标示某种与它不同的另外事物的事物"（朗格，1983，p.125）。于是，符号的观念和使用符号的行为便产生了，这即是许慎所说的"易、八卦。""易者，象也。物无不可象也。""卦者，挂也，言悬挂物象以示于人。"这样，不仅符号表现的对象是客观之物，就连原始符号本身也是一种客观之物。这充分表明了符号与对象间密不可分的关系。符号作为对象的标志和指称物，是随着人们生产、生活和交际的需要而产生的，离开了客观的对象世界，就不会有符号世界

的存在。这样，许慎给汉字符号的产生找到了源头和依据。正如郭沫若所说："文字和语言一样，是劳动人民在劳动生活中，从无到有，从少到多，从多头尝试到约定俗成，所逐步孕育、选练、发展出来的。"（郭沫若，1973，p.244）当然，许慎囿于时代和历史的局限，不可能站在历史唯物主义的高度，把创造符号的功劳归于劳动，但他对符号来源于物的解释，却是值得称道的。这也影响了他的符号意义观上的"指称论"立场。

许慎不仅正面阐明了汉字符号的客观来源，而且对当时文人儒生中流行的靠主观臆断、望文生义来解字释经的做法甚为反感，称他们"诡更正文，乡（向）壁虚造不可知之书"，以致造成了"人用己私，是非无正"的混乱局面。像"马头人为长，人持十为斗，虫者屈中也"等都是毫无根据的主观臆断。许慎作《说文解字》的一个重要目的，就是要对上述猥言谬说加以匡正。《说文解字》自始至终都力求按照实际语言中确曾用过的，符合客观实际的词义来求得与字形的一致，而不是以字义的说解去附会字形。例如："若，择菜也。从，从右。右，手也。""斩，截也，从车斤，斩法车裂也。"都是从客观现实中来找依据的。关于这一点，陆宗达先生在《训诂方法论》一书中有过详细论述。如同王筠在《说文释例·序》中所总结的："其字只为事而作者，即据事以审字，勿由字以生事；其字之为物而作者，即据物以察字，勿泥字以造物。"这一原则正是许慎在《说文解字》中所倡导和贯彻的。当然，由于历史的局限性和形、音、义关系的复杂性，许慎不可能完全做到"据事以审字""据物以察字"，在其对文字的解释中也不乏牵强附会的情况。例如："哭，哀声也，从吅口，狱省声""球，玉声也"等解释，并没有什么可靠的依据，对此，段玉裁曾提出过尖锐的批评。

2. 汉字的起源、演变和发展是一个符号化过程

在许慎看来，汉字是从原始符号逐渐发展而来的，"易、八卦"—"结绳"—"书契"，展示了一个从以物记物、以符记事再到以字记言这一符号演变的历史轨迹。许慎有关文字起源的上述论断，并非一种臆断，而是对前人经验和论述的总结与发挥。在《说文解字》之前的《易经·系辞》《尚书·序》中均能找到类似的描述。从现代符号发生学角度看，许慎的论述也是合理的。先民们在劳动生活中发现了这样一个事实：自然界的万事万物都可以用另一物来表现，于是产生"易"的符号观念；在"易"的观念引导下，人们进行了无

数次"挂物记事""结绳记事"的符号性实践活动。符号的观念和行为使得人们解决问题的思路拓宽了。符号的使用给劳动和生活带来了极大的便利，这就鼓励人们去创造大量形式更简便、意思更复杂的符号。于是，人类终于掌握了用刻画的线条和图形来做记录的符号，以记载更为复杂的内容，这就是许慎所说的"书契"。它作为中华民族的"形象符号集"，构成了汉字的雏形，即具有了"画成其物，随体诘诎"的特点。但是，由于最初的这些线条和图形往往表述一个全息形象，不能自由组合与交换，于是先民们发明了以笔画拼构图形表字的方式，扩大了文字表述信息的自由度和准确性，文字得以迅速产生和孳乳。这便是许慎随后论述的以独体之"文"向合体之"字"的演化过程。这个过程反映了文字作为一种记录符号，是随着社会和语言的发展，在实践过程中逐步走向符号化的。因此，汉字的发展演变过程，就是一个象形性渐趋减弱，而符号性渐趋增强的符号化过程。

二、汉字作为符号具有系统性，这一系统是稳定性与变动性的统一

许慎在《说文解字》中揭示了汉字的诸多符号性质，诸如它的指示性、约定性、人文性等，都有所论及与暗示。这里仅就许慎所着重强调的汉字具有系统性，是稳定性与变动性的统一这两个方面进行符号学分析。

1. 汉字符号具有系统性

文字作为记录语言的符号，其形体结构、流变发展、字形与字义的关系等都有一定规律可循。只有将文字作为系统性的符号看待，从形、音、义的关系入手，才能对汉字作出系统性的整理和描述。反过来说，对文字符号的系统性描述，也反映了对文字本身所具有的系统性的发现和理解。《说文解字》正是将汉字作为形、音、义的统一体，按汉字符号构成的内在规律，首次加以系统性整理和阐释，使得10516个汉字（含异体字）"分别部居，不相杂厕"。为此，段玉裁给予高度评价："此前古未有之书，许君之所独创，若网之在纲，如裘之挈领，讨源以纳流，执要以说详，与《史籀篇》《仓颉篇》《凡将篇》乱杂无章之体例，不可以道里计。"（《说文·叙段注》）北齐颜之推也称赞《说文解字》："隐栝有条例，剖析求根源。"（《颜氏家训·书记》）

许慎之所以使得《说文解字》条分缕析，井然有序，正是基于对汉字符号

系统性的认识。这集中体现在他对汉字本义的诠释和对字形的解说上。

首先,许慎全面分析了汉字的形体结构,认为汉字构造虽然复杂,却不是杂乱无章的。不同的汉字,在笔画结构上有许多相同相近的地方。这是因为汉字的发展是通过将有限数量的独体字拆开作为构造新字的基本元素(偏旁),然后用"形声相益"的方法重新组合,从而使汉字"孳乳而多"的。而这些相同相近的笔画、偏旁为把汉字"据形系联"、分别编排提供了可能。许慎在述及《说文解字》编排体例时说:"凡部之先,以形之相近为次。"这一点,从《说文解字》第一卷上的几个部首的编排次第中可以清楚地看出:

一

二　蒙一而次之。

示　示从二,二而次之。

王　蒙三而次之,从一母三也。

玉　亦蒙三而次之。

蒙玉而次之。

…………

这里许慎显然是把汉字作为一个符号系统,由初始符号,根据一定的形成规则,而渐次展开的。

其次,字词的意义也不是孤立的、不可捉摸的,而是相互关联、有规律可循的。如上所述,人们把独体的象形、指事字拆开来构造新字的时候,不仅给新字提供了形体相同的偏旁,还把原字的本义也带入了这些偏旁中,因此,人们往往把汉字叫作"会意字",即是说根据字的构形,便可考知词的义类。比如凡是"木"旁的字,便一定与树有关,带"鱼"旁的字,则往往表示某种类型的鱼。基于此,许慎将《说文解字》部首内部的意义相关、相近的字排在一起,"凡每部中字之先后,以义之相引为次"。

例如:

打,击也。

攻,击也。

敲,横擿也。

揍,进也。

关于这一点，黄季刚先生有过精当的论述："许书列字之次第，大氐先名后事，如玉部自璙以下，皆玉名也；自璧以下，皆玉器也；自瑳以下，皆玉事也；自瑂以下，皆附于玉者也……"（黄侃，1983，p.86）这种编排足以反映出许慎对汉字系统性的深刻认识和理解。

2. 汉字作为符号是稳定性与变动性的统一

文字是记录语言的符号，它也必然随着社会历史的变迁和语言的发展而变化。这就是许慎所说的"改易殊体……七十有二代，靡有同焉"。许慎在这里特别强调文字的易变性，主要是针对当时流行的文字"父子相传，何得改易！"的"巧说邪辞"而言的。为此，他在"叙"中，用大量篇幅描述了字体变化的历史，旨在表明，语言文字的流变发展，造成了形义关系的复杂性，给人们正确理解词义造成困难。但是，另一方面，许慎又表明，汉字形体的变易并不是任意的、不可捉摸的，只要找到了文字发展演变的内在规律，就能排除障碍，求得正确的途径，进而"厥义可得而说"。

《说文解字》中对汉字的分析和说解是以篆文为主，并参以古籀而进行的，即许慎所谓"今叙篆文，合以古籀"。这里所说的"篆文"即秦代统一的文字小篆，它是根据史籀大篆省改而成的，其字形能较好地体现商周古文字的印痕，是汉字形体演变的一个重要的中间环节，因而鲜明地体现了汉字形体稳定性与变动性的统一。在许慎看来，尽管文字有着"六书""八体"，后来"诸侯为政"又造成"言语异声，文字异形"，但文字的世代更替却是有规律可循的。比如小篆就是在古文、籀文基础上省改的，因此，它可以为字的形、义说解提供线索和方便。

我们这里姑且不论许慎论述的文字演变的具体过程是否有错漏之处，仅就这一表述反映的文字符号是稳定性与变动性的统一这一点来说，是具有深刻的符号学意义的。从现代符号的生产理论来看，具有了确定形式和意义的符号，并非一成不变的，历史的变迁和社会的进步，不断要求人们创造出更方便、更丰富、更有效的表达手段来，这也迫使已相对稳定的符号作出让步，从相对的稳定状态又进入变动状态，从而生成或约定新的符号。汉字的演变同样适合符号形式的演变规律。社会实践的发展、认识成果的丰富、语言交流的增多，必然对汉字的形式提出更高的要求。从象形字到会意字，从古文到篆文，从繁难的字到简便的字，都是适应这一要求的结果。因此，应当说许慎对汉字符号性的认识是深刻的,在他看来,正是因为文字的不断发展、孳乳,才有通过说解以寻本求源的必要;反过来,有了文字内在的规律性和稳定性,才有对文字正确说解的依据和可能。

三、汉字符号系统与汉语词符号系统的关联与重合

文字符号系统与语词符号系统是不同层次的两种符号体系。但对于汉语言文字来说,二者却是密不可分的。尤其在上古,往往一个字就表示一个词,绝大多数字与词都有着一一对应的关系。符号学创始人索绪尔早就注意到这一特点:"一个词只用了一个符号表示,而这个符号却与词赖以构成的声音无关,这个符号和整个词发生关系,因此,也就间接地和它所表达的观念发生关系。这种体系的典范例子就是汉字。"(索绪尔,1980,pp.50－51)由此看来,在中国古代,文字符号系统与语词符号系统有着很大程度的关联和重合。

许慎著《说文解字》也正是基于这两个符号体系的联系。显然,在他看来,词汇系统是个极不稳定的符号体系,它总是处于不断的丰富和替变中,而文字系统则相对稳定得多。如果直接解释词义,不仅工程浩繁,而且容易使人迷失,不易举一反三,而文字与语词有着密切的对应关系,对文字本义的说解足以使人们从词源意义上了解和推知词义,从而达到正确理解经义,服务于"王政"的目的。清代江源说:"许书以说解名,不得不专言本义者也。本义明而后余义明,引申之义亦明,假借之义亦明。"这充分揭示了许慎由字义而达词义最后以明经义的思想脉络。也可以说《说文解字》虽是对文字意义的说解,却是以解释词义为直接目的的。这在《说文解字》正文中不乏例证。比如,许慎并非对每个字都进行本义的分析,对某些常用字则是直接分析词义的。"群,辈也。""周,密也。""伐,不深也。"这些都不是字的本义,而是对词义的直接解释。

当然,文字系统和语词系统是本质不同的两种符号体系,许慎将其混淆起来是有局限性的。但是,对于古代汉语言文字来说,从文字系统和语词系统的联系入手,将二者统一起来考察,这对认清汉语言文字的特点,及理解具体字词的意义,都是一条简便有效的途径。

从符号学的角度看,汉字从一开始的象形文字,就不仅仅是用直接记录语言的方式来表达语言的符号,而是通过"象形""指事""会意"等直观的方式

直接与人们的思想观念及其背后的客观事理相通。就是说，汉字不单单是汉语的书写符号，更重要的是它还能直接作为汉民族的一种文化符号，通过各种视觉符号形式，显示出汉文化历史发展的线索，蕴涵着汉民族的哲学、艺术、宗教和文化心理。许慎对汉字研究的重视，应该是基于对汉字这一独特的符号性的认识。其目的在于探究字的本义，以及从本义引申开去的更为深层的文化隐义。很显然，这本质上属于一种语义学研究。

四、汉字符号的发生学分类

对众名的汉字符号进行界说和归类，是《说文解字》的又一重要符号学内容。在《说文解字·叙》中，许慎从符号发生学角度指出了"文"与"字"的区别，厘定了"六书"造字写词的方法，并以此作为符号分类的依据和线索，制定了540个部首，使得成千上万个汉字符号能够对号入座，各有所归。

1."文"与"字"，汉字符号的两种基本类型

《说文解字》顾名思义，是对"文"与"字"的说解。在许慎看来，"文"与"字"是两种不同的汉字符号。他在《说文解字·叙》中简明扼要地指出两者的区别："仓颉之初作书，盖依类象形，故谓之文，其后形声相益，即谓之字，字者言孳乳而浸多也。"许慎在这里明确指出，根据形与声这两个构成汉字的要素，可以把汉字分为两大类。第一类"文"是用"依类象形"的方法制造的，这一类字直接指称某一具体事物，具有独立的形体，不能再拆开来分析了；拆开以后，就不成其为字了。

例如：

左，左手也，象形。

也，女阴也，象形。

束，木芒也，象形。

第二类是用"形声相益"的方法构成的，严格地说，这是一种写词的方法，它是由独体之"字"拆开和拼并构成的。

例如：

倌，小臣也，从人官声。

并，并也，从二立。

泣，无声出涕曰泣，从水，立声。

归结起来，许慎对"文"与"字"的区别，有如下几个标准：

第一，"文"与"字"是汉字的两个发展阶段，从产生的时间上看，"文"在前，而"字"在后。

第二，"文"代表的是字源，"字"是在文的基础上派生出来的。关于这一点，段玉裁在《说文解字注》中表述得很清楚。他在许慎的论述中加了"文者物象之本"，强调指出了"文"与"字"的这种源与流的关系。

第三，"文"体现的是造字的方法，而"字"则体现写词方法。因此，实际上"文"与"字"的区分也是文字符号与语词符号的区分。

第四，从汉字的形体结构上看，独体为"文"，合体为"字"。

2. 以"六书"为依据的分类

许慎在作了"文"与"字"的区别后，进一步认为，就"文"与"字"的内部来看，各符号间也有很大差异，还可根据不同的造字写词方法，再作具体分类。这就是以六书为依据的分类。

许慎在《说文解字》中，对前人的六书之说进行了理论总结，并首次给出了明确简要的定义：

《周礼》八岁入小学，保氏教国子，先以六书：一曰指事，指事者，视而可识，察而见义，上下是也；二曰象形，象形者，画成其物，随体诘诎，日月是也；三曰形声，形声者，以事为名，取譬相成，江河是也；四曰会意，会意者，比类合谊，以见指㧑，武信是也；五曰转注，转注者，建类一首，同意相授，考老是也；六曰假借，假借者，本无其字，依声托事，令长是也。

在这里，许慎不仅给出了每种方法的定义，还举了两个实例。这种六书分类法经许慎的阐发，得到后世的公认和普遍采纳。有了上述界定，在《说文解字》中，许慎几乎对每个字都按六书作了分析，指出其为"象形""指事""会意""形声"者，都以六书的定义为依据，而不是主观臆断，盲目立论。这样，以六书为依据，《说文解字》将9000多个汉字分别作了归类。

许慎的六书之说虽得到了普遍赞同，但也有人提出不同的看法。比如，对六书的次序问题，转注与假借的性质问题，六书是造字之法还是写词之法，等等，都有过一些争论。但无论如何，许慎首次用六书之法对汉字符号作了全面系统的分类整理，功不可没。

3. 以偏旁部首为依据的分类

许慎的六书之说只是给汉字的分类提供了线索和依据。为了把成千上万个汉字理出头绪，找出它们的共同点，并据以分类，编成字书，《说文解字》中编制了540个部首，按照汉字的特点进行了细致的划分和归类，并用六书的方法来分析每个汉字。从语形学角度看，实际上许慎是把为数不多的象形字和指事字充作部首，并看作整个字符系统的初始符号，然后以六书原则为形成规则，刻画出一个不太严格的汉字符号形式系统。这确实是中国语言文字史上的一件创举。

综上所述，我们将许慎所作的层次分明、条理清楚的系统性分类列图如下：

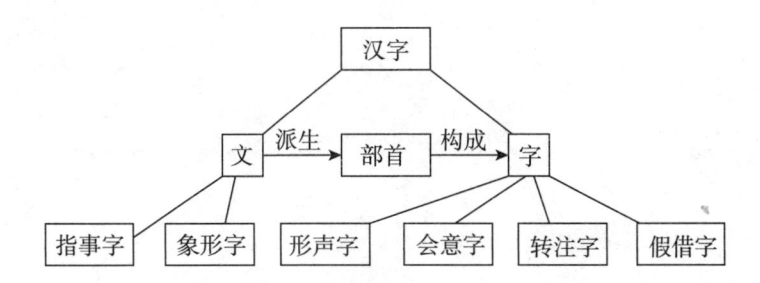

```
                    汉字
              ／          ＼
          文  ──派生──▶ 部首 ──构成──▶ 字
        ／ ｜ ＼             ／ ｜ ＼
   指事字 象形字           形声字 会意字 转注字 假借字
```

除此之外，《说文解字》中的符号学思想还在许多方面体现出来，比如探索语义的方法，常用的文字符号学术语，与西方语言文字思想的差异，等等。对此，我们将另文探讨。

参考文献

[1] 池上嘉彦 (1985). 符号学入门 (张晓云, 译). 北京：国际文化出版公司.

[2] 朗格, 苏珊 (1983). 艺术问题 (滕守尧, 朱疆源, 译). 北京：中国社会科学出版社.

[3] 郭沫若 (1973). 奴隶制时代. 北京：人民出版社.

［4］黄侃（述），黄焯（编）（1983）．文字声韵训诂笔记．上海：上海古籍出版社．

［5］德·索绪尔，费尔迪南（1980）．普通语言学教程（高名凯，译）．北京：商务印书馆．

(本文原载《湖北大学学报》1997年第2期)

1999

中国文学观念的符号学探原

王齐洲

中国文学观念与西方文学观念有着明显的差异,这种差异可以追溯到文学观念发生的初始阶段。探讨中国文学观念发生时的原初意义,既不能靠一般的理论推衍和逻辑推导,更不能简单套用西方的理论模式,而必须从中国文学观念发生的实际出发,以可考的文学观念符号为依据。遵循这一思想,本文在分别考察"文""学"的符号原义及其衍生发展的基础上,详细地讨论了中国文学观念发生的社会历史文化背景及文学观念所具有的原初意义,从而揭示了中国文学观念的文化内涵和民族特色。

中国文学观念发生于何时?它的内涵是什么?这是研究中国文学史必须首先解决的问题。然而,对于这一问题,学术界并没有给予足够的关注。究其原因,主要有两点:一是人们接受了文学起源于人类诞生之初的思想,也就不去追究文学观念何时发生,因为文学的活动不可能不同时伴有文学的观念;二是文学观念属于意识形态,它首先存在于人们的头脑中,然后才被记载下来,我们不可能起古人而问之,弄清楚中国文学观念的内涵究竟如何。人是符号的动物,"符号化的思维和符号化的行为是人类生活中最富于代表性的特征,并且人类文化的全部发展都依赖于这些条件"(卡西尔,1985,p.35)。从符号学的观点来看,已经成为历史的古人的符号化思维和符号化行为,并不存在于现代人的主观意念中。今天我们要了解古人的活动和观念,只能借助古人所留下的活动符号和观念符号来判断,而不能按照今人的行为方式和思维方式来推论。古人所留下的活动符号和观念符号,一般保存在历史文物和历史文献中;没有文物和文献作依据,关于古人行为活动和思想观念的论断,不能算是严格意义上的科学研究，而只能是一种臆造。从这个意义上说，用符号学的方法来探讨中国文学观念发生的基本事实是必要的。

一、"文"的符号原义及其衍生

存在于古人头脑里的文学观念只有被作为观念符号的文字记录下来，才能为后人所了解和认识。因此，探讨古人的文学观念必须从作为观念符号的文字入手。

中国早期的文字甲骨文，在商代后期已经相当进步和成熟。不过就出土的甲骨文而言，尚未发现"文学"这一概念。因此，讨论商代以前的文学观念，从符号学角度来看，是没有客观依据的。甲骨文没有"文学"这一符号，表明当时的社会意识形态中还没有文学的观念。然而，这并不是说甲骨文丝毫没有反映文学观念潜滋暗长的文化信息。事实上，"文"与"学"这两个概念在甲骨文中不仅存在着，而且被普遍使用着，它们后来结合而成新的概念，蕴含了新的社会文化信息，表达了新的社会意识形态观念。

"文"，甲骨文作 ☆（一期，乙6820），"☆"（三期，甲2684），"☆"（五期，甲3940）或"☆"（五期，合集36168）。据甲骨文专家的意见，"文"字"象正立之人形，胸部有刻画之纹饰，故以纹身之纹为文"（徐中舒，1989，p.996）。甲骨卜辞中"文"字出现最多的是帝乙、帝辛时期，也即甲骨分类的第五期，"文"除作为人名、地名使用外，常加饰在商先王名前，如"文武丁"之类。之所以如此，一方面可能是因为武丁体格硕大，有令人羡慕的文身，称文武丁符合他的身体特征；另一方面，也可能是因为在商代末期"文"已经成了一种美称，商王便用来美化其先祖了。按郭沫若《卜辞通纂》的意见，"文武丁"即"文丁"，则"文"仍为人名，并无美称之意。不过，尽管甲骨卜辞中将"文"直接"用作饰文采之意者皆所未见"[①]，但文身除宗教与禁忌之外，本来就含有人类对自己的装饰和美化的成分，因而作为文身之象形的"文"也就自然蕴含有文饰文采的意义。

"文"的符号意义在两周时期有了发展，《尚书》（不含伪古文，下同）28篇"文"字凡54见，其中指称文王的就有44例。如"乃告太王、王季、文

[①] 此说见台湾大学文学院古文字研究室1961年编印的《中国文字》第三卷《释文》一篇。

王"(《尚书·金滕》);"以予小子,扬文、武烈"(《尚书·洛诰》),等等,说明"文"主要还是用来指人。不过,除指人以外,"文"开始有了其他一些衍生意义。一是指文饰和文采,共2例:"厥贡漆丝,厥筐织文"(《尚书·禹贡》);"西序东向,敷重底席,缀纯文贝,仍几"(《尚书·顾命》)。一是指礼节仪文,也有2例,均见于《洛诰》:"王肇称殷礼,祀于新邑,咸秩无文";"惇宗将礼,称秩元祀,咸秩无文"。这里的"文"与祭祀之礼相联系,已经被抽象化并具有了社会意识形态的含义。周初统治者吸取殷商灭亡的教训,"敬德保民",治礼作乐,建立了较为完善的宗法政治制度,他们的后代认为这是"偃武修文"的一种德行,应该继承和发扬。《尚书·文侯之命》有云:"汝肇刑文武,用会绍乃辟,追孝于前文人",意思是要晋文侯从现在开始就效法文武之道,用文武之道来指导自己积德行善,追孝于以前的文德之人。这里,"文"已不再是对体格硕大的文身之人的形象描摹,而是对有道德修养和德治仁政的人的赞美。两周彝器铭文有许多是对周人祖先德行政绩的颂扬,故"前文人""文考"之类数十见。从《金文编》辑录的"文"的交文错画之形来看,有些虽承袭了甲骨文描摹胸部文身错画的形象,如"✿、✿、✿、✿"等,但更多却将这些文身错画讹变为"心"之象形,如《旂鼎》的"✿"、《史喜鼎》的"✿"和《利鼎》的"✿",这正说明了"文"已从单纯的象形符号向具有社会意识形态内涵的抽象符号转化。"前文人""文考"以及"文祖"(《尚书·禹贡》)等概念就是这种转化的衍生物。而《尚书·尧典》出现的1例"文明"概念和《尚书·禹贡》出现的1例"文教"概念,则可以断言它们不会是史前时期的思想,而只能是西周以后的思想。例如,《尚书·尧典》的"睿哲文明,温恭允塞",《四库全书总目提要》便认为包括这句话在内的28字在隋开皇年间(581年—600年)尚未增入孔安国传本中,"今本二十八字当为(孔)颖达增入",这便说明《尧典》是西周以来人们根据传闻记录整理并不断增饰而成的,正可证明我们上面关于"文明"概念发生时期的推断。至于《尚书·禹贡》所云"三百里揆文教",则应在孔子提倡以文为教之后。

对"文"的符号意义进行全面总结和系统阐述的是孔子。仅《论语》一书使用"文"字即达31例,而直接指称周文王的却只有1例,另有作为社会政治抽象的"文武之道"2例,没有用于文身之文即"文"的本义的例句。就"文"的内涵而言,孔子主要使用它的衍生义,这些意义包括:将文字、文辞这些人类创造的观念符号称作"文",如"吾犹及史之阙文也"(《论语·卫灵公》);将记录人类生活和文化活动的历史文献称作"文",如"君子博学于文,约之以礼,亦可以弗畔矣夫"(《论语·雍也》);与质对言,指文采或有文采,如"质胜文则野,文胜质则史,文质彬彬,然后君子"(《论语·雍也》);与武对言,指政治伦理道德,如"夫如是,故远人不服,则修文德以来之"(《论语·季氏》);个人的道德人格修养高可以谓之"文",如孔子解释说孔文子"敏而好学,不耻下问,是以谓之文也"(《论语·公冶长》);社会的礼乐制度完善也可以谓之"文",如孔子所说"周监于二代,郁郁乎文哉,吾从周"(《论语·八佾》);等等。从孔子使用"文"字的例句分析,"文"已经是对人们的观念世界和社会意识形态的一种概括。

将"文"作为社会意识形态观念的符号来理解,并不是孔子个人的心血来潮,而是社会文化发展的必然结果。例如,《国语·周语》载单襄公论晋周云:"必善晋周,将得晋国。其行也文,能文则得天地。天地所祚,小而后国。夫敬,文之恭也;忠,文之实也;信,文之孚也;仁,文之爱也;义,文之制也;智,文之舆也;勇,文之帅也;教,文之饰也;孝,文之本也;惠,文之慈也;让,文之材也。"将社会意识形态和伦理道德与"文"紧密联系,说明"文"已不再只是象形符号,而是具有丰富社会文化内涵的社会意识形态观念符号。"文"的符号意义的全面衍化是社会文化进入新的历史阶段的表征,是人的观念世界发生革命性变化的反映。从符号学的角度来看,在"文"作为单纯象形符号使用的时期,它不可能与"学"发生联系,"文学"的观念也就不可能产生;只有在"文"抽象为社会意识形态符号的条件下,"文"与"学"才有可能结合起来,成为一种新的社会意识形态观念符号。事实正是如此,在《论语》中,不仅出现了"文献""文德""文章"等概念,而且第一次出现了"文学"的概念。这种现象表明,作为观念符号的"文学"概念,是与"文"的符号意义的衍生和发展密切相关的。

二、"学"的符号原义及其衍生

要深入理解"文学"概念的符号意义,有必要对"学"的符号意义作一番历史考察。

"学"字见于甲骨文,作"𢻻"(一期,乙753)、"𢻰"(一期,粹425)、

"✘"（一期，京641）、"✘"（三期，屯南60）、"✘"（四期，京4836）等。甲骨文专家认为"学"字"当从爻取义兼声"（徐中舒，1989，p.348）。《说文》："爻，交也。象易六爻头交也。"《广雅·释话》："爻，郊也。"《易·系辞下》："爻也者，效天下之动者也。"可见爻、交、效声义同，而"爻"本身也是一个象形符号。甲骨文"学"的符号构成中有"⌒"。"⌒"甲骨文作"⌒"（一期，乙8812）或"⌒"（四期，京4345），均像一种建筑物的外部轮廓，从甲骨文"学"的符号构成分析，我们还不能得出"学"为形声字的结论，因为它的构成可分解为三个部件：一是"✘✘"为左右手之象形；一是"爻"，为卜筮卦爻之象形；一是"⌒"，为房舍之象形。这三个部件可以同时具备，如"✘"（四期，京4836），也可以只有其中任意两个，如"✘"（一期，京641）或"✘"（一期，后上8.4）。尽管"学"从"爻"取义兼声，但它并不就是形声字。如果是形声字，它的声符是不应省略的，而事实上，甲骨文的"学"常常省去"爻"这一部件，如"✘"（一期，粹425），就有力地证明了这一点。从整体上看，它应是一个会意字，或者说是一个在向形声发展的会意字，这也是不少甲骨文字的一个特点。理解了"学"的符号结构特点，我们就不难分析出它的符号意义。"学"作为一种观念符号的最初意义应该具有三个要素：（1）与宗教祭祀占卜等有关的活动；（2）这种活动应在较为固定的建筑物内进行；（3）这种活动是一种传授与仿效同时进行的活动。

《说文》曰："教，觉悟也，从教，从⌒。⌒，尚矇也，臼声。"段玉裁注云：

> 觉叠韵。《学记》曰："学，然后知不足，知不足然后能自反也。"按："知不足"，所谓觉悟也。《记》又曰："教，然后知困，知困然后能自强也，故曰教学相长也。《兑命》曰，学学半，其此之谓乎！"按：《兑命》上"学"，字谓"教"，言教人乃益己之学半。教人谓之学者，学所以自觉，下之效也；教人所以觉人，上之施也故古统谓之学也。枚颐伪《尚书·说命》上字作，下字作学，乃已下同《玉篇》之分别也。

由此可见，"学"与"教"在古人看来为一事之两面，常相混用。例如《尚书·盘庚》云："盘庚敩于民，由乃在位，以常旧服，正法度。"《传》云："教也，教人使用汝在位之命，用常故事，正其法度。"孔颖达疏云："盘庚先教于民云：汝等当用汝在位之命，用旧常故事，正其法度欲令民徙从其臣言也民从上命，即是常事法度也。"又曰："《文王世子》云：'小乐正学干，大胥赞之；籥师学戈，籥师丞赞之。'彼并是教舞干戈，知'敎'为教也。""学"与"教"是一种双边活动，举"学"可以包括"教"，举"教"也可以包括"学"，古人将"教"与"学"混用正说明了二者为一事之两面。甲骨文"教"作"敎"（一期，前5.81）、"敎"（三期，粹1162），与"学"的符号构成密切相关。《说文》云："教，上所施下所效也。"甲骨文"教"的符号构成均有"爻"这一部件，"攴"象手执棍棒之形，说明当时的教学活动具有强制性。而"子"这一部件又说明受教者为未成年人，故《说文》有"尚"之说。

商代的教学活动在什么地方进行，活动的主要内容是什么，对此甲骨卜辞没有明确记载，我们只能依据现有材料作些推测。甲骨卜辞有"辛亥，贞，王其衣不雨？之日，王学允衣不雨"（存2.26）、"丙寅卜，𠂤贞，翌丁卯，王其学不雨"（卜501）等，对其中所称之"学"，甲骨文专家均"疑为祭祀活动"（徐仲舒，1989，p.348）与我们所分析的"学"的符号原义正相契和。不过需要指出，商王所进行的"学"，对于臣下则是一种"教"，而商王室成员和贵族子弟可能都要接受这种"教"。甲骨卜辞对此也有记录，例如："丙子卜，贞，多子其往学，版不大遘雨？"陈邦怀《殷代社会史料征存》认为："往"是"徙"的或体，"徙学"即"往学"，"版"借为"反"。"多子"当然是指王室贵族子弟，"学"显然是一个较为固定的场所。"多子"要往学受教，联系上引两条卜辞，教"多子"受学的显然有商王本人，从而表明了殷王朝对这项活动的重视。占卜为王室之事，祭祀为国家大事，王室成员和贵族子弟对此应该学习了解，这本在情理之中。另有一条卜辞云："丁酉卜，其乎以多方小子小臣，其教戒。"郭沫若在《殷契粹编考释》中考释了此条卜辞后断言："据此可知殷时邻国多遣子弟游学于殷也。"殷是一个卜筮成风的国度，邻国子弟赴殷，所学一定与卜筮祭祀有关，而殷王经常赴学，也表明了"学"在国家政治生活中的地位和作用。

从已经出土的甲骨卜辞使用"学"的例文来看，"学"在商代只是与宗教祭祀活动相关。不过，既然宗教活动是当时社会的重要活动，所谓"国之大事，在祀与戎"，"学"就必然会为社会所重视，对社会生活产生影响；既然

"学"中已经包含有觉人与自觉即传授与接受的双边活动，它就具有后世学校教育所必需的基本要素，从而成为后世学校教育的发展基础。所以战国时期的学者谈到学校，总要追溯到夏、商、周三代，例如《孟子·滕文公上》曰："设为庠、序、学、校以教之。庠者，养也；校者，教也；序者，射也。夏曰校，殷曰序，周曰庠；学则三代共之，皆所以明人伦也。"《礼记·明堂位》则云："米廪，有虞氏之庠也。序，夏后氏之序也。瞽宗，殷学也。頖宫，周学也。"这两种说法颇不一致，且"明人伦"之说也不符合夏、商两代的文化特点，让人怀疑它们的真实性。直到今天，在甲骨卜辞中尚未发现"庠""序""校"等文字符号，说明战国时人的说法主要得自传闻。倒是汉人董仲舒的说法较为圆浑，他说："古之王者，立大学以教于国，设庠序以化于邑。"（《史记·董仲舒传》引）然而，"我国古代大学的设立，起于西周时"（杨宽，1965，p.212），董氏之说主要是对周代学校制度的概括，并不反映殷商以前的情况。

"学"的符号意义在周代有很大演进。由于社会的发展，周初的统治者开始摆脱殷商统治者过于迷信天命鬼神的原始思维模式，"敬德保民""制礼作乐"，把主要精力用于社会政治和人事的管理，建立和健全宗法等级制度。与此同时，"学"的内涵和性质也随之发生变化，周代之"学"不再像商代那样只是进行宗教祭祀活动的场所，而是成了进行军事训练和学习礼乐知识的场所，"学"的形式和内容均有较大发展和变化。

《礼记·学记》云："古之教者，家有塾，党有庠，术（遂）有序，国有学。"所谓乡学与国学的区分，在甲骨卜辞中是找不到符号依据的。这种严整有序的学校体制，在建立完善的宗法政治制度之前，也是不可能出现的。《学记》被学术界公认为是汉人所作，它所反映的正是学校教育在西周的发展情况。"学"的符号意义也在衍生。就国学而言，它的形式和内容在周代发生了很大变化。《礼记·保傅》云："帝入东学，上亲而贵仁；入西学，上贤而贵德；入南学，上齿而贵信；入北学，上贵而尊爵；入太学，承师而问道。"据蔡邕《明堂月令论》考辨，国学起于王宫之中：太学在王宫中央，既为天子所居之地，也为天子自学之所；东西南北四学在王宫之四门，师氏居东门、南门，保氏居西门、北门，东门、南门称门，西门、北门称闱，师氏、保氏掌教国子，师氏教以三德，守王门，保氏教以六艺，守王闱，故《周官》有门、闱

101

之学。

然而，这种与王宫相对应的太学和四门之学，恐怕只是西周早期国学的形式，据《礼记·王制》云："天子命之教，然后为学。小学在公宫南之左，大学在郊，天子曰辟雍，诸侯曰泮宫。"参考出土西周铜器铭文记载，可以肯定，天子王城和诸侯国都均设有学校，而且明确分为小学与大学两级。小学在王宫，教师由警卫王宫的高级军官师氏和保氏担任，主要是对年幼的贵族子弟进行道德行为培养和初步的武士训练。这也是我国古代学校的教师被称为"师"的缘由。大学则在城郊，天子所设称辟雍，诸侯所设称泮宫，实际上就像一所军事学校。《大盂鼎》记载了周康王命令年幼即继承显职的盂入贵胄小学学习的事，周康王时的《麦尊》《师汤鼎》和周穆王时的《静簋》都记载了周天子亲率群臣在辟雍习射的情况，由此可知西周大学由周天子直接控制。杨宽根据可靠的史料，参合礼书的记载，概括出西周大学的三个特点："第一个特点，建设在郊区，四周有水池环绕，中间高地建有厅堂式的草屋，附近有广大的园林。园林中有鸟兽集居，水池中有鱼鸟集居"；"第二个特点，西周大学不仅是贵族子弟学习之所，同时又是贵族成员集体行礼、集会、聚餐、练武、奏乐之处，兼有礼堂、会议室、俱乐部、运动场和学校的性质，实际上就是当时贵族公共活动的场所"；"第三个特点，西周大学的教学内容以礼乐和射为主要"。（杨宽，1965，pp.203-210）这些特点说明这时的学校还没有专门化，文教和文学的观念不可能在这样的学校发生。

随着周代社会政治的稳定和经济文化的发展，学校教育不断增加政治伦理教育和文化知识教育的内容，逐步将文武兼备、以践履为主的"六艺"教育改造成以学习历史文献为主的"六艺"教育。例如，《周礼·地官·保氏》曰："保氏掌谏王恶，而养国子以道乃教之六艺：一曰五礼，二曰六乐，三曰五射，四曰五驭，五曰六书，六曰九数。"保氏所教之"六艺"，射、驭二艺显为武事，礼、乐二艺，顾颉刚认为"礼有大射、乡射，乐有驺虞、狸首"，礼乐二项"实亦武事"。（顾颉刚，1963，p.86）西周礼乐教育文武不分是客观事实。以射礼而言，既有尚力的主皮之射，又有尚义的不主皮之射（《论语·八佾》："子曰：'射不主皮，为力不同科，古之道也'"）；以乐舞而言，既有象武的干戈舞和万舞，又有象文的羽舞和籥舞（《礼记·文王世子》）。郑玄注："干戈、万舞，象武也，用动作之时学之；羽籥籥舞，象文也，用安静之时学之。"因此，师氏所教之"六艺"虽文武兼备，却颇有重武倾向，证之以《麦尊》《师汤鼎》《静簋》等西周彝鼎铭记，这一点则更加清楚。然而，到了春秋时期，"天子失官，学在四夷"，学术文化成为各诸侯国之间的竞争手段，教学内容于是也发生了变化。《礼记·王制》曰："乐正崇四术，立四教，顺先王诗、书、礼、乐以造士。春秋教以礼、乐，冬夏教以诗、书。"这里所说的四教与师氏所教"六艺"有显著差别。"诗书为先王制礼作乐、遵礼用乐之成文记录，亦为居位任事者必备之知识"（阎步克，1996，p.53），说明乐正所立四教已将历史文献作为教学的主要内容。注重文献学习，是春秋中叶以后教育领域发生的重大变化。《国语·楚语》载有申叔时论傅楚太子事：

> 教之《春秋》，而为之耸善而抑恶焉，以戒劝其心；教之《世》，而为之昭明德而废幽昏焉，以休惧其动；教之《诗》，而为之导广显德，以耀明其志；教之《礼》，使知上下之则；教之《乐》，以疏其秽而镇其浮；教之《令》，使访物官；教之《语》，使明其德，而知先王之务，用明德于民也；教之《故志》，使知废兴者而戒惧焉；教之《训典》，使知族类，行比义（仪）焉。

这些教学内容，显然是为了提高太子的文化修养，并且都有文献作依据。孔子以《诗》《书》《礼》《乐》《易》《春秋》"六艺"教学生，正是在总结了春秋中叶以来以文献为依据并突出人文精神教育经验的基础上而进行的教育改革和学术创新。而只有将"文"作为学校教育的主要内容和学术创新的基本依据，文学观念的产生才能成为现实。

三、文学观念的形成和"文学"符号的原义

文学观念是一种社会意识形态，它的产生不能没有社会生活的土壤，不能脱离整体社会文化模式的制约。分析不同时期社会生活状况和社会文化模式的基本特点，可以帮助我们进一步理解文学观念发生的根本原因。

《礼记·表记》载有孔子对夏、商、周三代社会文化特征的分析，孔子说：

> 夏道尊命，事鬼敬神而远之，近人而忠焉，先禄而后威，先赏而后罚，亲而不尊；其民之敝，蠢而愚，乔（骄）而野，朴而不文。殷人尊神，率民以事神，先鬼而后礼，先罚而后赏，尊而不亲；其民之敝，荡而

不静，胜而无耻。周人尊礼尚施，事鬼敬神而远之，近人而忠焉，其赏罚用爵列，亲而不尊；其民之敝，利而巧，文而不惭，贼而蔽。

《白虎通义》亦云："夏人之王教以忠，其失野，救野之失莫如敬。殷人之王教以敬，其失鬼，救鬼之失莫如文。周人之王教以文，其失薄，救薄之失莫如忠。"司马迁的总结则更加简明，他说："夏之政，忠；忠之敝，小人以野，故殷人承之以敬；敬之敝，小人以鬼，故周人承之以文。"（《史记·高祖本纪》）夏代社会质朴无文，尚处于相当原始落后的状态，用"野"来概括这一时期的社会文化特点是准确的。考古界"迄今为止尚未发现类似甲骨文那样的有关夏代文化的确凿的实物资料，夏文化的遗物也难以辨识"（李健民、柴晓明，1994，p.67）也说明了这一点。商代社会有很大的进步，社会政治、经济文化都有较大发展，然而，商人极度迷信天命，尊事鬼神，不大重视人的价值，人文精神仍处于被压抑状态。周代社会与殷商社会的最大区别，就是从对天命鬼神的绝对迷信转变为对社会政治伦理的自觉关注。这种关注，不仅表现在周初统治者分封诸侯、建立健全宗法等级制度方面，也不仅表现在成康时期的"偃武修文""制礼作乐"完善社会伦理道德规范方面，而且表现在统治者对"天命靡常"（《诗·大雅·文王》）的理性认识和"人无于水监，当于民监"（《尚书·酒诰》）的早期民本思想方面。"敬德保民"是周初统治者反复强调的思想，而这种思想正是由殷商的"鬼治主义"转为"德治主义"的明确信号，也是人文精神在周代勃发的社会表征。孔子、司马迁等都用"文"来概括周代社会特征。孔子还说："周监于二代，郁郁乎文哉！吾从周。"（《论语·八佾》）可见孔子等人对周代社会特征有着多么明确的认识。而"文"字在两周金文和文献中被主要用来指称社会意识形态和人的道德修养，则从符号学的角度印证了孔子对周代社会特征的概括。

前面已经说过，西周以前包括西周在内的所谓"学"均为官方所垄断，也就是后人常说的"学在官府"。这里有两层含义，一是学校为官府所办，一是学术为官府所掌。在商代，商王是学校最权威的教师，贵族子弟（"多子"）是学校最基本的学生，宗教祭祀活动既是官府的第一要务，也是学校教育的第一要务，有关宗教祭祀的知识便是它的学术，舍此无学术可言。在西周，学校教育有发展，学术也有发展，但"学在官府"的格局并未改变。西周的大学、小学均为官方所办，教师是有职掌的官员，学生是贵族子弟，学习的目的是为出仕做准备,周天子是大学的直接领导并经常视学,官师政教,混而未分。正如章学诚所言,"有官斯有法,故法具于官;有官斯有书,故官守其书;有书斯有学,故师传其学;有学斯有业,故弟子习其业官守学业,皆出于一,而天子以同文为治,故私门无著述文字"(《校雠通义·原道第一》)。尽管西周学校加强了人文教育,但直到穆王时期,军事教育仍然在大学占有相当分量(见《静簋》),即以西周成熟的"六艺"教育而言,"礼乐"是其核心。"礼"分为吉、凶、宾、军、嘉五类,而最为时人所重的吉礼讲祭祀,凶礼讲丧葬,均与原始宗教意识有直接渊源。"乐"与"学"关系密切,清人俞正燮认为:

> 虞命教胄子,止属典乐。周成均之教,大司成、小司成、乐胥皆主乐,《周官》大司乐、乐师、大胥、小胥皆主学。古人学有师,师名出于学……子路曰:"何必读书然后为学?"古者背文为诵,冬读书,为春诵夏弦地,亦读乐书。《周语》召穆公云:"瞍赋矇诵,瞽史教诲。"《檀弓》云:"大功废业,大功诵。""孔子既祥,弹琴十日而成声。""子夏除丧而见,予之琴。""子张除丧而见,予之琴。"通检三代以上书,乐之外无所谓学。《内则》学义,亦止如此;汉人所造《王制》《学记》,亦止如此。(《癸巳存稿·君子小人学道》)

《左传·昭公九年》载:"辰在子卯,谓之疾日,君彻宴乐,学人舍业",也可证明俞氏之说。之所以说"乐之外,无所谓学",一是因为西周及以前的所谓"乐",涵盖面很广,包括了诗歌、舞蹈等内容,二是乐能配合礼达到"神人以和"(《尚书·尧典》)的目的。然而,要真正掌握"乐",使其"八音克谐,无相夺伦",却必须进行专门学习,并有所师承。在"官守其职、政教合一"的西周,以"礼乐"为核心的"六艺"教育,实际上包含了宗教、政治、军事、文化、伦理、道德等方面的内容,文教的观念还未能从传统教育思想中剥离出来,文学的观念自然也就不可能产生出来。

西周末年,社会巨变,平王东迁,王纲解纽,许多王宫职官随着周天子权力的削弱而散落各地。代表天子之学的乐师分崩离析,"大师挚适齐,亚饭干适楚,三饭缭适蔡,四饭缺适秦,鼓方叔入于河,播鼗武入于汉,少师阳、击磬襄入于海"(《论语·微子》),这就是后来人们常说的"天子失官,学在四夷"(《左传·昭公十七年》)。正是有了天子的失官,才有了文化的下移,有了学术的解放,这是社会的巨大进步,也是文化的巨大进步。没有文化的下移,没有学术的解放,也就没有文学观念的发生。《庄子·天下篇》曰:

> 天下之治方术者多矣,皆以其有为不可加矣。古之所谓道术者,果恶乎在?曰:"无乎不在。"曰:"神何由降?明何由出?""圣有所生,王有所成,皆原于一。"……其明而在数度者,旧法世传之史尚多有之。其在于《诗》《书》《礼》《乐》者,邹鲁之士缙绅先生多能明之。《诗》以道志,《书》以道事,《礼》以道行,《乐》以道和,《易》以道阴阳,《春秋》以道名分。其数散于天下而设于中国者,百家之学时或称而道之。天下大乱,圣贤不明,道德不一,天下多得一察焉以自好。……是故内圣外王之道,暗而不明,郁而不发,天下之人各为其所欲焉以自为方。悲夫!百家往而不反,必不合矣!后世之学者,不幸不见天地之纯、古人之大体,道术将为天下裂。

尽管庄子对学术的裂变持否定态度,但他对百家学术渊源的考察和对百家之学均有所偏的分析,却是很有见地的。

文学的概念之所以由孔子提出,与孔子所处的时代以及孔子的学术思想密不可分。孔子生活的春秋时期,王室衰微,诸侯争霸,西周建立的各种制度和规范受到猛烈冲击,形成了"礼崩乐坏"的政治局面。阶级关系的变化,阶级力量的重组,传统的官学教育萎缩,私人教育得到发展。为了增强实力,各国诸侯努力延揽人才,进行各种政治改革。适应社会对人才的需求,私人办学在春秋末期形成气候。处于转型期的社会需要理论指导,学术的解放使各种学派应运而生。这是一个需要学术并出现了学术繁荣的时代,也是一个需要巨人并诞生了巨人的时代。

作为私人办学的代表人物和中国历史上第一个伟大的教育家,孔子大胆地抛弃具有宗教迷信色彩的教育内容,明确地把"文"作为教育的基础,旗帜鲜明地坚持以"文"为教。据《论语·述而》记载:"子不语怪力、乱、神";"子以四教:文、行、忠、信"。孔子不语怪力、乱、神,就清除了长期控制学校教育的宗教迷信;孔子把"文"作为教育基础,就淡化了军事教育在学校教育中的地位和作用。孔子所教学生之"文",不仅是指"先王之遗文",而且是指经过孔子选择阐述了的贯穿在这些典章文献中的礼乐教化思想和人文精神。

子路问孔子,什么样的人才是一个完全的人(即"成人")。孔子回答说:"若臧武仲之知,公绰之不欲,卞庄子之勇,冉求之艺,文之以礼乐,亦可以为成人矣。"(《论语·宪问》)这里所说的"文",就是指一种教化思想和人文精神。《易大传》有一段话能很好地说明孔子所提倡的这种思想。《易·贲卦·彖辞》云:"故小利有攸往,天文也;文明以止,人文也。观乎天文,以察时变;观乎人文,以化成天下。"《易经》本为卜筮之书,但孔子及其弟子却对它做了具有人文精神的解释。"小利有攸往",是就贲卦的卦象而言,贲卦艮上离下,象征天文的刚柔交错。"文明以止",是就卦义而言,离卦"以柔为正",艮卦"时止则止,时行则行,动静不失其时","文明以止"就是"止物不以威武而以文明"(《周易正义》卷三),也就是说,能够懂得顺应事物的规律,不用武力而用文明的方法来节制人们的行为就是"人文"。所谓"人文化成",按照孔颖达的解释就是:"言圣人观察人文则《诗》《书》《礼》《乐》之谓,当法此教,而化成天下也。"孔子对《周易》卦象卦义的人文阐释,正是对传统文化的继承和超越。

孔子的人文教化思想可以概括为"礼"与"仁"。"礼"是外在的政治伦理规范,"仁"是内在的道德心理自觉。"仁者爱人""泛爱众而亲仁""克己复礼为仁",是孔子学术思想的精髓。孔子教育学生,内以期其成德,外以期其从政,而从政则期以"为政以德",即实行所谓"内圣外王"之道。孔子办学校,是为了培养改良社会政治、实行儒家社会政治理想的"贤才"。正是因为孔子并不把文教理解为知识的传授,而是作为社会政治实践和道德养成的基础,所以他更重视学生的行为培养和道德养成教育。他说:"弟子入则孝,出则悌,谨而信,泛爱众,而亲仁,行有余力,则以学文。"(《论语·学而》)他的弟子子夏也说:"贤贤,易色;事父母,能竭其力;事君,能致其身;与朋友交,言而有信。虽曰未学,吾必谓之学矣。"(《论语·学而》)也就是说,在孔子及其弟子心目中,教"文"和学"文"是为了更好地实践儒家提倡的伦理道德,实现王道仁政的社会理想;道德养成既是儒家教育的最高目标,也是儒者从政的首要条件。因此,孔子最欣赏以德行著称的弟子颜渊,认为只有颜渊可以称为"好学"(《论语·先进》)在评价学生的特长和才能时,孔子说:"德行:颜渊,闵子骞,冉伯牛,仲弓;言语:宰我,子贡;政事:冉有,季路;文学:子游,子夏。"(《论语·先进》)这就是后人常说的"孔门四科"。在"孔门四科"中，孔子把"德行"摆在第一，而把"文学"摆在了最后，因为"文学"只是基础，而"德行"才是最高境界。

孔子在评价他的学生时所提到的"文学"概念，是中国古代文献中最早出现的"文学"概念。只有在《论语》中，我们才能找到中国文学概念的符号学初始依据，这是研究中国文学概念发展史应该首先承认的事实。因此，要准确把握文学概念的原初含义，必须把它放在孔子的教育思想和学术体系中去理解。

"孔门四科"与"孔门四教"既相互联系，又有所区别。"孔门四教"是就孔子对教学内容的规定而言，"孔门四科"则是就孔子培养人才的特色而言；前者重在说明教学过程，后者重在说明教学结果。就教学过程来说，"文""行""忠""信"是一个由外到内、由低到高的序列，"文"是教育的基础，"行"是教育的中介，"忠""信"是教育的核心；就教学结果来说，"德行""言语""政事""文学"是一由内到外、由高到低的序列，"德行"是最高标准，"言语""政事"次之，"文学"是基本要求，"孔门四科"与"孔门四教"是相互对应的：四科中的"德行"对应四教中的"忠""信"之教，四科中的"言语""政事"对应四教中的"行"教，四科中的"文学"则对应四教中的"文"教。孔子教学最重德育，从政最重德治，将"德行"作为四科之首容易理解。孔子提倡文教，"文学"是入门的基础，理应将其列为一科。而"言语"是指"用其言语辩说以为行人使适四方"（《论语正义》卷——），这种外交能力实际上是一种政治活动能力；至于"政事"则显然是指处理行政事务的能力。孔子办学强调道德践履和社会政治实践，所以将"言语""政事"摆在"文学"之前，正是体现了孔子重视社会实践的教育思想，也与当时流行的"太上有立德，其次有立功，其次有立言"（《左传·襄公二十四年》）的社会思潮相一致。至于为什么将子游、子夏作为"文学"之士的代表，限于篇幅，我们只能另文分析了。

孔子的文学观念具有十分丰富的内涵。从社会学的角度而言，文学是孔子对西周以来社会意识形态的一种概括；从教育学的角度而言，文学是孔子培养人才的一种类型；从政治学的角度而言，文学是孔子鼓励学生从政的一种方式；从文化学的角度而言，文学是孔子对儒家学术文化的一种指称（王齐洲，1998）。孔子文学观念的这种普适性，正反映着先秦时期社会上层建筑和意识形态尚未得到分门别类发展的客观事实。从符号学的角度来看，孔子提出的"文学"概念，正是具有社会政治文化与学术思想的高度综合性的观念符号。这种符号在此前人们所创作的符号世界中还没有出现过，因此，孔子的文学观念应该是中国最早的文学观念。

　　需要强调指出的是，孔子提出"文学"概念，从最基础的层面上说，是与他所提倡的"文"教相对而言的，具体地说，是指由他所选择并阐释的体现其学术思想的历史文献及寄寓其政治理想的社会典章制度，这种"文学"概念，实际上概括了孔子的文治教化之学的全部内容，或者可以说是儒家学术文化的总称。事实上，先秦诸子正是这样理解"文学"这一概念的。《墨子·非命下》云："今天下君子之为文学出言谈也，非将勤劳其惟（喉）舌而利其唇呡也，中实将欲其国家邑里万民刑政者也。"《荀子·王制》云："贤能不待次而举，罢不能不待须而废，元恶不待教而诛，中庸民不待政而化。分未定也，则有昭缪。虽王公士大夫之子孙也，不能属于礼义，则归之庶人。虽庶人之子孙也，积文学，正身行，能属于礼义，则归之卿相士大夫。"《韩非子·六反》云："畏死难降北之民也，而世尊之曰贵生之士；学道立方离法之民也，而世尊之曰文学之士；游居厚养牟食之民也，而世尊之曰有能之士；语曲牟知伪诈之民也，而世尊之曰辩智之士……"等等，均说明时人以强调人文教化的儒家学术为"文学"。直到汉代，人们仍然以"文学"来指称社会典章制度和礼乐教化思想，例如，《史记·太史公自序》便说："汉兴，萧何次律令，韩信申军法，张苍为章程，叔孙通定礼仪，则文学彬彬稍进。"由此可见，"文学"观念符号的原初意义，具有多么顽强的生命力和多么巨大的社会影响力。魏晋以后，中国文学观念有较大发展，然而，发端于孔子的文学观念的原初符号意义不仅始终未被淘汰，而且一直作为正统文学观念的核心发挥作用，只是不同时期的不同作家对其理解和强调各有侧重而已。例如魏征说："文之为用，其大矣哉！上所以敷德教于下，下所以达情志于上，大则经纬天地，作训垂范，次则风谣歌颂，匡主和民。"（《隋书·文学传》）王安石说得更加简明扼要："文者，礼教治政云尔。"（《上人书》）他们对文学的本质和功用的理解都未脱离孔子文学思想的藩篱。

　　虽然孔子所揭橥的文学观念与我们今天所理解的文学观念有很大差异，但我们不能因此否定中国文学观念发端于孔子并始终影响着中国文学的发展的客观事实。同时还必须指出，中国现代文学观念虽主要引进于西方，但与孔子所揭橥的中国传统文学观念仍然有着千丝万缕的联系。承认差异，是为了科学地认识中国文学的历史特点和民族特色；看到联系，是为了在继承民族文化传统的基础上更好地发展社会主义新文学。这正是我们探讨文学观念符号原初意义的目的之所在。

（本文原载《中国社会科学》1999年第1期）

得意忘言与言意之辩
——兼论中国文化的符号学特征

袁正校 何向东

摘 要：对意指关系的探讨是符号学研究的实质和核心，语言是由"能指（声音、文字）"/"所指（意义）"双面构成的符号体系。魏晋时期，王弼力主"得意忘言"，欧阳建首倡"言尽意"，对语言符号意指关系的见解都有其内在合理性。这场言意之辩，将先秦时期关于名实关系和言意关系的讨论推到了一个新的高度，对后世文学、艺术乃至中国文化产生了极为深远的影响。

关键词：王弼；得意忘言；欧阳建；言尽意；中国文化；符号学

魏晋时期是中国思想史上一个颇为活跃的时期。不管是王弼力主的"得意忘言"论，还是欧阳建首倡的"言尽意"论，实质上探讨的都是语言符号的意指关系，并把先秦时期关于名实关系和言意关系的讨论推到了一个新的高度。回顾并用符号学观点分析这场言意之辩，我们可以从中获得不少有益的启示。这对于推进中国符号学乃至东亚符号学、世界符号学的发展具有不可低估的作用和意义。

一、先秦诸子对符号学模式的论述

语言是一种由"能指（声音、文字）"/"所指（意义）"双面体构成的符号体系。意指模式，即从语言所指称的事物中寻找意指关系，是现代符号学的一个基本研究模式。这种模式体现出来的意指关系，构成了人类关于世界的经验，构成了存在的家园，甚至存在本身。语言这种符号体系获得了本体论的至尊的地位。这是现代哲学一个革命性的转折。这次转折，是哲学在笛卡尔后由存在论转向认识论后的第二次转向，即从研究人的认识、研究主体性转向主体间性，即以主体之间的可交流性为研究中心的一次"哥白尼式革命"。特别是随着信息论和通讯理论的建立和发展，又产生了符号学的第二种模式即通迅模式。信号、编码、传输、解码等问题，也就是理解和表达问题，占据了通讯模式的中心地带。语言符号的意指模式和通讯模式，成了符号学研究的两种基本模式。

在中国传统文化中，对语言这种符号体系的意指关系、作用、地位、效果以及不同的符号学模式的讨论，虽然与现代符号学颇为殊异，但在精神方面大致是相通的。这一点也可以从先秦诸子的有关论述中找到许多证据。下面，我们仅勾勒其大端，虽说挂一漏万，但管中窥豹，亦可见一斑。

"夫名，实谓也""物莫非指"（《公孙龙子·正名论·指物论》）："以名举实，以辞抒意，以说出故"（《墨经·小取》）；"辞也者，兼异实之名以论一意也"（《荀子·正名》）；"夫辞者，意之表也""言者以喻意也"（《吕氏春秋·离谓》）……这些论述，以"名"（"指"）/"实"（"物"，以及"辞""言"/"意"）这个双面体表述了简单符号（以及它们构成的复合符号）的"能指"/"所指"或"形式平面"/"内容平面"的意指关系或意指作用。而意指关系或意指作用，正是构成现代符号学研究的中心。而且，由于汉文字符号是由象形符号逐渐演变过来的，因此，汉文字符号的"名"/"实"关系，与拼音文字符号相比，更具有直接的、明显的意指关系，这对中国人的符号思维，具有重大的理论意义和实践意义，至今仍是汉字具有强大生命力、不可能被拼音文字取代的论据之一。

尤其值得指出的是，关于符号的起源及其所具有的意指关系的正当性、合理性问题，荀子的下述思想仍是经典性的："名无固宜，约定俗成谓之宜，异于约则谓之不宜。"（《荀子·正名》）公孙龙认为"名者，实谓也"，强调"审其名实，慎其所谓"。而且，公孙龙还提出了使用符号进行指称的一般原则。在《名实论》中，他指出，名有"正"/"不正"之分，应当用名实相符的"正名"去校正名实不符的"不正之名"，提出了在中国传统文化中影响深远的正名的一般原则。而且，公孙龙还对意指关系制定了"唯谓"这种规则：不能以"此"名谓彼实，也不能用"彼"名称此实，而且，当原有的"此"名与实不符，或者此实有了变化，就不能再以原有的"此"名再指称此实。违反这些原则和规则，符号的意指关系就必将被破坏，世界就不再是一个井然有序的世界，而是一片混沌未开、不可捉摸、不可理解的世界。这些原则和规则，是从简单符号的区别性方面保证意指关系成立,从而使主体间的可交流性从根本上得到保证的必要前提。

　　对于复合的符号串"言""辞"的意指关系实现的方式以及主体间的可交流性问题,诸子也有许多精辟论述,并初步认识到符号的区别性以及句法编码、语义变迁使意指关系产生变化,导致主体间交流难以进行的问题。古汉字符号是单音节符号,而且是通过象形、指事、会意、形声等方式编码的符号。古往今来,这类符号的形体发生了巨大变化,从甲骨文、金文、大篆、小篆、隶书、草书、楷书到行书,经历了由繁到简、更便于书写和识记的变化。但是,这种由点线相间构成的方块字符,有时笔画长一点或短一点,就会形成意指关系不同的符号和符号串。据《吕氏春秋·察传》记载:"有读史记者曰:'晋师三豕涉河。'子夏曰:'非也。是己亥也。夫己与三相似,豕与亥相似。'"字符的相似,竟使语言符号串的意指关系产生了令人哭笑不得的变化,主体间的可交流性当然会变得无法进行。在句法编码方面,情况同样如此。例如,"夔一足",可以有"夔,一足"和"夔一,足"两种方式。这两种编码方式产生的意指关系简直判若天壤。由于古汉语书面语和口语有重大差异,书面语又缺乏必要的符号或方式对符号串进行分布,从而对句法编码中的同一符号串,可以用不同的方式进行解码,使得意指关系在不少情况下变成不可捉摸的迷宫。对三个符号构成的符号串的解码意见尚且存在如此分歧,那么,对于更为复杂的符号串,情况就可想而知了。这就得有高度的专业知识,并且结合语境中涉及的各种因素,从句法上重新解码,以恢复原来的意指关系。历代经学大师对古籍进行校勘,其中一项重要的工作,就是以句读这种方式(现代则以标点符号)进行断句,恢复符号串原有的意指关系。此外,由于古文的字义可以通过假借、转注、引申、比喻等方式使符号的意指关系产生变迁,同一符号可以具有不同的意指关系或意指作用,也使主体间的可交流性受到影响。据《韩非子·外储说左上》记载:"书曰:'绅之束之。'宋人有治者,因重带自绅束也。人曰:'是何也?'对曰:'书言之,固然。'"《书》要求人们用道德规范约束自己,用的是"束"的引申义,而宋人则用"束"的原义,用两条带子把自己捆绑起来。对于这种"名实相怨""言意相离"的错误的语义编码,诸子多提出了应对之策,以防止真正的意指关系遭到破坏。例如,荀子指出"正其名,当其辞,以务白其志义者也"(《荀子·正名》);墨家提出"通意而后对"

113

的原则；《吕氏春秋》则认为必须"听言知（观）意"、反对"鉴其表而弃其义"的原则；等等。总之，从现代符号学的观点看，先秦诸子大多采用了内在主义的语言分析的立场，以"正名""当辞""通意"为手段，要求句法编码和语义编码具有优良的对应关系，以实现名实相符、辞意相达的符号学目标，实现语言符号的指称和交际功能。这些原则，实际上是主张名能举实，辞可达意，并从符号本身的区别性、句法编码和语义编码的对应性方面探讨怎么使名能举实、辞可达意的种种原则和方法，从而认为人类关于世界的经验和内心体验，是可以用语言符号的"能指"/"所指"的巨掌把握的。这就为后世欧阳建提倡"言尽意"论准备了思想资源。

但是，面对宇宙、社会和人类中扑朔迷离的、纷繁复杂的现象，特别是对形而上的"道"，古人深感难以用语言符号的"能指"/"所指"的巨掌加以把握。《老子》开篇就指出："道可道，非常道；名可名，非常名。""常道""常名"是不能采用"能指"与"所指"统一的符号把握的。但是，对于似乎不可言说的"常道"和"常名"，老庄一派，没有如后世西哲维特根斯坦那样采取沉默的态度（"凡是不可言说的，应当保持沉默"），而是采取间接的言说方式，例如，以"卮言"的形式，来往反复地探求其意蕴，还以"遮言"的形式如"道不是什么"，以及以自语相违的"悖言"和同语反复的"重言"的反"常"方式，来间接地、曲折地探求"道"的意指关系，进行"权说"或"曲说"。老庄一派运用来把握"道"（以及"有无""祸福""凶吉"等对立统一的范畴）的符号，"能指"和"所指"的关系似乎是游离的、不可捉摸的，而不再是统一的、明确的。然而，一个不可言说的世界，是一个不可控制的、神秘莫测的世界。老庄一派，并不认为这个世界是不可言说的，即使是对形而上的"常道"/"常名"（以及"有无"等），人们虽不能以直接的方式用符号来展示其意指关系，却可以用间接的方式来洞烛其意指关系。庄子把这一点讲得很清楚："筌者所以在鱼，得鱼而忘筌；蹄者所以在兔，得兔而忘蹄"，从而用类比方式推出"言者所以在意，得意而忘言"。现代符号学虽然从句法学、语义学和语用学方面对符号的各方面进行了多角度的探讨，但是，目的也只有一个：揭示符号的意指关系，建立主体间的可交流性。庄子的"得意忘言"这种"贵意论"观点，构成了中国符号学传统的源流之一，形成了中国符号学的一大特色，并为后世王弼以老庄释儒，倡导"得意忘言"论打下了深厚的基础。

二、言意之辩的学术成就

如前所述,先秦的名实之辩中,已包含了言意之辩的萌芽。诸子中荀墨等派实质上都持"言尽意"的观点,而老庄一派则实质上持"言不尽意"的观点。魏晋时期,荀粲认为言不尽意,殷融认为象也不能尽意,而王弼则主张"得意忘象忘言"。稍后,欧阳建针锋相对地提出"言尽意"论,反对"言不尽意"之说,此后,仍有许多争论。这里,我们着重考察王弼和欧阳建的观点及在中国符号学上的地位和成就。

早在《周易》中,已提出了"言不尽意"的观点:"子曰:'书不尽言,言不尽意。'然则,圣人之意,其不可见乎?子曰:'圣人立象以尽意,设卦以尽情伪,系辞焉以尽其言。'"对于宇宙、社会、人类本身有关的"天道""性命""吉凶""祸福"等变幻莫测,难以用语言符号的"能指"/"所指"关系把握而又不得不面对的世界,古圣人深感难以言说,于是就发明了易卦这种图形符号体系。易卦这个非语言的符号体系,是由最基本的阳爻"—"和阴爻"--"作为最基本的分节元素(初始符号),再按照严格的形成规则和推演规则(太极生两仪,两仪生四象,四象生八卦,八卦生六十四卦)形成的一个完整的符号系统。这个符号系统,不但具有严格的符号结构及推演规则,还具有丰富的语义解释,即用"系辞"对所形成的易卦(象)进行解说。这个由六十四个易卦符号形成的句法上异常严格、语义解释无比丰富的易卦符号系统,实质上是把(圣人关于)宇宙、社会、人事(之意)切分为六十四个单元,以"易卦"为(圣人之意的)"能指",又以"系辞"为(易卦的)"所指",从而把似乎没有意指关系又难以言说的世界执于其巨掌之中,这就是所谓"圣人立象以尽意,设卦以尽情伪,系辞焉以尽其言"。这样,"象"成了事物的符号,而"系辞"(言)则是"象"的符号。从而,"象"与圣人之"意"具有直接的意指关系,而"言"又与"象"具有意指关系。在圣人之"意"和"言"之间,"象"这类符号起到了中介桥梁作用或转换作用,"言"对"意"的意指关系从而变为一种间接的、不借助"象"就不可领会的意指关系。这个句法上组织得十分严密、语义解释又无比丰富的符号体系,被认为具有"范围天地之化而不过,曲成万物而不遗"的功能(《易·系辞上》),成为一个比语言符号体系更为博大精深的符号体系。

王弼自幼酷嗜老庄，这为他日后秉承庄子的"得意忘言"，以老庄释儒，倡导贵意论准备了解释框架。鉴于汉代经学的流弊，为了从方法论上突破理解儒经的难题，他首先接受了易经"言不尽意"的观点，并作出了自己的解释："名必有所分，称必有所由。有分则有不兼，有由则有不尽。"（《老子指略》）并对庄子的"得意忘言"作了进一步的发挥：

> 夫象者，出意也；言者，明象者也。尽意莫若象，尽象莫若言。言生于象，故可以寻言以观象；象生于意，故可寻象以观意。意以象尽，象以言著。故言者，所以明象，得象而忘言。象者，所以存意，得意而忘象，犹蹄者所以在兔，得兔而忘蹄；筌者所以在鱼，得鱼而忘筌也。然则，言者，象之蹄也；象者，意之筌也。是故，存言者，非得象者也；存象者，非得意者也，象生于意而存象焉，则所存者乃非其象也；言生于象而存言焉，则所存者乃非其言也，然则，忘象者乃得意者也，忘言者乃得象者也。得意在忘象，得象在忘言。

在这一段文本中，我们可以看到，王弼把言、象这两个符号系统与意的关系阐述得淋漓尽致，实际上，他已涉及了符号系统的起源、作用、效果、程序、价值等现代符号学的问题。归纳起来，有以下诸端：

（1）从意指关系的起源讲，言生于象，象生于意，因此，最终言生于意。意是言的源泉，寻言观象可以致意。

（2）从意指作用上讲，言、象都是如蹄、筌那样的工具，而且，人们只能通过言去把握象，通过象去把握意。意在这里并不是"能指"／"所指"这一两面体中的一面，而是象乃意的"能指"，意是象的"所指"，同样地，言是象的"能指"，象是意的"所指"，而言本身又有自己的"能指"与"所指"。因此，言、意的意指关系是间接的。

（3）从意指作用的效果上讲，言不能直接地尽意，只有通过象的中介才能间接地尽意。而且，忘象、忘意是得意的充分条件，也是必要条件。

（4）从意指作用的程序上讲，必须通过寻言观象，再经过寻象观意的程序，才能一步步地得意。

（5）就符号系统的价值而言，无论是寻言观象，还是寻象观意，意总是言、象两个符号系统最终追求的目的。只有通过象的中介，才能最终把握意，掌握宇宙、社会、人生的奥秘。

至此，对中国传统文化影响深远的贵意论经庄子发端，在王弼处最终确立。贵意论树立了一种独到别致的中国古代符号学思想，也奠定了王弼在中国古代符号学史上的特殊地位，并对中国人的思维方式，对后世文学、艺术理论及创作实践乃至中国文化兼容并包产生了深刻影响。

现在，让我们再来看看"言尽意"论的首倡者欧阳建的观点。在《言尽意论》中，欧阳建说：

> 有雷同君子，问于违众先生曰："世之论者以为言不尽意，由来尚矣。至乎通才达识，咸以为然。若乎蒋公之论眸子，钟傅之言才性，莫不引此为谈证。而先生以为不然，何哉？"先生曰："夫天不言而四时行焉，圣人不言而鉴识存焉。形不待名而方圆已著，色不俟称而黑白以彰。然则，名之于物无施者也，言之于理无为者也。而古今务于正名，圣贤不能去言，其何故也？诚以得理于心，非言不畅。物定于彼，非名不辩。言不畅志，则无以相接；名不辩物，则鉴识不显。鉴识显而名品殊，言称接而情志畅。原其所以，本其所由，非物有自然之名，理有必定之称也。欲辩其实，则殊其名。欲宣其志，则立其称。名逐物而迁，言因理而变，此犹声发响应，形存影附，不得相与为二矣。苟其不二，则言无不尽矣。吾故以为尽矣。"

欧阳建的这段文本，是中国符号学史中论述符号以及符号的产生、特征、功能等问题的杰出文献，而且，由于它既涉及了符号的意指模式，又涉及了符号的通讯模式，因而极为可贵；其观点即使用今日符号学的理论来评价，也令人击节赞叹。下面，我们试作概略的分析。

（1）符号对其所指称的事物是外在的，"名之于物无施者也，言之于理无为者也"。然而，虽然"非物有自然之名，理有必定之称"，但是，对于"定于彼"之物，只有运用符号（名）才能识别；对于"得于心"之理，也只有运用符号串（称）才能交流。人类一旦学会了运用符号来指称事物、交流思想，才从野蛮状态走向文明状态。所以，发明和使用符号，是野蛮状态和文明状态的分水岭。

（2）符号必须具有区别性特征，"欲辩其实，则殊其名。欲宣其志，则立其称"。不管是以声音的形式,还是以形象(文字)的形式,符号的"能指"都必须在符号系统中具有区别性特征,以指称不同的事物,表示不同的概念("所指")。否则,世界在人们的眼中,还是一片混沌未开的状态,人类也不可能从野蛮状态走向文明状态。

(3)符号的功能是指称事物、表情达意,或者,用符号学的术语讲,人们对表达意义的不同方式发生兴趣,就构成了符号学的对象。通过"名""称"来"辩实""宣志(意)",这就是符号的根本功能,也是符号学的意指模式和通讯模式追求的目标。

(4)就符号的意指关系而言,欧阳建认为这种意指关系是直接的、不可分割的、一一对应的,因而是明显的。就符号的通讯模式而言,欧阳建所要求的符号编码,也是一种理想的编码系统,而且在传递过程中具有高度的保真性。在日常语言中,我们不可能具有这种符号系统。先秦诸子关于符号的性质的讨论中,已充分地从符号本身、符号的区别性以及句法编码和语义编码方面论述了这个问题。但是,欧阳建所要求的这种符号系统,在现代科学符号系统,例如数学的、物理的、化学的符号系统,特别是逻辑的人工符号语言中得到了实现。这些科学语言运用特别的、单义的、严格的形成规则和推演规则构成的符号系统,确实做到了"名逐物而迁,言因理而变",符号的能指和所指具有严格的一一对应关系;"犹声发响应,形存影附,不得相与为二"。

(5)就符号的运用效果而言,欧阳建认为,言能直接地尽意。因为,从操作方式上讲,为了"辩其实","则殊其名";为了"宣其志(意)","则立其称",名称对于其指称,"能指"对于"所指",具有优良的同构关系或同态关系,因此,符号的意指关系是确切的、明显的,从而在效果上能达到"名逐物而迁,言因理而变"。这是基于他所讨论的(人工)符号的性质、操作方式必然具有的一个逻辑结论。但是,上面我们已经指出,这种"言尽意论"的效果,只有在现代科学语言的符号系统中才能找到。

尽管欧阳建所处的时代,这种科学语言还不可能出现,但是,欧阳建对理想的符号系统的描述,还是给符号学史留下了一份弥足珍贵的史料,值得人类进一步保存和发扬其中包含的合理思想。

而且,就王弼通过"易象"这一人工符号体系来讨论言意关系时,我们还注意到了这么一个有趣的现象:王弼其实也是想通过指称关系明确、直接的人工符号系统来解决符号的表达和理解问题。因此，圣人关于宇宙、社会和人生之意，既是以人工符号系统，又是以自然语言这一历史上形成的，从本质上来说也是人工符号系统来把握的。人工语言符号系统的种种优点，不但被西方哲人如莱布尼兹，也被东方的圣人以及阐释言意关系的王弼、欧阳建等列为符号系统追求的目标。

然而，自然语言这一符号系统一旦形成，就随着社会的发展不断变迁，成为各民族借以思考和交流的工具，成为不同的民族文化的载体，而且也深刻地反映了这个民族文明的特点和思维方式。为了把大千世界纳入其巨掌之中，自然语言中的符号及其规则也经历了深刻变化，其指称关系不再是单义的，而是呈现出极为复杂和丰富多样的特点，这表现为句法编码规则灵活多变，结构复杂，语义模糊多义，甚至是隐性的、依赖语境的，而且，其功能基本能适应人类指称和交际的需要。正因为如此，自然语言成为一个民族文化的载体和文明的结晶，成为文学、艺术、宗教、政治、经济等人类实践领域的表达手段，成为人类审美追求中的书法、绘画、雕刻、建筑、服饰、音乐、戏剧、舞蹈、电影等领域中的对象语言或元语言。总之，凡人类活动所及的领域，即使那些似乎没有意指关系的领域，人类都想通过自然语言赋予或发现它们的意指关系。而一旦现有的语言符号完不成这一任务，那么，人类就会发明种种新的符号体系来捕捉、把握它们。《易经》中的"象卦"，逻辑、数学、物理、化学等科学中的人工符号体系，莫不是以这种方式来补充自然语言这一符号体系而被人类发明出来的。在这一领域，人类似乎成了创造世界的上帝，而在中华民族的历史上，创造符号的行为可谓惊天地、泣鬼神的伟大创举。人，从本质上讲，是创造和使用符号的动物。

从这个角度来考察历史上的这场言意之辩，我们看到，王弼的"得意忘言"论中包含的"言不能直接尽意"和欧阳建的"言尽意"论都有其内在的合理性，两者的观点其实并不矛盾。因为，如果以自然语言这个符号系统为考察对象，王弼的"言不能直接尽意"抓住了这种符号系统的特征。如果以科学的符号系统为考察对象，欧阳建的观点正确地揭示了这种符号系统的特征。而欧阳建则是把自然语言作为理想的科学语言，因此，尽管欧阳建赋予自然语言以各种优良的，特别是符号的意指关系一一对应这些特点，然而，由于自然语言不具备这些特点，所以，欧阳建的观点，自然响应者甚少，他也深知这一点，故而自嘲地称自己为"违众先生",这就毫不奇怪了。与此相反,对中国文化影响深远的"贵意论",得到了广泛的传播。现在,我们就来概略地勾画其轮廓。

三、"贵意论"对中国传统文化的影响

王弼的"得意忘言论"并不是简单地继承了庄子的学说,而是结合了儒经中《易》的"言不尽意"和庄子的"得意忘言"熔铸而成的。后世学者的"忘言忘象""寄言出意""忘言寻其所况""善会其意""领悟其意""假言""权教"诸说,皆出于王弼的这种新解释。"贵意论"从方法论上形成了中国文化的一大特色,其表现是多方面的。由于篇幅关系,兹略言一二。

首先,魏晋人士以"贵意论"作为解释经典的方法。儒、道两家,立足点不同,志趣大异。然而,从体用方面考察,玄学认为,两家学说,貌似对立,实质上是互补的。而且,对于佛教这种外来宗教之精义,在"贵意论"的立场上看,亦可合于儒、道。中华文化具有博采众长而博大精深的性质,与"贵意论"这种符号学上的新方法,关系极大。

其次,"贵意论"符合并强化了中国人的思维习惯。中国人的思维习惯与古代汉语、汉字自身所具有的逻辑运演的类比特征,所具有的意会性、具象性有关。因为古代汉语、汉字的特征,训练培养了汉民族的思维方式,决定了汉民族对逻辑推理的选择以与推类相关联的譬、侔、援、推、止、效、连珠等推理的直觉为主(参阅王克喜博士学位论文:《古代汉语与中国古代的逻辑理论和思想》),这充分说明,"贵意论"符合中国人的思维习惯。但中国人的思维习惯,也由于深受"贵意论"影响而被强化,也就是人们重在"领悟""参悟"或"悟",而不在于对符号系统作句法和语义的逻辑分析。因此,"悟性"的高低,成了禅宗这种本土化的宗教评价人的标准,亦成为人们对一个人理解与接受能力的一种普遍的评价准则。"悟"或"领悟""参悟"这种理解符号(甚至是"零符号",例如"棒喝"呵佛骂祖等禅宗公案中提及的形式、甚至是佛门中崇尚的最高层次的读解"无字经")的普遍方法,成为理解宇宙、社会、人生的钥匙,成为参透命运的不二法门。古往今来,面对着清风朗月、高山大川、鸳鸯蝴蝶、雨丝云片,面对着秦时明月、汉家宫阙、边关烽火,面对着琴棋书画、油盐酱醋、鸡毛蒜皮,面对着种种人事纠葛,大到辨别忠奸、宗派倾

轧，小到邻里纠纷、姑嫂斗法，等等，中国人一代一代地在"悟"，在捕捉、把握这些无字之物、无字之书、无文之事的意指关系，从而成就了中国人特有的智慧。

正因为如此，"贵意论"对中国传统文学理论和创作实践的影响是至为深远的。例如，在创作规律上，先讲求"立意"，再讲求谋篇布局；在创作主次上，强调意为骨干，文为枝条，以求文以逮意；在创作的效果方面，追求"隽永""隐秀""言已尽而意无穷""意在言外"，特别是讲求"含蓄"，讲求"意境"……皆是"贵意论"的具体表现，并由此而产生了无数优秀的文艺作品，让人百读不厌，常读常新，回味无穷。

在书法、绘画、雕塑、建筑等方面，追求"意在笔先""胸有成竹""画外之意""神韵""风骨"等，莫不是"贵意论"的表现。例如，在写意画中，只消寥寥数笔，即把山水、花鸟、人物、鱼虫等的形象描绘得栩栩如生、跃然纸上。再如，书法中的狂草，亦不拘泥于字形，龙飞凤舞，大起大落，给人留下无限的意蕴；在建筑艺术方面，不管是台阶、人口、窗棂，还是亭、台、楼、阁、殿，其形式都表现一定的意义，为追求意义而设置，功能往往服从其意义，特别是园林建筑，几块山石、数枝修竹、一泓碧水……便使人仿佛置身于广袤的山水田野之中。至于戏剧这种综合艺术中的符号体系方面，"贵意论"更表现得淋漓尽致。简简单单的几件道具，例如手上的一根马鞭、一把扇子、一块手帕，甚至是手、眼、身的几个动作，就把人们的地位、身份、行当甚至内心微妙的感情变化刻画得入木三分，叫人不得不拍案叫好。而音乐中流淌出来的音符，则"志在高山""志在流水"……

因此，中国古代文学艺术中涉及的诸多方面，无不受到符号学中"贵意论"的深刻影响。本文仅仅是对"贵意论"的初步探索，怎么进一步从符号学史和符号学理论方面研究"贵意论"，评价"贵意论"的地位、作用、功能等问题，是艰巨的任务，也是我们的长期目标。我们愿和国内外的符号学同仁，共同完成这一艰巨的任务，以建立东亚符号学的理论体系。

参考文献

[1] 巴尔特，罗兰（1988）. 符号学原理（李幼蒸，译）. 北京：生活·读书·新知三联书.

［2］艾柯（1997）. 诠释与过度诠释（王宇根，译）. 北京：生活·读书·新知三联书店.

［2］伽达默尔（1994）. 哲学解释学（夏镇平，译）. 上海：上海译文出版社.

［4］吉罗，皮埃尔（1988）. 符号学概论（怀宇，译）. 成都：四川人民出版社.

［5］霍克斯，特伦斯（1997）. 结构主义和符号学（瞿铁鹏，译）. 上海：上海译文出版社.

［6］李幼蒸（1993）. 理论符号学导论. 北京：中国社会科学出版社.

［7］汤一介（1995）. 汤用彤选集. 天津：天津人民出版社.

(本文原载《西南师范大学学报》1999年第2期)

2004

《文心雕龙》的符号学问题

冯宪光

摘　要：建立中国符号学的一个重要任务是研究中国历史经典话语文本中表现的语言、符号认识和分析方法。《文心雕龙》作为中国文论经典，对语言、符号的认识，始终不脱离对使用语言的主体心理的理解，把语言、符号与人的"心"的自主性活动和这一活动的复杂过程结合起来，研究语言的意义表达，对文体的分析和对写作要义的阐释都贯穿着语言的使用和语言意义的准确、丰富的表达视角。《文心雕龙》的这些语言认识，体现了中国传统历史符号学的特点。

关键词：刘勰；《文心雕龙》；符号学

今天，符号学已然成为一门显学，成为人文社会科学经常运用的一种分析方法。对于今日符号学的发展具有指导性意义的当属索绪尔的《普通语言学教程》。虽然人们一直看重索绪尔《普通语言学教程》关于共时性语言学的研究思路，但是，在符号学作为一种人类科学还没有出现之前，索绪尔就敏锐地注意到，语言的运用并不足以涵盖整个社会生活，社会生活的实现有赖于多种和语言类似的人类活动方式，这就是符号。他说：

> 我们可以设想有一门研究社会生活中的符号生命的科学；它将构成社会心理学的一部分，因而也是普通心理学的一部分；我们管它叫符号学（semiology，来自希腊语 semeîon "符号"）。它将告诉我们符号是由什么构成的，受什么规律支配。因为这门科学还不存在，我们说不出它将会是什么样子，但是它有存在的权利，它的地位是预先确定了的。（索绪尔，

1985，p. 38）

人类科学是对社会生活中实际存在的事实和现象进行理性探索的活动。形成一门具有规模和系统的理性科学，往往需要对某一特殊事实和现象拥有直觉、体验和认识的积累，在积累中这些事实和现象最终成为一门正式科学的研究对象，这也就是一门新的理性科学诞生的标志。而在此之前，人们对这一对象事实的审视、体察的感性体验和直觉理解，实际上也是在进行着这门尚未命名和还没有成为专门学科的科学探讨。马克思曾说过，对一个近代科学研究对象的感性体验，作为一种理性的实践活动，在这门学科尚未形成之时仍然具有理论的意义。他说："他们没有意识到这一点，但是他们这样做了。"（中共中央马克思恩格斯列宁斯大林编译局，1968，pp. 90－91）索绪尔在符号学这门学科尚未形成时就预见了符号学一定会出现，而他对语言学的研究，今天看来，也是一种符号学的研究。他的许多论述，特别是关于符号的任意性和差异性，符号在能指的符号表征与所指的意义之间的对应关系，等等，都对符号学起了奠基的作用。

这里，连带出一个中国符号学问题和中国历史文本中的符号学问题。显然符号学（semiotics）一语以及它作为一门现代学科，都是西方文化的产物。在全球文化交往日益频繁的今日，我们并不拒绝使用西方学术话语。今天的中国符号学是在西方既有符号学的前提下，引进其基本框架，而从中国学术传统出发，"采取独立于西方符号学主流观点的批评立场"，对中西符号事实进行研究，"沟通中西学术传统桥梁"，"创造性地参与促进今后世界符号学理论的多元化发展"的一门学问。（李幼蒸，2003，p. 91）学术为天下之公器，为了建立和加强同西方的学术对话，我们可以在符号学学术话语背景下研究中国历史文本的符号学问题。这应当是中国符号学建设的一个重要研究课题。符号是人类社会交往的基本手段和工具，中国社会是五千年的文明古国，应当说在符号的运用上有着比西方各国更为悠久的历史。在符号运用的实践活动中，也有对于符号的功用、性质、种类、意义等重要问题的体验和思考。这些认识尽管中国人从来都不把它叫作符号学，即如马克思说的"他们没有意识到这一点，但是他们这样做了"，中国古人没有使用符号学的命名和概念，但是同样在做着今日符号学的类似工作，他们的有关论述仍然具有现代符号学学科的学术性质。

基于这样的想法，本文拟就刘勰《文心雕龙》对于"文"的语言、符号问题的认识，作一初浅探讨，求得专家教正。

《文心雕龙》全书五十篇，按照通常的理解，前面五篇，特别是《原道》《征圣》《宗经》三篇是对全书基本思想的一个总体展示，是作者写作本书和贯穿全书的主要观点，是对文章本源、本体的理论阐释，是其哲学文化思想的总体论说，其间也表达了他关于语言、符号的一些不甚明确却实际的看法。这些看法比较集中地体现着中国传统文化对语言、符号的认识。

刘勰在卷首《原道》中开章明义对"文"进行语义式的讨论。他说：

> 文之为德者也大矣，与天地并生者何哉？夫玄黄色杂，方圆体分，日月叠璧，以垂丽天之象；山川焕绮，以铺理地之形，此盖道之文也。仰观吐曜，俯察含章，高卑定位，故两仪既生矣。惟人参之，性灵所钟，是谓三才；为五行之秀，实天地之心。心生而言立，言立而文明，自然之道也。旁及万品，动植皆文；龙凤以藻绘呈瑞，虎豹以炳蔚凝姿；云霞雕色，有逾画工之妙；草木贲华，无待锦匠之奇；夫岂外饰？盖自然耳。至于林籁结响，调如竽瑟；泉石激韵，和若球锽；故形立则章成矣，声发则文生矣。夫以无识之物，郁然有彩；有心之器，其无文欤！（刘勰，1978，p.2）

这一段话与魏晋时代其他文论著作不同的地方是，开始讨论"文"的出发点，不是如曹丕《典论》、陆机《文赋》、挚虞《文章流别论》等的"文章"之"文"，也不是当时流行的"文笔之辨"之"文"，而是更为普泛和广大的宇宙、天体地貌、有机物形态以及人类存在的标志性的"文"。"丽天之象""理地之形"以及"无识之物""动植皆文"，都与人类的语言、文字和文章一样，是宇宙大"道"的"文"的表现方式。这个"文"泛化为一切事物存在的符号形式。这里所讨论的"文"就不是文章学或文学学的"文"，且已具有符号学的一般符号的性质。

为什么刘勰要将"文"泛化为一种宇宙万物的一般符号呢？中国传统哲学在宇宙的起源问题上，一直有种种神秘主义的猜测。这些猜测都把宇宙的创生归结到不知其名、不可知晓甚至也不可言说的"道"或"气"这些根源之上。"道"或"气"这些神秘主义的根源是无可怀疑的，是自然而然的，具有天然性和命定性。刘勰的"文"由于是"道"或"气"这些宇宙生成内在动力的各个层次、级次的形态或符号显现，与黑格尔宇宙观的"理念显现"的结构层级有许多相似之处。黑格尔把世界上的无机自然、有机自然、人以及人的各种精神文化事实如"真善美"都看成"理念显现"的形式和符号，以此来证明宇宙的统一性和理念的合法性。这相应地也提升了诸如美学与艺术的地位。在西方谁也没有把黑格尔的宇宙图式看作一种符号学的解说，但是"真是理念的逻辑显现""善是理念的欲望显现""美是理念的感性显现"等一系列论断，在思维方式和叙述方式上是符号学的最为简单和朴素的格式，即符号/意义、能指/所指的模式，一个符号之所以成为符号，就是因为它表达着不是符号表面显示的意义。刘勰的"文"同样如此。"文"在各种层级上，无论是天地玄黄、草木云霞、虎豹龙凤，还是人类文章，总是外在显现的符号，它所表征的终极意义则是宇宙大道。

在西方不把黑格尔看作符号学理论家，是因为符号学在西方的形成超越了这种朴素的符号学模式，而是一整套"语言结构和言语、所指和能指、组合段和系统、直接意指和含蓄意指"等更加细腻的以语言学为基础的理论。这种符号学理论更加倾向于对语言和符号运用的稳固方法、精确手段进行认知性的探讨。西方现代符号学恰恰是近代工业革命以后形成的实用主义科学精神的体现。它有不可否认的许多长处和优势，同时又有拘泥于精细，而不省符号模糊性、多义性、开放性，闭塞符号心理想象空间的弊病。

这里不是为刘勰以及中国传统思维的语言、符号认识的朴素、简单方式辩解，缺乏精确性方法、完备性手段、确认性价值，达不到现代认知水准的事实，是无法否认的，但是刘勰所表现出来的对语言、符号的认识，是与西方符号学思维模式不同的形态。

中国传统符号学认识的特点是把语言、符号与人的"心"的自主性活动和这一活动的复杂过程结合起来，研究语言的意义表达。扬雄说："故言，心声也；书，心画也。"语言和文字都是来自心灵、显示心灵的声音和图形。这也是《文心雕龙》对语言、符号的重要认识。前面说过，《原道》开篇的这一段话指出了一切"文"的共同意义根据，这种阐扬刻意突出了人类之"文"的自然性；从起源来看，它与天地同时创生，这是一种非人类自身意志的客观性事实。对于人类之"文"的自然性的这种强调，在刘勰而言，是想说明人类之

"文"是无可怀疑的必然存在。这种论断比之曹丕说"文章乃经国之大业，不朽之盛事"更为宏观和本体，更具有存在的合法性。而从现代符号学来看，刘勰所论的人类之"文"则是全社会共有的符号体系和语言的结构体系，强调了符号结构、语言结构的社会客观性。符号作为一般社会存在物，其产生在形态上是高于个人、先于个人的，是不以个人的主观意志为取舍的。个人在社会主体符号结构、语言结构面前无能为力。这一点似乎与西方符号学强调语言、符号结构的客观性，有一致之处。

而这段话值得重视的主要是，他着重强调了人类之"文"的特异性，这种认识就与西方符号学迥然不同。天地之"文"与动植物之"文"，从刘勰的描述来看，都是这些实际事物的外在形貌。而人类之"文"则与人的外貌没有丝毫关系。这正如孟子所说："耳目之官不思，而蔽于物，物交物，则引之而已。心之官则思，思则得之，不思则不得也。"（《孟子·告子上》）人类之"文"不是由耳目感官所能够感知的外形、外貌，是心灵之"思"的"文"，人与其他有机物不同之处是有"性灵"，为"天地之心"，"心生而言立，言立而文明，自然之道也"。人类之"文"与动植物之"文"的区别，在于它不是外部的装饰，外在形貌的显现，而是内在"性灵"与"心"的活动和显现，其存在动因在于人的"性灵"和"心"。人之"文"归根结底是语言、文字、符号及其符号文本这些由人的精神性所产生的文化形态，而不是人的外表和饰物。"心生而言立，言立而文明"，语言和符号是人之"心"的一种功能性活动的产物。这里强调的是语言和符号的主体性原则，语言和符号与人的主体活动的联系。这也许就是中国传统符号学认识的理路。

在刘勰看来，语言、符号所显现的终极意义是宇宙之大道，但是其直接显现的则是人"心"之思，内心的感情、意识、认识、欲望、意志等。宇文所安说，刘勰这段话暗示出："有'心'就自然有'言'，语言是'心'本身惟一和特有的显现形式。语言是该过程的充分实现，它是使'知'成为可能的'知'，而这个过程的充分实现就是人之'文'。"（宇文所安，2003，p.193）人之"文"就是人心之文，所谓"文心"实则是人心。但是这种"人心论"的"文"的理论也并没有构成黑格尔、康德式的主体性美学，不像西方主体性理论那样单纯研究主体心灵、意识和意志与文学艺术的关系，而是"世远莫见其面，觇文则见其心"（刘勰，1978，p.715），始终把"心"的活动过程与"文"的形成过程统一起来，把主体的动机、情感与主体所处环境，同语言、符号的准确、鲜明、生动的规范运作结合起来，用西方学术话语来说，是一种主体性理论观照下的语言、符号的具体运用。

刘勰在阐释语言的形成、语言的规范、语言的实际运用形成"文"的过程时，始终遵循着中国传统思维对于语言的主体性思路。西方符号学出现的根据在于主体意识的衰落。符号学的倡导者认为，主体在认知活动中的参与降低了认知的客观性维度，于是对语言、符号自身的内在结构规律、使用规则的探索就成为符号学的主旨，它对符号的研究始终是一种非主体、非人格的解释。实际上语言、符号规则形成的开端和使用的末端，都是人的主体性因素在起作用。在这一点上，中西符号学是可以互补的。

刘勰的语言、符号观从表面上看是取消了语言、符号的独立、特殊的地位，在很大程度上是用对人类行为的审视，特别是心理学的省察代替语言学的客观分析，但是在《文心雕龙》中提出的理解语言、符号的原则始终是"心生而言立，言立而文明"。这就是说，离开了人的行为活动及其条件，和在这种条件下的心理意向，语言是不可能产生的。这就超越了对语言的技术性运用的孤立分析，而进入一个心理过程与语言、话语、文本形成过程的互动关系的理论讨论。这是另一种角度和眼光的符号学认识。在《原道》篇中所叙述的中国"文"的发展历史，是"道"在"文"中不断丰富、衍化的历史，也是人之为人的代表"圣"的"文"的建构、发展的历史："爰自风姓，暨于孔氏，玄圣创典，素王述训：莫不原道心以敷章，研神理而设教，取象乎河洛，问数于蓍龟，观天文以极变，察人文以成化；然后能经纬区宇，弥纶彝宪，发辉事业，彪炳辞义。故知道沿圣以垂文，圣因文而明道。"（刘勰，1978，pp. 2-3）从伏羲到孔子，这些"圣"所创制的"文"不是一般的、抽象的语言、符号，而是具体的言语、话语、文本，这些具体文本既是道的确切体现，又是中国的"文"的统一规范，是从一般语言的基本意义，到一切由语言构成的言语、话语、文本的共同意义规范。西方符号学的理论出发点就是对语言结构与言语作二元区分。罗兰·巴尔特说："语言结构是语言的社会性部分，个别人决不可能单独地创造它或改变它。它基本上是一种集体性的契约，只要人们想进行语言交流，就必须完全受其支配。""语言结构是一个由诸约定性的（部分上是任意性的，或更准确些说，非理据性的）值项组成的系统，它抵制个别人所作的改变，所以是一种社会性的法规。"（巴尔特，1988，pp. 116–117）如果说中国语言、符号也有一个超越个人的社会性的客观语言、符号结构，那么这个语言结构就是由"圣"所创制和审定的"经"所完整体现的。中国传统语言文字学所做的主要工作就是解读经书文本的语言意义，清人王念孙说："小学明而经学明。"（王念孙，1992）所以，刘勰所谓"征圣""宗经"，不只是文章写作的意识形态指南，而且也是中国语言、符号的传统文化规范意义的来源。

刘勰的"原道""宗经""征圣"所表达的中国传统语言、符号观，显示着古代中国长期封建专制的社会统治制定和推行一种语言、符号的权力结构。这种语言权力结构的存在，在古代中国是清楚和明晰的。我们今天当然不赞成专制性的语言权力的意义指向，这些意义指向在现代汉语中已经不起作用。但是剥离掉经学文化专制施加给中国语言、符号的封建性意义，中国传统语言、符号观不对语言及其文本做孤立的技术性分析，不脱离人的主体活动及其条件，不离开人的心理意向的省察来理解词语和文本的意义的准则，可能会成为今日符号学进一步发展的一种有益思路。

西方符号学在形成一种专注于语言、符号结构、秩序的语句构成性分析方法之后，其实践性指向仍然在于解读话语文本，解读话语文本中表达的人类主体的情思。但是西方符号学认为只有或者说只是对文本遵循语句、段落的结构性技术分析的解读，对文本做非主体性、非人格性的符号学解析，才可能获得一种客观性的意义理解。而在中国传统语言、符号观念中，虽然对话语文本意义的解读始终应当纳入圣人的经的规范，但是圣人的经文本也无非是一种对"道心"的"人心"体察，然而，"道心惟微，神理设教"。"易曰：鼓天下之动者存乎辞。辞之所以能鼓天下者，乃道之文也。"（刘勰，1978，p. 3）人心与道心的相通，人心对精微的道心的体察，是语言意义解读的基础。"词深人天，致远方寸。"（p. 329）有限的语言、符号可以达致天人深邃的底蕴，成为两者沟通的渠道。语言、符号活动是这种体察道心精微之思、把握天人之际复杂深刻联系的活动。其归宿，不是得出一个观念式的结论，也不仅仅是分析出符号能指的所指意义，重要的是要探索典范文本，特别是圣人之经文本对道心精微体察的过程和方式。中国传统语言、符号观念的文本分析的主要思路就是如此。以诗歌的解读为例，《文心雕龙·明诗》篇开头就说："大舜云：诗言志，歌永言。圣谟所析，义已明矣。是以在心为志，发言为诗，舒文载实，其在兹乎！诗者，持也，持人情性；三百之蔽，义归无邪：持之为训，有符焉尔。"（p.65）诗是中国传统语言文本中最为典型的话语文本、文学文本。诗的意义解释为持，就是负载着、表达着人的情性。在中国语言、符号思维中，诗的语言的能指并不是简单地指向其所指的事物（能指的字面意义），甚至也并不只是指向所指事物所比喻的东西（能指的隐喻意义），其所指意义有一个复杂的构成。"诗言志"指诗歌的语言符号表达着"志"的意义。这个"志"是主体宏阔而宽泛的内心世界，是有如阿尔都塞所说的意识形态，是关于人们对生存世界的总体表象，以及这个总体表象得以构成的语境。它至少包含着语言所指向的事物本身（言辞的普通、日常生活的意义）、说话人借这一事物想说出的内在心理（言辞的比喻意义），同时还有这个话语、文本为什么要说这个事或物，为什么一定要用这一事物而不是其他事物来说出自己的内心世界，构制这样一种语言文本，为什么此刻（特定处身语境下）非要说，为什么非要这样说等若干方面，是一种多重语义层面的复合构成。这就形成了中国文学经典文本话语"称名也小取类也大""以少总多，情貌无遗""言近旨远"的博大精深、令人神往、体验无穷的意义群集。比如，"灼灼状桃花之鲜，依依尽杨柳之貌，杲杲为出日之容，瀌瀌拟雨雪之状，喈喈逐黄鸟之声，喓喓学草虫之韵。皎日嘒星，一言穷理；参差沃若，两字穷形，并以少总多，情貌无遗矣。虽复思经千载，将何易夺？"（pp.693—694）这里所列举的"灼灼""依依"等重复单字的双音节词语，在语句和语音构成上有汉语自身的特点，但是它们所包含的丰富意义内涵和准确而深刻的意义表现，却并不是词语结构本身赋予的，也不是从语言结构的解析中可以破解的。经典诗歌对事物形状外貌声音的描写，始终渗透着诗人对这些事物形状外貌、声音等的情感体验和理性参悟，才能"穷形""穷理""情貌无遗"。范文澜在对这一段话作注释时指出："古人状形之词，确有心会神领，百思而无得移易者。"（p.696）这就是一种与西方符号学不同的始终引人主体性，始终在主体性观照下的语言分析。

《文心雕龙》的下篇，专论文章的写作和阅读批评等，而在这些篇章中对"原道""宗经""征圣"的体制性意识形态的维护，对作者、读者个人文学活动主体性的推崇，不是如西方德国古典美学一类，脱离文本话语实践作形而上学的高蹈宏论，而是结合汉语语言文字自身基本特点，对语言文字的使用方式作较为细致的研究。在专门论述写作思维活动的《神思》中，刘勰说：

> 神居胸臆，而志气统其关键；物沿耳目，而辞令管其枢机。枢机方通，则物无隐貌；关键将塞，则神有遁心。是以陶钧文思，贵在虚静，疏瀹五藏，澡雪精神，积学以储宝，酌理以富才，研阅以穷照，驯致以怿词，然后使玄解之宰，寻声律而定墨；独照之匠，窥意象而运斤，此盖驭文之首术，谋篇之大端。（p. 493）

这里把词语的运用作为写作的"枢机"，并且"怿词""寻声律"等词语的使用，并不是孤立存在的，而是与心灵的主体构思过程同步进行的。心理活动的过程，也就是词语选择、使用而形成话语、文本的过程。"心"与"文"在过程和结果上，完全同步，始终吻合，这就是《文心雕龙》统贯下篇的语言、符号观。"风骨"作为魏晋时代推崇的一种审美境界，刘勰认为其主要标志也是语言、符号的力度，"故练于骨者，析辞必精，深于风者，述情必显。捶字坚而难移，结响凝而不滞，此风骨之力也"（p. 513）。其《声律》《章句》《丽辞》三篇，则是对汉语诗歌与文章写作中，形成汉语文学独特审美魅力的语言文字的声韵、句法骈偶之辞等等作了具体分析。而《比兴》《夸饰》《事类》是对汉语修辞手法的讨论，《练字》则按照"小学"这种中国古代文字学的规范，探讨文章写作时对文字的使用应最为精练，而在达意传情上又准确丰富的要求。这些都表明了《文心雕龙》以及中国古代文论典籍非常突出的语言学、符号学意识。

《文心雕龙》不是语言学、符号学的专门著作，在 20 世纪以前中国也没有现代意义上的符号学著作。但是，在这部关于文章写作的著名论著中，刘勰讨论了语言、符号的基本作用、功能性质，涉及词的表达、指称、意义，特别是对汉语话语、文本的词语意义的多维复合结构的讨论，表现出中国传统文化对语言、符号精细而深刻的见解，值得认真研究。李幼蒸认为，中国符号学的建设和发展，可以从历史符号学着手，可以对中国历史上的文本、话语和叙事进行符号学的研究，阐扬中国语言文化的特质，对中国历史话语的现代化分析可能会出现人文社会科学的新的转机。（李幼蒸，2003）我想，关于《文心雕龙》的符号学问题的讨论，对中国符号学的建设以及中国文学理论的现代化研究，也是有益的。

参考文献

[1] 德·索绪尔,费尔迪南(1985). 普通语言学教程(高名凯,译). 北京:商务印书馆.

[2] 中共中央马克思恩格斯列宁斯大林编译局(1968). 马克思恩格斯全集:23卷. 北京:人民出版社.

[3] 李幼蒸(2003). 中国符号学的意义//历史符号学. 桂林:广西师范大学出版社.

[4] 刘勰(1978). 文心雕龙(范文澜,注). 北京:人民文学出版社.

[5] 宇文所安(2003). 中国文论:英译与评论(王柏华,陶庆梅,译). 上海:上海社会科学出版社.

[6] 巴尔特,罗兰(1988). 符号学原理:结构主义文学理论文选(李幼蒸,译). 北京:生活·读书·新知三联书店.

[7] 王念孙(1992). 说文解字注序//许慎(撰),段玉裁(注). 说文解字注. 上海:上海书店出版社.

(本文原载《重庆师范大学学报》2004年第1期)

2005

象的文化符号学（节选）

龚鹏程

一、立象如何尽意

《易经·系辞上传》："子曰：'书不尽言，言不尽意。'然则圣人之意，其不可见乎？子曰：'圣人立象以尽意，设卦以尽情伪，系辞焉以尽其言，变而通之以尽其利，鼓之舞之以尽神。'"

这"言－意－象"的关系，可说是《易经》构成的基本原理。它要说的道理（意），都不是直接用语言来说明，而是采用卦爻方式，拟象物宜的，故是"立象以尽意"。整个《易经》就是一套立象尽意的系统，因此《系辞下传》说："是故易者象也。"

这个道理，论《易经》者大抵均能明白。可是，为何言不能尽意，象反而可以？立象又如何尽意？这就不甚了然了。古今注释，于此多是囫囵模糊以说之，甚或跳过这个问题，不予讨论。

以权威的注释王弼注为例。王氏于此，仅云："极变通之数则尽利也。故曰易穷则变，变则通，通则久。"这是仅注了"变而通之以尽其利"那一句而已。为何言不尽意时要立象以尽之，根本跳过没谈。

其他《易经》论立象之处，他也往往视若无睹。如："是故夫象，圣人有以见天下之赜，而拟诸形容，象其物宜，是故谓之象"；"天生神物，圣人则之；天地变化，圣人效之。天垂象，见吉凶，圣人象之"；"易有四象，所以示也"（以上《系辞上传》）；"易者，象也。象也者，像也"；"爻也者，效此者也。象也者，像此者也"《系辞下传》；等等，亦均无注。

至于《说卦传》对于卦象的解释，如："乾为马、坤为牛、震为龙、巽为鸡、坎为豕、离为雉、艮为狗、兑为羊"；"乾为首，坤为腹，震为足，巽为股，坎为耳，离为目，艮为手，兑为口"；"乾为天、为圜、为君、为父、为玉、为金、为寒、为冰、为大赤、为良马、为老马、为瘠马、为驳马、为木果"等，他也都不注。如此注《易》，固然可显示他"扫象"的立场，但观之实在令人感到遗憾。

朱熹的《易本义》则在"圣人有以见天下之赜而拟诸其形容，象其物宜，是故谓之象"，底下注："象，卦之象，如《说卦》所列者。"可是去查《说卦传》，朱子却说："此章广八卦之象，其间多不可晓者，求之于经，亦不尽合也。"于是易象到底是怎么回事，终不可知。

而且，《系辞》明明是说圣人立象时要拟象天下诸物，可见是要以卦爻象物的，他却只把象解释为卦象。有时把象限定于卦，说："象，谓卦之形体"；有时说这个卦的象是仿像"理"（如"易者象也。象者像也"，朱注即说"易卦之形，理之似也"）。然而象怎么只是指卦象呢？何况朱熹的理气论，是将理与气分说的。易象若只是像理，那就不会是像属于气的物与器了，以此解易，殊难圆通。因为"圣人立象以尽意，设卦以尽情伪"，显然象并不就等于卦。所以说："在天成象，在地成形""圣人设卦、观象、系辞焉""八卦成列，象在其中矣"（均见《系辞上传》）。象有卦外之象，有卦爻之象，亦有卦中之象，若偏言一端，则未见其可也。

诸如此类，均可见传统注释家对易象之掌握颇为粗疏，其所重者，往往在易理而不在易象。至于论象数一派，对象的理解，其实仍与朱子相似，所谈只在卦象。一以卦象配四季、十二月、四方、五行、三百六十五又四分之一日；一以八宫爻变，言游魂归魂、世应、飞伏；三则以乾坤十二爻配十二地支、十二律、二十四节气、二十八星宿；四则以卦变论升降、互体、纳甲、旁通。其术，貌若繁复多姿，实于《易经》论象之道尚多矇然。

本书无法详论易象的问题，现在仍要回到文章开端所说之事。因为我想讨论的是：为何言不能尽意，象反而可以？圣人又如何立象以尽意？

为何言不尽意，象反而可以？古人对此，也并非没有讨论过，朱熹注即说："言之所传者浅，象之所示者深。"这当然是个好论断。但为什么是如此呢？他依然未谈。既是如此，只好由我来试着说说罢。

二、意象如何形成？有何功能？

（一）视知觉的意象思维及其特性

阿恩海姆《视觉思维：审美直觉心理学》一书对视觉思维的研究或许可以供我们参考。

他先从西方"思维/知觉"两分的传统讲起。说历来总是把思维看成是理性的、逻辑的，可以形成科学的知识、感官知觉则是非理性、反理性或无关于理性的，可以成就艺术，而无法形成知识。而在主流意见中，又推扬前者而贬抑后者。

然后他重新解读柏拉图。谓柏拉图虽然对知觉不信任，但仍然把知觉看成是认识的一种方法，故在《理想国》中柏拉图甚至把心灵比喻为眼睛。眼睛的视力感官知觉，显然具有认知的功能。

但视知觉如何认识并理解外物呢？他认为认知与理解活动并不像一般人所以为的那样，眼睛只是看，只是感官经验。将此经验予以抽象化、概念化、逻辑化，形成知识，则是思维之力。他说视觉本身就是思维。因为"看"不只是静态的接收、感受而已。看东西时我们都是选择性地看，某些东西我们根本不会看到。因事物在知觉中已被识别或辨识，否则我们对之便会"视"不见。所以"看见"本身即是初步的思维活动。其次，人的概念，也形成于对形状的知觉中。

据此，他引述心理学的研究，说：

> 在我的大脑以正常状态活动起来时，它便是一列清晰而又完整的画廊——不是由已定稿的画组成，而是一系列印象式的画稿。每当我读到或听到某某人在虚心地或严肃地、骄傲地、谦卑地和殷勤地做某件事情时，眼前就立即呈现出"虚心"、严肃、骄傲、谦卑、殷勤等视觉形象。一提到某个高贵的巾帼英雄，眼前便立即闪现出一个英姿飒爽的高大形象，而这个形象的唯一清晰之处，却是她手中高擎的那条铁灰色裙子；一提到一个谦卑的随从，我眼前便闪现出一个弯腰曲背的形象，但这个形象的唯一清晰之处，却是他的弓形的背……

这段话是什么意思呢？他是在肯定视觉也可以是一种思维活动之后，进一步解说视觉的思维特性。谓其特性在于对"意象"的把握。而意象又如何把握呢？对意象的把握，何以又能称为思维活动？其特点又为何？他的答案就都在上面这段引文中。

这段话，讲的是每个人都曾有过的经验。它告诉我们，种种印象或心理意象的忽隐忽现，并不表示我们对这些事物没有完全把握，也不是心灵对它进行了切割。其实，这种粗略意象本身就代表着一种正面的或肯定的性质。正是这样一种性质，才把一个物体的心理意象同它的自然实体区别开来。每个东西，看到的人，在心里的感觉与认知并不相同。或者说，看到的东西，并不等于实际存在的东西。看，并不只是在视网膜上复制物体而已。

更有意思的是，这段话还把心理意象比作绘画和印象。印象派绘画同它之前的其他绘画有着根本的区别。尽管在莫奈之前，画家们在再现外部客观物体时已经相当成功，但那只是追求形似、再现、逼真。在印象派运动兴起之后，美学理论才开始出现根本性的变化：开始认识到一幅画乃是心灵本身的产物，而不是外部物理对象的复制。正是清晰认识到外部物理对象和心理意象的区别，才构成现代艺术理论的基石。几十年之后，在心理学界关于视觉经验的看法上，也出现了同样的与传统的决裂。

印象派画家作画时，已不再面面俱到地画一个人或一棵树的细节，而是用不多的笔画创作出它们的近似形象。这些笔画的出现，不再是为了描摹出一个人或一棵树的全部细节的形象。相反，为了使它们成为产生特定效果的刺激物，这种极为简化的式样本身倒成了欣赏的对象。此时，画家真正想要达到的效果或经验，是靠视觉意象"闪现"或"暗示"来的。这些"暗示"会引导我们体验它们的大体色彩和方向，而不是它具体而又确定的轮廓或物体的某一细部。

对于视觉经验这种模糊的性质，用我们现有的语言是很难描述出来的。因为我们的日常语言在描述一个物体时，总是指向它的那些可触、可见的方面。然而，视觉经验这种性质对抽象思维来说却极有用。正是这样一些性质，才使得一个具体视觉对象被抽象化为一个具有基本动力特征的结构。

这些动力特征与外在物理客体的可触知部分有着根本的不同。正如我们看到一位毕恭毕敬的侍从，其形象可被抽象为一个弯曲的身形。这种知觉抽象活动也不是在脱离具体经验的情况下进行的，因为这样一种谦卑的弓曲形象，不仅仅可被理解成一个谦卑的侍从，更可直接被看成是这个侍从本身。

这就是从"形象"到"意象"的历程。虽然这些意象的轮廓线、表面质地和色彩等都是模糊的，却能以最准确的方式把它们的特性体现出来。按照一般人的偏见，一种意象若无清晰明确的轮廓，或者看上去不完整、没有细节的展示，就必然是不准确的。但绘画和某些其他领域中的情形都恰好相反。一幅霍尔本（Holbein）或丢勒（Dürer）的绘画，虽然其轮线非常鲜明，但其知觉形式却并不比一幅弗兰斯·哈尔斯（Frans Hals）或奥斯卡·卡卡什卡（Oskar Kokoschka）用少数几笔勾画出的人的面容准确多少。在数学领域同样如此。一种拓扑学陈述或草图，可以十分准确地表达出某种定向关系（如被包含关系或重叠关系），虽然它们完全远离了真实的形象。在逻辑学中，没有人会相信，一个一般的概念会由于缺少具体的细节而变模糊；恰恰相反，那种集中于事物的少数几个本质的特征的做法，一向被认为是一种使概念变得更加清晰的手段。那么为什么我们不愿意承认心理意象也是如此呢？在艺术中，我们不是可以通过把人体形象简化为一个具有表现性姿态的简单几何形状，而使这个形象变得更加明确和清晰吗？

在这些意象中，另有很多并不是直接来自物理对象本身，而是由某些抽象概念（如谦虚、严肃或骄傲等）间接地唤出。同时，有些意象的视觉形态还可被约简为某种形状或某些性质的"暗示"或"闪现"。这也很值得注意。

心理学的"联觉活动"实验曾发现：动作、节奏、色彩、形状、音调等，均可越过各自的感觉界限，相互支持和加强。例如试验中，一个人在倾听某种声音（尤其是音乐）时，常会感受到一片特殊的色彩。同样，某种理性概念（如某些数字排列，或把12个月按顺序排列）也可以使人联想到特定的色彩或空间形式。

这些试验所证明的是：理论性概念并不是在真空状态中被掌握的，它们有可能使人联想到它出现的种种视觉背景。

另外一些理论性概念的视觉形象，则有点像是一种惯常的隐喻。心理学家赫尔伯特·西尔贝尔（Herbert Silber）曾提到过他经常体验到的一种"催眠状态"：每当他竭力想思考某一问题但又被瞌睡妨碍时所出现的一种状态。有一次，在他试图思考康德和叔本华关于"时间"的哲学而毫无所获时，这种受挫感立即在他头脑中生出一个"愁眉不展的秘书"之形象。

诸如此类，均显示了视觉的意象思维自有其特性，对人类理解事物也有非常重要的功能。故阿恩海姆认为：假如让这种能力自由地发挥作用，不使它局限于复现那种永恒不变的自然形式，"它就满可以从以往的经验中自动地产生出一般普遍性的意象"。又假如客观事物果真可以被简化为由少数几个方向或形态组成的意象，我们就可以设想，有可能还存在着比这种简化的意象更抽象的式样，这就是那些完全不带外部物理世界痕迹的抽象的结构或事态。

不但如此，他也认为：在解决真正的理论问题时，所需要的是些高度抽象的形式，这种形式在心理空间中往往是由几何形状或拓扑形状呈现的。这样一些非模仿性的意象，往往模糊到刚刚能够认出的程度。但它们十分普遍，而且对任何一个思考一般性问题和需要以抽象的形状去思考的人都是不可或缺的。因此有些人"倾向于相信"意象的逻辑是创造性思维的首要推动者。

越高级的意象，越是高度形式化的纯几何形状。它的最大优点是能帮助我们把某种特殊的性质准确地抽取出来。一个简单的符号标志在作为一个指示物时，要比一个以写实风格画的有指甲、袖子、袖口和扣子的维多利亚式的手有效得多。因为这种符号标志更接近于一个"专职"的符号，所以在观看者眼中，它会立刻变成某种观念的陈述，而不是现实世界的一部分。虽然这种高度抽象的意象的内涵较窄，但它的外延却很宽广。换言之，它可以同时表示很多种事物。两个重叠在一起的圆圈可以是一幅再现某种物理对象，如某种新式眼镜或椒盐卷饼的画，也可以是双环形马战场的平面图，还可以成为表示某种美满的婚姻或两个国家之间友谊的符号；在更抽象的情况上，它还可以用来表示任意两个重叠的意象之间的逻辑关系。它究竟起哪一种作用，只有通过背景（或前后关系）才能看出来。

（二）意象作为绘画、符号、记号的功能

为了说明和比较意象与其指称的内容之间的各种不同关系，阿恩海姆区分出意象的三种功能，即意象作为绘画、意象作为符号、意象作为纯粹的记号。

上述三个名称，并不是指不同种类的意象，而是指意象的三种功能。某一个特定的意象，可同时具有以上三种功能中的每一种功能，而且每一次都可以不止于发挥一种功能。原则上说来，意象本身并不能告诉我们它意在发挥哪一种功能。一个三角形，既可以成为危险的记号或信号，也可以成为一幅描绘高山的图，还可以作为等级差别的符号。

但假如某种意象被选择来作为一种记号，它只能作为一种间接的媒介使用，因为它的作用就是使人看到它就想到它代表的内容。这就是说，记号与它代表的东西在形态上并不相似，因此它自身不能作为思维活动赖以进行的媒介。

意象还可用于"描绘"事物。它描绘的事物在抽象性方面低于这一意象自身时，这种意象就成为这些事物的"绘画"。作为绘画的意象，总是捕捉所描绘物体或事件的某些有关性质（形状、色彩、运动等），加以突出或解释，因为绘画不同于忠实的复现，而是把实物抽象化。

意象的第三个功能是其符号功能。在意象作为符号使用时，它的抽象性一定要低于符号所暗示的东西。换言之，一种符号必须能为某一"类"事物或某一类力的作用方式赋予具体的"形状"。意象本身当然是一种特殊的事物，而当用它代表某一"类"事物时，它便有了符号的功能。举例说，当用一个狗的形状来代表狗类的概念时，这个形状便成为狗类的符号。原则上，任何"标本"或标本的复制物，只要用它们代表该"类"事物，就成为一种符号。但这样一来，这种意象便把抽象工作完全留给了符号的使用者，因为它本身不能帮助这些使用者注意到或把握到该事物有关的性质。艺术品，在这方面就比这类"标本"好得多。

符号性功能还可以由种种高度抽象的意象完成。这些意象，均是为某些概念或动态样式而设计的几何形式。如物理学家用来描绘某种矢量的箭头，就可以把这种矢量的有关性质，如它的强度、力量、方向、意义和作用点等展示出来。音乐乐谱的作用也部分是通过符号表现的，例如，在展示某种声音的高度时，就是用了五线谱中较高的部位。同样，线条画也可以用同样的方式通过把某种心理状态某些能动性质转译成可见的式样，而把它标示出来。

（三）意象思维与语言思维的比较

在阐明意象思维之性质后，阿恩海姆更进而要论证意象与语言的关系及优劣。他在书中（如上文所引或未引的章节中）反复言道：概念是一种知觉意象，思维活动就是把握和处理这样一些意象。有一章还试图阐明：这种意象有各种各样的抽象水平，但即使是其中最抽象的意象，也必须合乎一个条件，这就是：它们的结构必须等同或相似于（同型）思维所及的那些情景的相应的结构。

问题在于：语言文字是否也是这样一种知觉意象？语言排列（不管是视觉

的还是听觉的）所具有的感觉性质是否能够把某种思想所涉及的整个范围的结构特征重现出来？也就是说，我们能否以语言进行思维，就像我们可以用圆、长方体或其他诸如此类的形状进行思维那样？

对此，普通人几乎都会不加思索地作出肯定的回答。事实上，在多数人眼里，语言作为一种思维的媒介，要比形状或声音好得多。在某些持极端看法的人眼里，语言更是思维所不可缺少的东西，而且或许是它唯一可行的媒介。

但阿恩海姆说：没有人否认语言能帮助人们思维，现在需要回答的是，语言的这一职责究竟是通过语言媒介本身的固有性质完成的，还是通过它的间接作用完成的，即通过语词所指的对象或句子所谈的事物完成的。如果是后一种，帮助思维的东西就不是语言本身，而是一种与之完全不同的媒介。除此之外，还需要弄清，究竟语言是不是思维所不可缺少的。

他对后一个问题的回答是否定的，因为从动物尤其是从原始人类身上，同样可以清楚地看到创造性思维的存在。尚无语言的人类，若无创造性思维，就连语言也不能发明。

因此，语言并不是思维活动之不可缺少的东西，但它的确有助于思维。问题在于，它以什么方式帮助思维？既然语言是一整套知觉形状（听觉的、动觉的、视觉的）的集合，那么它究竟会在多大程度上对人的认知作出贡献？

没有人会否认某些类型的认识活动可以由语言媒介本身完成。但是，即使这种媒介能对它起作用，也不可能使它成为创造性的思维。学会用某些语词代表某些概念，而且以某些方式使之互相联系，例如我们学会10减去7等于3，这种学习可以通过常规训练进行，而且这种学习可以在概念包含的意义被忽略或完全不知道的情况下完成。每次"10减7"这样的陈述进入我们联想系统时，"3"就会自动地产生出来。这种联想不需要涉及任何超出语言材料的东西，它直接指向一种储存和回收系统，这种系统总能够提供合宜的信息。然而这种工作根本就算不上创造性的思维，因为这种工作连机器也能做。

语言还可以通过康德所说的"分析性判断"（analytical judgment）来提供信息。但在这样的陈述中，整个谓语只是主语的一种已知的性质，因此只能阐明主语的一个方面。例如在"一切有机体都能够生长"这样的陈述中，假如"生长"是有机体的一个确定的性质，该陈述就是分析性的。作出这样的陈述不再需要从经验世界中攫取什么。此一分析性判断完全可以通过纯语言方式产生出来。因为代表主语的词同代表谓语的词之间的必然联系，已经通过词语的学习规定出来了。

故单纯的语言思维是不产生任何"思想"的思维，即无思想思维（thoughtless thinking）的典型。它只是自动地从"储藏"中原封不动地恢复某种"关系"。它是有用的，但又是不生育的（或缺乏创造性的）。那么，是什么东西使语言成为思维不可缺少的东西呢？这种东西绝不是语言本身！阿恩海姆认为，思维是借助一种更加合适的媒介（视觉意象）进行的，而语言之所以对创造性思维有所帮助，就在于它能在思维展开时把这种意象提供出来。

反之，在思维活动中，视觉意象之所以是一种高级得多的媒介，主要是由于它能为物体、事件和关系的全部特征提供结构等同物（或同物体）。视觉形象在多样性和变化性方面堪与语言发音相比。

然而更重要的原因在于，它们能够按照某些极易确定的形式组织起来，各种几何形状就是最确凿的证据。这种视觉媒介的最大优点就在于它用于再现的形状大都是二度的（平面的）和三度的（立体的），要比一度的语言媒介（线性）优越得多。这种多维度的空间不仅会提供关于某些物理对象或物理事件的完美思维模型，还能够以同构的方式再现理论推理时所需要的各个向度。

而且，直觉认识发生在一个各种"力"相互作用的知觉领域内。这种认识可以从一个人对一幅绘画作品的把握中得到例证。在看一幅画时，对画框之内的整个领域稍作扫描，观看者便能知觉到画的各组成成分：它们的形状、色彩、其间的种种关系。由于这些组成成分在知觉经验中相互作用和影响，所以观看者所看到的整体形象乃是这些成分之间相互作用的结果。

但另一种思维，就是被称为推理认识的思维。这种思维，犹如一个人在观画时，不是按照直觉的方式把握它的整体形象，而是一开始就希望把这件作品包含的各个成分和各种关系识别或分辨出来。为了达到这一目的，他要描述其中每一种形状、辨明每一种色彩、列出所有组成成分的清单。在这之后，还要继续确定个别成分与个别成分之间的关系，如它们之间的对比效果或同化作用等。当他把所有这一切材料收集齐备之后，便致力将它们综合起来，重新建构一个整体。

这样的观赏者究竟在干什么呢？首先，他是在从知觉领域中将其中各种成分以及成分与成分之间的关系"分离"出来，以便确定每一个成分和每一种关系的性质。通过这一方式，一种稳定而又独立的概念便从构成知觉领域的诸种不太稳定和不太明确的实体中产生出来。这种来自直觉体验的知觉概念逐渐得到凝固或结晶，心灵便获得了种种稳定的形状，而这种形状又有助于稳固的思维（consistent thinking）。能说明这推理性思维过程的最具代表性的例子很多，如语言表达过程中"概念"的线状排列、演绎推理（三段论法），或数学证明中各逻辑命题的链状呈现等都是。

构成"直觉思维"过程的各组成部分的相互作用，是在一个整体且连续的领域内进行的。但"推理认识"过程中各组成成分的相互作用则是沿一条直线依次进行的。因此阿恩海姆引述旁人的话说："自然按照网状结构而不是直线性结构把它的各个物种联系起来，人却只能按照线性顺序去联系它们，因为他们的语言不可能同时呈现出几个事物。"以此论证语言所运用的直线性推理思维，不如意象直觉的视觉思维。

三、观象：以视知觉济言语之穷

阿恩海姆的理论是由视知觉展开的，由视见象。这个角度，事实上也就是《系辞》对圣人造易情况的描述方向。故曰："圣人有以见天下之赜而拟诸其形容、象其物宜""天垂象，见吉凶，圣人象之""圣人设卦、观象、系辞"。说观、说见，都是就视知觉这方面说的。

再把圣人观象立象这种视知觉活动关联到"言不尽意，故立象以尽意"的语脉中去看，我们也会发现：《系辞》之作者，在此明显带有强调视知觉而贬抑语言思维的态度。

这种态度，也是许多讲视觉艺术的人所共有的。例如内森·卡伯特·黑尔《艺术与自然中的抽象》一书，一开头就说："作为艺术家，我们基本上与文字没什么关系。例如，在我们试图弄懂一幅画里的线条时，我们'画'这些线，而不是用语言文字来说明。""我谈到你对某些抽象因素的理解时，我的意思是你能够'画出'它的线、形、图式和所有我们艺术家不用语言文字就能表达的特征。"（上海人民美术出版社，1988，第一章第一节）这不是说要了解什么时都须得能画出来才能了解，而是说这种理解不必透过语文，乃是藉由看见。

看见那些线、形、图式、尺度、比例、黑白、色彩等，如画般地呈现在眼前，而即得以了解。用塞尚的话来说，这样获得的乃是一种"画里的真实"

(the truth in painting)。视觉艺术工作者，较习惯也较信任这种了解。当然，他们也擅长以此表达其所欲传示的情绪与思想。他们不唯认为在表达与了解时弗须用到语文，更自认这种图像的方法比语文更能表达自我，也能让人获得更深刻的理解。

阿恩海姆对语言思维和意象思维不同功能的比较，便是从理论上说明视觉艺术家重视"象"而轻语文的态度。

这些说明或态度，固然可能只是重视视知觉的人的偏见，但既然已发现"言不尽意"了，在言说无法达致、无法有效指涉世界之际，诉诸图像，当然就是不得已的选择。何况谁也不能否认线、形、图式都是具有表现力的。一条线，不仅能显示出那是一枝树枒、一条裂缝、一绳线索等，亦具有刺激观者感觉和情绪的力量。一条直线与曲线、波浪线、旋转线、断线，给人的感觉当然不同。就是直线，粗细轻重不同，看起来感觉也就不一样。而这种感觉确实有时并非语言所能表达，与由语文而来的感受不相同。

以此观之，《系辞》云书不尽言、言不尽意，故圣人立象以尽意，并由视知觉论象，正是一种重"视"轻"言"的态度，或欲以象济言语之穷的态度，其意与视觉艺术家何其相似。历来注释家多是采取"因言以求意"的路数，故恰好与《系辞》的态度相反。"言象意"的关系，被删改成"言意"关系；言尽意或不尽意，成为哲学上重要的论题，意与象或意象则乏人问津。像王弼那样，完全不谈象的问题的例子，即是在魏晋"言意之辩"的风气中出现的。其余论《易》诸家，或受限于这个言意关系的论述传统，未能从视知觉这个角度去理解言象意的关联；或欲"得意忘筌"，认为读《易》旨在明其义理，故言与象均为筌蹄，可以不必花太多心思在上面，以致都远离了《系辞》的讲法。

殊不知号称得意忘象者，仅是以"得意忘言"之论理架构去说忘象而已。得意忘言，是说言以达意，故欲得其意者必循言语；唯其意既得，言即不必执着。是以功夫有两层，一为因言求意，二为忘言去执。可是讨论《易》理的先生们，却根本舍去了象，根本不论象。这或许是因为某些论象的先生们将象谈得天花乱坠，令人头疼，以致惹来这类扫象忘象之说。但无论如何，如此持论终是不妥的。

至于那些讲象数者，我说他们仍受限于言意关系的论述传统，未能由视知觉的角度去谈言象意的关系，则是因为论者大抵都是就卦象爻象说，说其应比、升降、正反、旁通、飞伏、互体、半象、对象、覆象等。这只是在说卦与卦、爻与爻之间的逻辑关系，乃圣人观象制易之后落于言筌的符号系统，非其象天地、效变化、立象以尽意的造易之法。卦与卦、爻与爻的这些关系，也是机械的、有法则系统的，是语言性的推理思维，而非视象式的直观认识。甚且，它比语言更像符号逻辑。整体爻卦，构成一个形式推理系统，研《易》者所谓之观象活动，便是以逻辑的数学分析（mathematical analysis of logic）方法，去说明卦爻的结构关系，再以此结构关系来解释意义。诸家以此自诩为能说易象，而实距论易象之道远矣！

四、立象以尽意的传统

然则立象之道为何？《易·系辞下》说："古者包牺氏之王天下也，仰则观象于天，俯则观法于地，观鸟兽之文与地之宜，近取诸身，远取诸物，于是始作八卦，以通神明之德，以类万物之情。"

观象，是指视觉对物象和天象之观察。取法，是指观察后对"象"之所以如此的理解以及效仿。法，既指象之原理，亦指人的行动。取象的对象，则天地间一切物事，无所不包（请注意"对象"一词）。尤其是把人自己作为视知觉观察之起点，所谓"近取诸身"。这一点最奇特。因为一般的观看活动，都以视见外物为主，中国人却以自身为主。在甲骨文字所表事物的类别中，动物约占 17.0%，植物农食等约占 15.0%，天象约占 9.0%，地理者约占 9.0%，战争者约占 8.0%，住约占 6.0%，行约占 3.6%，衣约占 1.7%，育约占 1.4%，乐约占 1.7%，祀约占 3.6%，关于人类的序列和人体本身，却区分甚细、词字最多。如人伦中的祖孙父子、人类中的男女嫔妾、人体中的耳目足口、生理中的孕毓疾疗、活动中的作息盥栉，占了 20.0% 以上。这还只是就本义说，不包括引申、谐音以及由人引申创造的字。例如后来用作虚词的及、亟、亦、夫、乎、若等。此即可见所谓"近取诸身"确非虚语。后世中国哲学强调"以人为本之思想倾向"，即可见诸此。

此中包含几种不同的思维活动。一是观象，这是视知觉对外物的观视。二是取象，见了物象，而对此象有所认知、有所理解，心有所抉取，例如以人立为"大"、人顶为"天"，以缺月而不以圆月为"月"，以羊头而不以尾为"羊"，均是对象有所择取。经取象之后，象已非物象，已是心象、意象。这是认知活动对事物进行抽象化的结果。至于依象制器，所谓"制器尚象"情况又不相同，是在人对物象进行抽象化之后，本此心象，进行创造性活动，而制造出典章制度、物质器用和文字观念来。

这就可以知道，观象并不是纯客观的"物来而视之"。视知觉不只是像镜子般反照出物象而已，它与取象的活动是相关联的。正如阿恩海姆所说，其象非形象，而是一种"意象"，是意念形成的象。平常人们说疑心生暗鬼，鬼之象即由意念所生。取象的活动，也是以意摄象、以心抉择之，故所得亦为意象。如其初或有取于牝牡之形，或依其他物象而造。但造象之后，这个象就绝不止于指牝牡或什么。从前韩非子《解老》曾说："人希见生象也，而得见死象之骨，案其图以想其生也。故诸人之所以意想者，皆谓之象也。"根本把象字解释成想象、意象、非像物象之象。这正是观象取象之的确解。视觉思维，因视成想，遂成意象，而非物象矣。然此意象又可以示意，表达物象间的关系及各物之特性，这才叫作立象以尽意。其象与具体真实物象间，可能有些形象相似性，但基本上已是经由抽象活动转化过的。

抽象，是指由具象之物中抽取共同成分、共同性质出来；或把某种形态的特殊样式分离出来；或把握一个造型较为复杂物体的结构特征，以一种较简化的方式再现出来。这种抽取（withdrawal）及分离（detachment）的能力，本来是观物时自然而有的。例如我们看人，某个人在我们脑中浮现的，往往不是整个人的形象，而是他的特征，大头、麻脸、瘸子、矮冬瓜之类。观物所见，并非原物之复现，即缘于此，但这是不自觉的。自觉地透过或利用这种抽象能力，并寻找、提取物象的特点或性质，让物象对人形成意义，才是取象。这样的活动本身，则是一种创造性的思维。

每个人都能仰观俯见天地间的物象，但能有此观象取则的创造性思维的人却甚少。此所以《易》推崇能观象取则的是圣人。圣人是创造者，因为象与意之间的联系并不稳定，也不直接，观察物象，而寻找到该物所代表的意义，选择且建构与此意相符的象（源于物象但不同于物象），正是伟大的创造性活动。

这类创造性活动并不只有伏羲氏一人能之，同一时代应有许多类似的活动。以《易》考之，坤卦象曰："地势坤，君子以厚德载物"，乾卦象曰："天行健，君子以自强不息。"天行有日月星辰之象，地势有东西南北高低燥湿之象。对此等象，正可以有不同的理解，如星象学家或地理堪舆术者，便不会朝厚德与健动方面去构意，故他们面对天地时，所掌握之意象便与《易》殊为不同。《系辞·上》称此为："仁者见之谓之仁，智者见之谓之知，百姓日用而不知。"古代各类取象活动甚多，仁智互见，但唯有《易》之意最佳，可以弥纶天地之道，故特为后人所推尊。

观象取象，是由象见意。至于如何见意、见什么意，则是创造性的思维。推此创意，乃又能"由意显象"，将某一意表现或构创出一物象来，此即所谓尚象制器，可以创立各种世上原先没有的东西。它说伏羲"做绳结而为网罟，以佃以渔，盖取诸离"，已开始了这种创造。其后："包牺氏殁，神农氏作，斫木为耜，揉木为耒，耒耨之利，以教天下，盖取诸益。日中为市，致天下之民，聚天下之货，交易而退，各得其所，盖取诸噬嗑。神农殁，黄帝、尧、舜氏作……垂衣裳而天下治，盖取诸乾、坤。刳木为舟，剡木为楫，舟楫之利，以济不通。致远以利天下，盖取诸涣。服牛乘马，引重致远，以利天下，盖取诸随……"耒耜、衣、网罟、舟楫、车乘、门柝、杵臼、弓矢、宫室、棺椁等都是具体的器，创制这些器物时，则均是观象取则而来的，故说某某物事盖取自某某卦象。从观物造象到依象造物，就恰好形成了一个意象的循环。

但值得深入探讨的，不只在这个循环。还在哪儿呢？首先，伏羲观物取象之后，固然是去制器了，然而其所造之器却不同于后世神农之造耒耜或其他舟楫弓矢之用，而是去造八卦。八卦是个符号系统，其性质与结绳、书契相类，属于物质器用、典章制度之外的符号体系。一般讲文化史，都认为物质器用的发展在前，其后才建立典章制度，再次才能在观念符号层次有所发展。依《系辞传》的看法，则恰好相反。伏羲之后的神农氏创制农具才教民耒耜之利；才建立市集制度，教民以货殖之法。观念符号之创制，被认为是在先的。一般人或许会认为这未必符合史实，但我赞成它的说法。因为无观念则不可能造出任何东西来。创造出某一物象时，心中必先有意象心象。这不是较为合理吗？纵使古时并非如此，也至少体现了古代人对文明起始的理解或想象。也可以看出中国古人以何者为重。

其次，我们当知此种观象作器之活动固然以《易》为首，但这种立象的活动，不止《易经》这个系统。扬雄之造《太玄》、司马光之造《潜虚》、陈抟的《先天图》《易龙图》、邵雍的《先天易》，都应视为同一种活动。这个活动在文字占据主流优势之后（约在汉魏以后），颇受批评，逐渐被挤压成了旁支，成为较次要的表意方式，甚至还被贬抑。论易者或如王弼，昌言"扫象"；或如胡渭，以说象数者为易学之末流。可是，在文字及语言无法讲得清楚的时候，大家终究也还是要用图像来示意的。此种立象以尽意之法，后世并未放弃。

非但并未放弃，恐怕还是我国最主要的表意方式哩！日人中村元在《东方民族的思维方法》书中论中国，第一章就是说中国思维的特点即是"对具体知觉的重视"，谓中国思维的方法着重于"依赖知觉表象进行阐释"，且以视觉直观符号为主。如中国佛教的特色就是用图标来说明教理。华严的圭峰宗密以表妄心，以表真心，构成十相。禅宗的曹洞宗洞山良价以"五位君臣"论修禅工夫，均属此类。

翻开《道藏》及《佛藏》，就可以看到许多这样的图像，因此中村元所举虽仅为佛教之例，此种立象示意之法，实在是儒道释三家均大量使用的（儒家用图标说天道性命的例子很多，有兴趣者可以去翻翻颜元的《四存编》，就明白了），称其为中国思维的特色及方法，并不为过。

但这种方法的运用也不是泛滥的。一般物事、寻常道理，言语足以尽意，象示之法便不需要。故凡立象以示意者，大抵均是孔子所说难以言诠的天道性命之事。这类事理，中国人往往以《太极图》《真性偈》《牧牛图颂》《宝镜三昧歌》来示意，令人领会，不像古希腊古印度须出之以烦琐的论证与议论。

这种"领会"，跟从语言说明所获得的了解，颇不相同。

据上文所述，在阿恩海姆的研究中，意象思维与语言思维相比，是更为高级的方式，因语言是一度的线性媒介，视觉意象则是二度平面或三度立体的。所以它可以将物体、事件关系的全部特征用一种图像呈现出来。这种图像，可以是图画式的、符号式的，也可以说是记号式的。图画式的最接近物象，但它又太质实了，近于说明，且只能指物，较难示意；又只能指那一件事、那一个物。记号式的图像，则是绘画的抽象化，表示一种事况或意念。例如三角形表示高山，其形状即为山形之简化。可是这个三角形也可以放在抛锚车的后方，用以告诉别人：现在这里碰到障碍了。遇到障碍，跟道逢高山有意念的类似性，人一看到这个符号就知道它代表的意思，此即为记号。但记号是有固定意指的，如交通标志，它本身并不能用为思维活动之媒介。符号式的就不同。符号号也是由具体物象抽象化而成，但符号可以表示某一类事物或某一特性，数字或物理学家使用的符号即属于这一类。但不管是哪一类，视觉意象都比语言更能让人认识发生在一个知觉领域中各种力的交互作用。就像一个画面、一处风景，用话来描述，不容易讲得清楚；可是看一眼，就可以把它的整体形象和各成分间的相互作用关系弄明白了一般。这样的视觉直观思维，是整体把握的，不像语言推理思维，要将物事切割开来，一一描述其间各个部分，说明其性质色彩，然后再试图组合起来，描述、辨明其关系。

视觉意象的直觉思维，可以把握整体性，胜于语言之分解与推理。这个原因或许可以解释为何中国儒释道三家哲匠在总摄宗旨、标举宗风时喜欢出之以图标、宣之以歌诗。歌诗，本来也就是意象式的语言（底下再做说明）。

但"立象以尽意"所能给予人的领会并不止于此。用图画来说。同样是画，为什么西方从早期写实性的说明性的画，要逐渐发展到印象派，然后才走上抽象化的道路呢？写实性的画是对物象的仿真，印象派则已是取象。一棵树，不再画其全部细节，只抓住它某些特征以及人对它的印象和感受予以表现。这即比详细去画一棵树更能让人领会其特质。可是它对形象的轮廓、质地、色彩等的处理，却总比较模糊。抽象画就更简化了。形象变成一些几何图形、线条或色彩，而画所欲显示的意念则更为丰富。图形、线条与色彩跟其所示现的意象之间，关系是蕴含的、暗示的，若有意似无情、可意会难言传。故其理解，有恃乎观者之心领神会。

此种心领神会，当然不如明确地说明那样直接而明晰，但其博通之趣，岂是写实性的说明性"知道了"所能及哉？钱牧斋注解杜甫诗时，有信给钱曾说："于声句之外，颇寓比物托兴之旨，瘐辞隐语，往往有之。今一一为足下拈出，便不值半文钱矣。"（《有学集》卷三九）图像亦然。八卦代表天、地、山、泽、水、火、风、雷。但乾又为马，坤又为腹，震又为足；乾又为父，坤又为母，震又为长男。各类物象均可以八卦指象之，以说明其间的关系，所以才说八卦可以"类万物之情"。形象化的图像，则近于说明，须经取象活动予以高度抽象化后，才有可能示意广泛，令人玩索无穷。

只不过，西方图像是由写实而抽象，中国则自伏羲画卦以来，便脱离了画像方式，走向取象以示意之路，在文明的源头上，开创一个立象以尽意的传统，沾溉无已。

（本文节选自龚鹏程：《文化符号学导论》，北京大学出版社，2006年）

2006

"声无哀乐论"与符号的任意性
——兼论音乐符号与语言符号的差异性

齐效斌

摘 要："声无哀乐论"是魏晋时期自然哲学家嵇康有关音乐美学的一个著名观点。嵇康认为，音乐是客观存在，而感情则是一种主观存在，两者并无因果关系，即所谓"心之与声，明为二物"，"哀乐自当以情感而后发，则无系于声音"。由此出发，他进一步论述了事物的名称与事物本质的关系，认为名仅仅是主体为了区别相似的客体随意选择的一个符号，并没有实际意义。这就说明索绪尔的任意性原则具有广泛的适应性。

关键词：声无哀乐论；任意性；解释；体验；理解

魏晋时期一向被认为是文学艺术的自觉时代，而作为文学艺术自觉的理论背景则是人的主体意识的觉醒及其哲学思维方式的变革。其重要的标志是独立于任何宗教神秘主义和传统观念之外的理性精神和新的经验法则的诞生和蔓延，而玄学思辨对于理性精神和新的经验法则的形成产生了强有力的影响。冯友兰先生说："玄学的辩名析理完全是抽象思维，从这一方面说，魏晋玄学是对两汉哲学的一种革命。……在中国哲学史中，魏晋玄学是中华民族抽象思维的空前发展。"（冯友兰，1992，p.144）作为这种发展的突出表现就是对符号本体的厘清与界定。可以说，这既是对中国符号学——言与意关系的一次极为认真的检讨，又是一种较为成熟的符号学观念的展示。

嵇康的"声无哀乐论"便是在建构艺术本体论的同时，又对传统的符号学理念所做的新的拓展，当然也是从音乐美学领域对言意关系问题的一次认真回应。其最具影响的《声无哀乐论》就集中体现了这种努力。《声无哀乐论》虽然是音乐美学著作，但讨论的主旨却是符号"能指"与"所指"之间的关系。他精心设计的"秦客"和"东野主人"这两个符号化的人物对话就是展开这种论辩的基本形式。"秦客"发问，"东野主人"作答。于是，在一问一答、八难八应、极有逻辑的逐层驳难中，作者反复强调，音乐的声调与情感并无直接联系，因此是没有哀乐可言的。这一问题的意指面显然涉及目前聚讼已久的音乐符号与其概念之间的关系的讨论，亦即符号的任意性原则问题。因而，借鉴和接受这一份遗产有利于对符号任意性讨论的进一步深化。

嵇康认为，首先音声等精神现象是自然孕育的结果。它是一种客观存在，不依赖于任何主体。它的作用犹如天地之间的气味，好与不好，虽然受到世道和风气的浸淫，但其基本含义不会受到影响而发生变化。这就像爱憎之于主体，贤愚之于客体一样。"夫味以甘苦为称，今以甲贤而心爱，以乙愚而情憎。则爱憎宜属我，而贤愚宜属彼也。可以我爱而谓之爱人，我憎而谓之憎人？所喜则谓之喜味，所怒则谓之怒味哉？"（嵇康，1964，p.13）就是说，一个人的贤愚总归是他自己的品质，而对于他的爱憎之情则关乎我们的感受。所以，甘苦是物之所属，喜怒则是人之所感。主客体之关系在音乐欣赏中于此可谓一目了然。假若说哀乐与音声有关，那岂不是说"乐云乐云，钟鼓云乎哉？哀云哀云，哭泣云乎哉？"以此观之，"玉帛非礼敬之实，歌舞非悲哀之主也"。（p.13）

那么，为什么还有人将音声与哀乐直接对应，甚至认为，"治世之音安以乐，亡国之音哀以思"，"故哀思之情表于金石，安乐之象形于管弦"（p.12）？这是嵇康有意设定的一个观点。一方面，它表明嵇康并不否认音乐的社会功能；但另一方面，也说明这一观点是大可怀疑的。这一观点实际上是汉代儒家从统治阶级的思想统治出发，对包括诗歌在内的所有艺术形式的非艺术功能的强化，当然也是对艺术功能的弱化。而从符号结构的规律讲，应该是先有编码后有符码的概念，并不是先有概念后有编码的程序。所以这一观点实际上源自没有区别符号的编码与其所表达的概念之间的关系。在嵇康看来，音乐的移风易俗作用是对其艺术的社会功能的肯定，而不是说音声本身已经具备了或只能担负如此功能。这就说明符号的生产是一回事，符号的使用或再生产是另外一回事。就符号的生产而言，"能指"与"所指"的关系一开始就是任意的。

"声无哀乐论"与符号的任意性——兼论音乐符号与语言符号的差异性

为此,嵇康依据音乐审美中的特殊现象进一步提出"音声无常"的观点:"夫殊方异俗,歌哭不同。使错而用之,或闻哭而欢,或听歌而戚,然其哀乐之情均也。今用均同之情而发万殊之声,斯非音声之无常哉。"(p.13)如果"理弦高堂而欢戚并用",那岂不是说不同的民族、地域,由于民族的心理、社会习俗和审美习惯的差异,哀乐情感的表现方式也是千差万别的吗?!结论只有一个:音声符号与情感之间并没有必然的对应性关系。

需要说明的是,符号的任意性原则并非出自嵇康,它是瑞士语言学家索绪尔提出的一个著名观点。索绪尔认为,"能指与所指的联系是任意的,或者,因为我们所说的符号是指能指和所指相联结所产生的整体,我们可以更简单地说:语言符号是任意的"(索绪尔,1980,p.102)。索绪尔还以十分肯定的口吻说,语言的任意性是符号的第一原则,它应是放诸四海而皆准的普遍真理。应当说,语言作为一个具有任意性的价值系统,其符号是心理的音响和概念的结合物,其所指只是实体概念而非一种实体的性质,同样适用于音乐符号,因而也是音乐符号分析所遵循的基本原则。如果说它们之间有什么区别的话,音乐符号与其意义之间的联系应当比之语言符号的任意性程度更高。因为音乐符号的可分析性和情感与意义比语言符号更为模糊。从符号的"能指"来看,它的可分析性越低,任意性程度就越高;从符号的"所指"来看,它表示的概念或意义越模糊,它的任意性程度就越高。

值得注意的是,嵇康是以对名与实关系的正确理解作为上述理论的基础的。而名与实的关系十分相似于符号的能指与所指的关系。因此,我们也可以说,嵇康所批评或讨论的问题实质上也属于符号的能指与所指的关系问题。但嵇康又不是一般地界定符号在编码中所遇到的基本理论问题,而是从"越名教而任自然"的社会理想出发来分析符号的产生过程,即是以"祛魅"的姿态参与对名教的批判,因而作为名与实本质关系的讨论就更有价值。按理说,"因事与名,物有其号"(嵇康,1964,p.12)是命名的一般规律。不过这只是相对而言。由于主体对客体的认识不尽一致,于是就出现"外内殊用,彼我异名"的情况。这就牵涉命名的必然性与偶然性问题。在这一点上,嵇康是坚持偶然性的。他认为,"夫言,非自然一定之物,五方殊俗,同事异号,趣举一名,以为标识耳"(p.32)。意思是说,语言(符号)不是自然一定的东西,不同的地方有不同的风俗,同一件事物有不同说法,随便给它一个名称作为标记罢了！从对事物的命名看符号，任何称谓（符号）都是约定俗成或者说无理据性的产物。在论辩中，他又明确提出，考察名与实的可靠依据是"自然之理"："推类辨物，当先求之自然之理；理已足，然后借古义以明之耳。"（p.20）所以"圣人穷理，谓自然可寻，无微不照"（p.32）。实际上，不管是符号命名的任意性，还是能指与所指的任意性，都不能排除自然之理对它的约束，而自然之理便是符号编码中的内在法则。扩而大之，也是自然界万事万物独立存在的秩序与法则。因而，自然之理的提出，不仅具有音乐本体论的性质，也具有自然本体论的性质。

正因为名与实的关系是任意的、无法确定的，所以单凭语言或音声符号本身不一定能推断出说话人的意思。"若吹律校音以知其心，假令心志于马而误言鹿，察者故当由鹿知马也。此为心不系于所言，言或不足以证心也。"（p.32）而要知晓说话人的内容，必须通过"观气色"等亲密接触方式才可以把握。

至于音乐本身的审美作用，嵇康并未笼统加以反对。他和诘难者一样认为"声音和比，感人之最深者也"（p.13），表明音乐这种特殊艺术仍然有着其他艺术无可替代的感人力量。但这是因为人们在听音乐之前，已经有哀乐在心中了。只关乎心，无关乎物，"夫内有悲痛之心，则激切哀言"，"夫哀心藏于苦心内，遇和声而后发"，因而"和声无象，而哀心有主。夫以有主之哀心，因乎无象之和声，其所觉悟，唯哀而已"，甚至"声音自当以善恶为主，则无关于哀乐。哀乐自当以情感而后发，则无系于声音"。（p.13）嵇康仍然坚持，声音只同谐和与否有关，而与情感无关。音声中既无哀乐之"实"，也就没有哀乐之"名"，故曰"名实俱去"。

究竟音乐何以能"感人至深"？嵇康认为有一个重要的原因，即与接受它的人的自身遭遇、阅历及艺术修养水平有关："夫五色有好丑，五声有善恶，此物之自然也；至于爱与不爱，喜与不喜，人情之变，统物之理，惟止于此。然皆无豫于内，待物而成耳。至夫哀乐，自以事会，先遘于心，但因和声以自显发。"（p.20）依嵇康之见，"五色""五声"都是物体的自然属性，它虽然可以影响人的知识和理性，却不可以影响人的内心；内心的变化只是借助外界事物表现出来罢了。至于哀和乐的感情，自然是出于主体的内在原因而非客体的外在原因，先就形成于心，只是遇到谐和的音乐才表现出来。所谓触景生情

"声无哀乐论"与符号的任意性——兼论音乐符号与语言符号的差异性

或者"发滞导情"就是这个意思。这就像对喝醇酒的人容易暴露本性的理解一样。酒的味道主要有甘和苦,然而,喝醇酒的人以喜和怒作为它的表现。那种看欢乐或忧戚的感情由于声音才发生,而断定声音有哀乐,就像喜怒的感情源于酒的作用,而认为酒一定有喜怒的道理是一致的。诘难者一再强调,季札通过音乐才辨识了各国的谣曲,仲尼通过师襄的琴声能感受到一种王者风范。如果说"文王之功德与风俗之盛衰,皆可象之于声音;声之轻重,可移于后世,襄涓之巧,又能得之于将来。若然者,三皇五帝,可不绝于今日,何独数事哉?"(p. 20)反之,如果说文王之容可以在规定的乐曲中被再现出来,韶乐、武乐在规定的演奏中展现其内涵,那么谁都可以听懂,又何必要钟子期这样的人呢?显然这都是矛盾的。此类现象,只能说明:"为心哀者,虽谈笑鼓舞;情欢者,虽拊膺咨嗟,犹不能御外形以自匿、诳察者于疑似也。"(p. 19)很显然,心情悲凄的人强作欢颜,与心情快乐的人故作哀愁一样,是掩盖不了的。因为你已经哀乐于前,而不是声音中本来就有哀乐。同样道理,假如钟子期真的像秦客所说的那样,可以"知其所至",可以"触类",也是因为谐和的声音引发了他的"高山流水"志趣,而非伯牙的琴声本来就藏有"高山流水"的胸襟。所谓"知音"除却一定的艺术经验,更重要的还必须具有特殊的感受、感触,因而对音乐美感的认同绝对不是一个知识修养问题,还有艺术的接受——体验方面的因素(详后)。所以我们只能断定所谓"仲尼之识微,季札之善听"是地地道道的主观唯心主义臆测。

然而,在有关音声谐和特性的把握方面,嵇康虽不认为音声本身有哀或乐的区别,却强调音声自有其存在方式以及表现形式。在此,他首先以"秦客"从反面进行诘问:"今平和之人,听筝笛琵琶,则形躁而志越。闻琴瑟之音,则听静而心闲。同一器之中,曲用每殊,则情随之变:奏秦声则叹羡而慷慨,理齐楚则情一而思专,肆姣弄则欢放而欲惬;心为声变,若此其众。苟躁静由声,则何为限其哀乐。"(p. 39)也就是说一个心平气和的人,为何对不同音声有不同的情感反应?接着又辩驳道:不同的乐器固然有不同的音声,不同的音声也固然引起不同反应,但这些音声只限于相对稳定的几种声音的调性,而这些调性引发的也只限于相对稳定的情绪倾向，而非美学意义上的情感。① 即是说，音声类型一般"以单、复、高、埤、善、恶为体，而人情以躁、静、专、散为应……此为声音之体，尽于舒疾；情之应声，亦止于躁静耳。"(p.39) 言下之意是，音声本来就有自己的特性，所谓单、复、高、埤、善、恶（善即谐和，恶即不谐和）等调性、调式以及节奏、韵律和紧张度所体现出来的形式感，就是这种特性的具体表现。这是"自然之和"的体现。然而，音声的"和"并不排斥自身的存在方式以及运动变化。这些形式和变化方式肯定会对人产生躁、静、专、散等情绪反应。即使如此，它也左右不了人的内心具体情感的性质与成分。所谓"夫曲用每殊，而情之处变，犹滋味异美，而口辄识之也。五味万殊，而大同于美，曲变虽众，亦大同于和，美有甘，和有乐，然随曲之情，尽于和域，应美之口，绝于甘境，安得哀乐于其间哉？"(p.40) 在嵇康看来，曲调的多样正相似于美食之多样，人之欣赏趣味之不同也正相似于人对美食口味之差别。但无论怎样，人的口味总是趋于甘美，而趣味趋于谐和。因而曲调之好坏总关乎谐和与否，仍然与情感无关。据此，嵇康进而认为，声音只能使人感到躁和静，具体的情感应该在声音之先，触情而受到激发而已。所以，根本原因不在音乐本身，而在接受音乐之先的人的情感态度。故依然认为，"声音以平和为体，而感物无常；心志以所俟为主，应感而发。然则，声之与心，殊途异轨，不相经纬，焉得染太和于欢戚，辍虚名于哀乐哉？"(p.40) 如果不是这样，那么，"会宾盈堂，酒酣奏琴。或忻然而欢，或惨尔而泣；非进哀于彼，导乐于此也；其音无变于昔，而欢戚并用，斯非'吹万不同'邪？"(p.40) 即使在同一乐曲的演奏中，听众有的欢欣，有的悲切。这种情绪和情感的种种表现恰恰说明心与音声如两股道上的车，殊途异轨，永不相交，何来"太和"与欢戚的粘连，事物的符号就一定对应着固定的情感与意义呢？音乐是无关于哀乐的。

嵇康的"声无哀乐论"带有根本性意义。这种界说在中国音乐发展史上第一次背叛了关于音乐结构的先验理论，并第一次提出如何瓦解先验理论的方法。这个瓦解的理论和方法就是在心声关系的思辨上，摒除"言尽意"的思

---

① 音声或声音并不等于音乐。音乐是以音声为基础，又比音声更具审美内涵的整体艺术形式。《声无哀乐论》第八段已经涉及这个问题。这里暂不展开。

"声无哀乐论"与符号的任意性——兼论音乐符号与语言符号的差异性

路,是取了"言不尽意"的思维方式。从表面上看,"音声无常"即符号的任意性原则是消极的,是远离我们的分析向路的;实际上,从接受和理解的一方来说却是积极的,是"离方而遁圆"思维方式的体现。这就是说,指认"音声无常"并非让我们不再关心符号的意义;恰恰相反,它让我们要以更为积极的态度去理解和赋予符号已有的和将有的意义。不管是音乐符号还是语言符号,都牵涉索绪尔曾经指出的符号的两种功能:一种是编码的功能;一种是产生价值的功能。或者可以说,语言是一个代码系统,是承载世界信息的载体,同时它又是创造意义的资源和手段。嵇康的"音声无常"和一切言不尽意的观点一样,给理解和建构符号意义留下无限想象的空间。按照当代符号学与解释学的观点,符号的意义存在于使用或解释与再解释之中,一如维特根斯特所言,语言在使用中才有了意义。而使用的基本途径是"播撒"(德里达)。因而我们完全有理由说,抽象的意义仅是"存在"的意义,而播撒的意义才是"此在"的意义;抽象的意义是静止的,而播撒的既然是此在的,那么其意义肯定是变动不居的。概而言之,抽象的意义是无意义,而播撒的或解释的意义才是有意义。即使像音乐这类刺激物也不过如此。何况,在音乐的接受过程中,一种意义并不能构成刺激物的全部,同一个刺激物也可能包含着几种不同的情感与意义。"因此,要询问一个音符或一系列音符的内在意义是什么,是无意义的,作为纯粹的物质存在,它们是没有意义的,只有当它们指向、表明或暗示某些自身以外的其它事物的时候,才具有意义。"(迈尔,1991,p.51)可是"意义也不能独自地处在某个刺激物所表明、涉及或暗示的对象、事件和经验之中"(p.51),这实际上是对体验者的身份和体验特征的一个强调。这就是说,承认了刺激物,又承认了主体观察者对音乐情感的发生还是远远不够的,关键还在于对主体观察者的体验水平和体验性质做出界定。笔者认为,这个被称为"自觉观察"(米德)的接受者应该是一个具有一定期待视野的读者、对话者。既然如此,"自觉观察者"就是对某一符号实施交流的对话者、沟通者或参与者。所以体验和对话是手段,而沟通或参与是目的。对话、沟通或参与就是解释某种符号,或者将一种不流通的符号变成流通的符号,或者将主体不可理解的符号变成可被主体理解的符号。因而,所谓对话、沟通或参与实乃局限于一种审美视野中的沟通和参与。然而,困难在于,音乐符号不同于语言符号。音乐符号比较抽象,意义难以确定;而语言符号比较具象,意义容易确定。莫里斯·梅洛－庞蒂一针见血地指出：

> 我们之所以总是觉得语言比音乐更透明，是因为在大部分时间里我们置身于已经构成的语言经验（"经验"一词为笔者所加）中，我们提出可支配的意义，在我们的定义里，我们像词典那样指出意义之间的等同。一个句子的意义对我们来说是完全可理解的，甚至能与句子本身分离，在一个纯概念性世界中得到规定，因为我们假定句子把它归于语言的历史和有助于确定句子的意义的全部条件已经给出。相反，在音乐中，词汇不是预先假定的，意义是和声音的经验呈现联系在一起的，这就是为什么我们觉得音乐是不说话的。（梅洛－庞蒂，2001，p.245）

如此看来，语言符号和音乐符号虽然都远离了生活事件，甚至远离了它们的意义，但语言毕竟还有一个概念在支持它。而音乐符号却不然，它并不包含任何预先设定的概念，唯有靠经验去体验。从某种意义讲，语言的情感与意义靠解释，而音乐的情感与意义靠体验。因而，对音乐符号的意义进行接受式转换，依赖的是艺术的而非语言的经验。当然语言也可能因为没有说出自身之外的一些意义而显得比较模糊，在接受者的头脑中形成未明状态的直觉"意象"。然而，语言的"意象"毕竟是概念的意象；而音乐的意象却是情感意象。在整个音乐艺术的欣赏中，接受者的期待是情感，体验的是情感，或者毋宁说是将自己的某种情感唤起的一种情感模式。因此也就不能说越是抽象的意义越能调动主体因而就可以不负有责任地胡说一气，相反，它应该是一种负责任的参与者。于此，音乐，与作为形成于语言成果的文学作品召唤读者的方式迥然有别：它必须在特定的声响刺激中唤起某种情感与意义。这一点正如伦纳德·迈尔所言，声音（音乐）意义的获取，是要在一定的意义类型的引导下，找到与已相关的经验意义。（迈尔，1991，p.51）在此，我愿举一个读者熟悉的例子——《琵琶行》的一个接受过程予以证明。

《琵琶行》是我国唐代著名现实主义诗人白居易的一部代表作。作者以饱满的激情描述了一个因天宝之乱流落江州的琵琶女的不幸遭遇以及恰遇"知音"的音乐故事。而所谓的故事，主要表现在琵琶女的叙述和作者的联想之中，也表现在将音乐节律这种抽象形式赋予形象化的语言描写之中。但不管怎样，作者情感的被激发和被强化绝不是琵琶女的演奏技巧一个方面的因素，还

"声无哀乐论"与符号的任意性——兼论音乐符号与语言符号的差异性

有着比之更为重要的因素——听众的对话与参与。其实,在未见到琵琶女之前,在"送别"这一不可多得的"楔子"中,就已经"醉不成欢惨将别"了。然后再听到琵琶女以美妙绝伦的演奏和落差较大的旋律中那不幸身世的叙述,自然会产生深深的同情。然而,即使在如此令人悲痛欲绝的氛围中,也不见得每一位听众都受到感染产生共鸣;真正受到感染,产生共鸣,对琵琶女给予深切同情的只有作者自己。为何?因为白居易在音乐的律动中看到了自己——一个同病相怜的不幸者,他因自己的不幸遭遇类比式地感受了这位更为不幸的被侮辱和被损害者。这就是对话和沟通参与的结果,而对话、沟通和参与便是经验。要说经验,实际上来自两个方面:一个是"同是天涯沦落人"的相似经历,一个是深谙音乐的调性张力、旋律等规律的艺术经验。但是,必须看到只有这两个条件互相作用,尤其是前一个已经演绎成一种诉求,时时有可能被某一音乐事件召唤引发的时候,才是最为重要的条件。白居易的共鸣被激发的重要基础是"如听仙乐耳暂明"的期待心理及与之相关的生活阅历。由于这样,才能"我闻琵琶已叹息,又闻此语重唧唧",继而看出"似诉平生不得志",经过不断强化,终于被悲凄的音乐事件刺激而震撼,由"醉不成欢惨将别"升华为"同是天涯沦落人"的感叹。由此可见,任何一种成功的音乐事件无不包含两个方面的意义:指明意义和具现的意义。《琵琶行》也贯穿了这两种意义的转换过程:作为琵琶女的不幸遭遇和初步展开——"未成曲调先有情",可以叫作指明意义(迈尔,1991,p.52);而"座中泣下谁最多,江州司马青衫湿"及"同是天涯沦落人"的共鸣效果可以叫作具现的意义(p.52),具现的意义可以叫作期待的意义。虽然指明意义在一般情况下带有一定的指向性,从而影响着期待意义的性质和特征,但期待的情感与意义又可以超越、偏离指明意义,从而成为颇具创造色彩的情感与意义。因为指明意义仅仅与文本的某种情感与意义相联系。而期待情感与意义却与接受者短期的或长期的定向性期待在某一时刻的激发与强化相关联。它是在指明意义的催化下生发出的一种意义,这种意义对于"确定意义"的形成至关重要。因此,必须充分认识期待的情感与意义在"确定意义"中的性质和功能,并主动地将之转化。所谓"确定意义"就不是一时的激动而触发的感慨,而是期待的意义在音乐发展的较后阶段所存在的关系(p.56),是经过体验、对话、参与生发出来的意义。"换句话说,只有在人们对该作品的体验长久地留在记忆中之后,以及只有当刺激在特殊体验中所具有的全部意义被认识，它们之间的相互关系也尽可能充分地被理解之时，确定的意义才会产生。"（p.56）《琵琶行》最后的"确定意义"，自然是作者经过充分酝酿、不断强化了的"座中泣下谁最多，江州司马青衫湿"的"具体化"接受效果及其生发出来的审美意义。

综上所述，音乐的情感与意义永远处在刺激物与被刺激对象的相同或相似的心理结构中，处于两者主动性的交流、对话活动之中。两者的互动产生情感与意义。它使符号在解释学的面前显得极富有弹性：符号是超越现实的，它并不是事物的本体，而是事物的概念；符号未必都有固定的含义，因而符号的信息并不等于接受者对其信息的理解与接受。反过来，某一音乐符号提供信息这一现实并不意味着它就是事实本身。符号的意义还在于对它的使用和解释，在于"自觉的观察者"以更大的期待视野接受符号意义的复杂心理。因而音乐的情感与意义作为符号的能指与所指的关系确实是任意的。经过体验，尽管其中包括体验的途径与方法的可行性，又可能具有某种理据性，但是它不具有原始的理据性。

总之，音乐符号的情感与意义的生产是一回事，而使用则是另外一回事，生产是先验的，而解释或再生产却是经验的。抽象的音乐符号的情感与意义就是靠听众的经验不断去再生产出更多的情感类型和意义。这既是嵇康的"声无哀乐论"穿越时间隧道成为现代音乐美学发生学方面的一种代表性学说的主要原因，也是接受美学不断高扬的填补"空缺""未定点"的具体化策略受到欢迎的一个理由，同时又是一切艺术的共同规律——符号自己是有生命的一个佐证。

现代音乐美学和符号学把一切符号都看成是一种生命形式的起始点和归宿。但这种生命形式并不在符号自身，而在于人对符号的体验与理解。"音乐的本质，是虚幻时间的制造和通过可听的形式的运动对其完全的确定。"（p.44）这里，有关时间的概念其实有两个：一个是流贯于某一乐曲中的时间长度，即客观的时间；另一个是某一乐曲在欣赏过程中被听众接受的时间即主观的时间或心理时间。但严格地说，这两种时间在听众的耳朵里都可以被接受时的幻想统一起来。因而在接受者那里，既没有纯粹的客观时间，也没有纯粹的主观或心理时间。倘若从任意一个乐曲都应被实验检验这一角度审视，主观的心理的时间恰恰是被用来确认客观时间乃至整个乐曲审美素质的一个标准。

"声无哀乐论"与符号的任意性——兼论音乐符号与语言符号的差异性

越是优秀的乐曲，它的主观或心理时间就越长。"此时无声胜有声"的心理时间长度大于客观表演时间就证明了这一点。故而音乐的情感与意义应以其是否掌握了听众为旨归。所谓掌握听众其实可以反过来说是听众理解了音乐的情感与意义，是听众以自己的生命感悟了音乐，解释了音乐。所以，尽管从表面上来看，音乐以特有的抽象形式确认了音乐中与之相关的律动（模拟或象征），使其更加个性化，也更加具体化，例如我们北方老百姓比较熟悉的太平鼓，据某些专家介绍，它一开始是作为敌情的警报自行制造出来的，但在后来的实践活动中，实用功能逐渐退去，审美功能逐渐突出的情况下，人们用以表现结构的徘徊、上升、下降等纯形式因素，极其巧妙地与人的生命及命运的具体运动形式协调起来，成为人的生命运动乃至人的命运变化的一种表现形式，从而成为对音乐的情感与意义的一种最精确的表征。

正因为如此，美国的符号学美学家苏珊·朗格最终将音乐这种最代表人类情感的艺术活动界定为一种生命符号的体现。而对于音乐的社会效果同样认为，"音乐的作用不是情感刺激，而是情感表现；不是主宰着作曲家情感的征兆性表现，而是他所理解的感觉形式的符号性表现。它表现着作曲家的情感想象而不是他自身的情感状态，表现着他对于所谓'内在生命'的理解，这些可能超越他个人的范围，因为音乐对于他来说是一种符号形式，通过音乐，他可以了解表现人类的情感概念"（朗格，1986，p.38）。这就说明，音乐的情感是情感符号，而听众经过体验和理解的情感与意义才是情感符号的实际所指。

而音乐符号又不是严格意义上的符号。即使包括能指与所指这一对因素，也毕竟不同于语言符号，因而在表达情感的方式上与语言符号迥然不同。语言符号有表示概念或指向客观对象的功能，尽管具有一定的抽象性，但通过联想，基本含义总可以被把握；而音乐符号却不然，它比之语言符号更加抽象。各种声音集合在一起，并没有一种约定俗成的意义，因而不能称之为"语言"。"只有在作为描绘形式的意义上，它才被看成是一种语言"，"由于它的任何组成因素不表示什么意思，所以它缺乏一种语言的基本特征——固定的组合，进而缺乏单一明确的关系"，"所以，虽然我们承认它是一种有意味的形式，通过它可听的动态形式，可以领悟生命和感觉的过程，但它仍不是一种语言，因为它没有词汇"。（p.41）正因为音乐的符号与符号之间缺乏常规的联系，我们也只能大致地而不是准确地称它为语言，只有它体现了一种生命律动形式时，我们才把这种"不完全的符号"称为艺术符号。以上的分析毫无疑问地表明了下列观点：音乐符号的任何组合变化都可能是一种情感形式的表现，然而又不是情感自身的直接呈现，有且只有它被认为是一种生命运动形式的时候，我们才间接地认识到它的情感与意义。因而它的符号体系所包含的意义永远是随机的、任意的。索绪尔关于符号的任意性原则具有广泛的适用性。

参考文献

[1] 冯友兰（1992）. 中国哲学史新编：第四册. 北京：人民出版社.

[2] 嵇康（1964）. 声无哀乐论（吉联抗，译注）. 北京：人民音乐出版社.

[3] 德·索绪尔，费尔迪南（1980）. 普通语言学教程（高名凯，译）. 北京：商务印书馆.

[4] 迈尔，伦纳德（1991）. 音乐的情感与意义（何乾三，译）. 北京：北京大学出版社.

[5] 梅洛-庞蒂，莫里斯（2001）. 知觉现象学（姜志辉，译）. 北京：商务印书馆.

[6] 朗格，苏珊（1986）. 情感与形式（刘大基、傅志强，译）. 北京：中国社会科学出版社.

（本文原载《陕西师范大学继续教育·学报》2006年第4期）

2012

唯识学中的名言与真实

续戒法师

内容提要：唯识学和符号学都认为语言、符号与人的认知行为密切相关，甚至生成了人之意义世界，但二者在立场上则有根本差异，唯识学对语言、符号的思考围绕着宗教实践而展开。唯识学认为正是语言在认识中的渗透造成了人在认识中的意义"偏离"，所谓的"执着"在本质上即是对语言、符号的执取，而凡与圣的区别即在于能否远离此执取，从而达成转"识"成"智"的认知模式的转变。

关键词：唯识学；名言；真实

唯识学说（Vijñāna-vāda）是印度大乘佛教瑜伽行派的基本理论，贯穿于瑜伽行派的修行证果体系。瑜伽行派（Yogācāra）是印度大乘佛教的两大学派之一（另一为中观学派），因其精深、细密的禅定修行（"瑜伽行"）而得名。在阐述和教授修行证道体系的过程中，瑜伽行派建立了细致严谨的系统学说——唯识学。唯识学通过严谨的概念分析展开精密的理论思辨，最终目的则是更加精确地引导宗教实践。因此，唯识学一方面极其重视语言的使用，对作为工具的语言符号有深刻的理解和界定；另一方面，唯识学对语言符号的探究仍不离佛教实践的最终目的，即对"真实"的体认。

在对"真实"进行探究与实践的过程中，唯识学对语言、符号的本质及其与世界、真实的关系有着独特的理解。本文即由此入手，大致介绍唯识学中对语言、符号的一些思考，并联系西方现代语言学、符号学中的相关问题，以期引发对其中一些相近与相异问题的进一步探讨。

一、名言与语言符号

"名言"是唯识学说用以描述语言与符号问题的基本概念，也是核心概念之一。"名言"最基本的意义是指具有表达意义功能的语言符号，具体而言有三种类型：名、句、文。

"名"（nāman），即名称，是最基本的表义单位，可以描述具体的事物，也可以表达抽象的概念。"句"（pada），是由"名"连接而成的句子或篇章，能够依于不同语词、概念表达不同的命题。"文"（vākya）在梵文中指字母，是最基本的语音单位，"文"构成"名"，从而构成"句"。[1] 其中，"名"是这三者的中心："文"自身本没有表义的功能，只有组成"名"才参与表义活动；"句"的表义行为则完全依赖"名"而展开，离开"名"就没有"句"的存在。"名言"一词本就有"依名而言"的意味，因此"名"（也就是语词、概念）是最基本的语言符号，一切与语言有关的活动（如言说、思维）都依赖"名"而进行。"名"也就成为唯识学中对语言、符号的思考之关键。

唯识学认为"名"是在认识中被构建的，并对"名"的产生和作用进行了细致的描述。唯识学有"八识"之说，即将认识分为八种（眼识、耳识、鼻识、舌识、身识、意识、末那识和阿赖耶识）。八种认识都具有了知对象的能力，不同的"识"有不同的认知方式，眼识对所看到的对象（"色"）进行了知，耳、鼻等识则对声音、气味等进行了知。八识是对认识行为整体功能的划分，实际上每一个"识"的活动都依赖诸多具体认识功能的参与，这些具体的认识功能被称作"心所法"。如"眼见色"（"眼识"的功能发生）是一个整体的认识行为，它包括一系列具体认识功能的参与，如需要将认识的注意力向目标集中（"作意"）、与目标接触（"触"）等，亦即需要其他具体的心所法的配合。其中，"想"是直接产生语言的一种心所法，称为"想心所"。想心所的功能是认取"认识"所呈现的相状[2]，所谓相状也就是在认识中呈现的影像、形式。

---

[1] 参见《成唯识论》卷2："然依语声分位差别而假建立名、句、文身。'名'诠自性，'句'诠差别。'文'即是'字'。为二所依。"《大正藏》第31册，第6b5-7页。

[2] 参见《成唯识论》卷3："想谓于境取像为性，施设种种名言为业。"《大正藏》第31册，第11c22-c23页。

唯识学中的名言与真实

一般认为,"认识"是由认识主体对一个实在的认识对象进行了知。与此不同的是,唯识学并不关心在"认识"之外是否有一个所谓的"实在世界",而所谓的"认识对象"也正是在"认识"中的呈现。因此,一切事物与现象(佛教中称作"法",dharma)都是"认识"所呈现的,外在于"认识"的世界根本无从谈论。而每一个认识生起的时候,都会有相应的相状在认识之中呈现,想心所便在此时认取它们,这样认识才随之产生"意义"。由想心所认取的相状,为语言的展开提供了原始材料,是语言符号意义的依托。

比如,当问一个人看到了什么,他这样描述:"我看到一朵红色的花。"如果仔细分析这句话,就会发现眼识其实是看不到"红色的花"的,无论是"红色"还是"花",都是概念,作为符号用以指称被看到之物,眼识自身并不能认知概念。眼识看到的只是经由眼睛所看到的各种影像,与此同时,眼识相应的想心所对这些影像进行"认取",再由意识(第六识)的作用而与相应的概念、名称("名")发生关联,意识(第六识)由此产生"是红色而不是其他颜色、是花而不是其他事物"的认知,做出"红色的花"的认知性表述。

不光眼识,人的诸种认识都可以通过各自相应的想心所认取相状,为语言符号的产生提供材料,但只有第六意识才是构建语言符号的主导。第六意识能够综合各个识的认知结果,呈现新的相状,再通过想心所将此相状与语言符号关联——或是构造新的符号,或是找到相对应的符号(八识各有自己相应的想心所,这些想心所都具有认取相状的功能,但只有第六识的想心所能够将所认取的相状对应于语言符号)。如眼识看到红色的花,鼻识闻到相应的香味,当别人告知这是玫瑰花的时候,意识综合眼识和鼻识的认知结果,将此香味和玫瑰对应,产生"玫瑰的香味"这样一个符号。接收语言符号时,也是经由意识将符号携带的意义呈现出来,当听到"红玫瑰"的描述时,第六识会将"红""玫瑰"的概念通过记忆与此前的经验认识相联系,在意识中呈现出关于"红玫瑰"的形状、色彩等影像以及味觉的形式等,从而展开"红玫瑰"对于符号接收者的具体意义。正是基于对"红""花""玫瑰"等基本概念("名")的构建和使用,与语言相关的认识活动才得以实现。

通过上述对语言符号构建和使用的描述可以知道,一个完整的语言符号需要携带意义,并且能够通过有区别的名称表述出来。唯识学认为这些能表述意义的名称是通过有差别的声音建立的。① 也就是说，构成语言符号有两个基本条件：一是有区别的声音载体（"音声差别"）；二是可被声音载体表达的意义（"能诠义"）。这与索绪尔在《普通语言学教程》中对语言符号的界定颇为相似。索绪尔认为：语言符号是"能指"（signifiant）和"所指"（signifie）的组合，能指是指"音响形象"，所指是指"概念"，能指和所指内在于语言符号结构之中，共同组成了一个完整的语言符号。因此，"语言符号连接的不是事物和名称，而是概念和音响形象"。（索绪尔，1980，p. 101）不论是唯识学，还是索绪尔的语言学，都将声音和意义作为语言符号之构成的关键词，语言符号是声音对意义的表达。

后期护法一系的有相唯识学将名言分为两种：一种即是前面所说的一般意义上的名言——通过声音载体表达不同意义的语言符号，被称作"表义名言"；另一种即是能展开认知行为的诸种认识及其相应心所法，由于认识能够呈现相应的境界，被称为"显境名言"。② 按照唐代唯识家的理解，真正意义上作为语言符号的名言只有表义名言，显境名言之所以亦称为"名言"，是由于认识呈现相状类似于表义名言对意义的诠表，依譬喻而作这样的安立。③ 对于这两种"名言"，近代著名的佛学大师印顺法师认为："一、在心识上能觉种种的能解行相（表象及概念等），叫'显境名言'；二、在觉了之后，以种种言语把它说出来，叫'表义名言'。显境、表义二种名言，发生相互密切的关系，因言语传达而引生思想，因思想而吐为语言。"（印顺法师，莆田广化寺印行，p. 149）在他看来，显境名言携带有意义，表义名言则通过语言符号对显境名言所具有的意义进行言说。

在符号学中，语言符号只是符号的一种，另有许多非语言符号，而意义是所有符号的生命，因此有学者认为："符号就是意义，无符号即无意义，符号学即意义学。"（赵毅衡，2011，p. 3）从这个角度看，表义名言是语言符号，显境名言之所以能够以譬喻的方式安立为"名言"，即在于它是可以被视为携

---

① 参见《成唯识论》卷8："表义名言，谓能诠义音声差别。"《大正藏》第31册，第43b4页。
② 参见《成唯识论》卷8："名言习气，谓有为法各别亲种。名言有二：一、表义名言，即能诠义音声差别；二、显境名言，即能了境心、心所法。随二名言所熏成种，作有为法各别因缘。"《大正藏》第31册，第43b3—6页。
③ 参见《成唯识论述记》卷8："此见分等实非名言，如言说名显所诠法，此心、心所能显所了境，如彼故名之为'名'，体非'名'也。"《大正藏》第43册，第517a8—14页。

带意义的非语言符号。作为认识的显境名言所提供的意义,是作为语言符号的表义名言言说的基础。显境名言与表义名言划分体现了后期唯识家对语言与认识关系的思考。

二、语言与认识

语言和认识的关系,是贯穿唯识学理论的重要命题,对这一问题的思考也成为唯识学的理论特色。即便早期唯识典籍没有明确划分两类名言("显境名言"与"表义名言"),但也对语言和认识的关系有深刻的理解[①],其中尤为值得注意的是对语言与认识相互渗透、相互影响的表述。认识一旦生起,与"八识"相应的想心所会认取事物的种种相状,并将相状与语言符号建立关系;在认识延续的过程中,想心所不断地在语言符号和认识的相状之间建立联系,语言也就不断地渗透进认识当中并影响着认识。在认识的整体性呈现当中包含着语言的渗透、影响与塑造("意言与习光,名、义互光起")。[②]

早期唯识学强调认识行为的整体性,侧重于描述语言与整体认识的相互渗透,并未对"八识"的性质做细致考量。随着陈那对因明学进行改造[③],并将因明学与唯识学相结合而开创"量论",唯识学对认识性质的思考有了相应的拓展。"量"即量度,实际上就是指的"认识";"量论"立足于对认识性质的精密分析。量论的思想被陈那之后的护法一系唯识家吸收,成为后期有相唯识学阐述"八识"学说的重要理论依据。

在"量论"中,陈那将所有认识从性质上分为两类,即现量和比量。现量和比量有点类似于通常所说的感性认识和理性认识,但与此二者又有所不同。对现量和比量在性质上的区别,陈那做出了明确界定,即是否有"分别"。所谓"分别",指通过各种语言符号的结合而展开的认识行为("名种等结合之分别"),也就是依语言符号所诠表的概念而展开的思维活动。据此分判,没有语言符号的参与,并且不发生错乱的认识活动是现量;有语言参与的认识活动即

---

① 唯识学早期和晚期在理论上有阐述意趣的差异,后人则将之区分为古学和今学(无相唯识学与有相唯识学)。唯识古、今学在语言与世界关系的问题上的差异,可参见傅新毅《玄奘评传》,南京大学出版社,2006年,第261、263页。
② 参见《大乘庄严经论》卷5,《大正藏》第31册,第613c14—26页。
③ 后人将陈那之前的因明学称作"古因明",将陈那的因明学说称为"新因明"。

为比量（陈那，1982，p.3）比如眼识所见影像本来是无法言说、语言活动不参与的，这是现量；而将影像用"红花"来言说和描述，这就是比量。

陈那之后的因明大家法称对"分别"的定义做了一些修改：除了语言直接参与的认识活动，能够通过语言进行表述的认识活动都可算作"分别"。（吕澂，1991，p.2406）根据这样的定义，一个不会说话的婴儿看到糖，认为是甜的，也是一种"分别"，因此也是比量的思维过程。婴儿虽然没有直接用语言符号参与认识来表达"甜"，但其心识中仍然有相应的关于"甜"的味觉感知。由于他曾经尝过类似物体，得到过甜的体验，当他看到糖时，通过想心所的活动，他会将所看到的影像和记忆中的味觉体验相连。法称认为，这也是一种符号活动，虽然它是"前语言"的。当婴儿长大，具备使用语言的能力之后，看到糖，他会知道这是"甜"的，这时候语言符号就参与了认识。在法称看来，前后两种认知在性质上是一致的，都是比量。与此相异，现量的认知既没有语言直接参与，也无法由语言转述，婴儿舌识尝到的具体的"甜"的体验是无法被语言还原的。法称对于"分别"意义的补充完善意味着对思维与语言之关系的进一步认识，即认为一切思维活动都是依于语言或是与语言具有某种同构性的认识行为。因此在唯识学中，"语言"所蕴含的意义所涉或许更为宽泛，所有通过符号展开释义活动的认知行为都可以被视为语言行为。

在语言与认识相互渗透的过程中，一方面语言依据认识而生成，与此同时，语言一旦产生，必然带来新的意义渗入认识，而反过来对认识产生影响。当认识的洪流瞬间万变地生起、变化、延续的时候，语言也不断地进行自己的释义行为，其对认识的渗透也从未间断。一个人抬头看见天上的月亮，月亮起初只是眼识所见的影像，经由想心所把影像和"月亮"这个符号相连。至此，"月亮"也就不再仅仅是他眼识所见的那个影像了，他可以想起多年前看过的月亮，回忆起童年岁月，也可能只是觉得天色已晚；他可以由"月亮"想到"露从今夜白，月是故乡明"而产生思乡之愁绪，也可以想到"举杯邀明月，对影成三人"而觉得心怀朗然。总之，作为语言符号的"月亮"，不断展开新的释义行为，其所携带的意义随之有各种呈现，可以和"童年"相连，也可以仅仅代表时间早晚，可以和思乡的忧愁相关，也可以指向开怀的情绪。这样一个过程所体现的不仅仅是"月亮"的符号意义的不断扩展和增殖，而且体现了认识与语言之间相互渗透与生成的关系：认识依据语言符号而延续，语言符号的意义也在认识中不断扩展、变化。

唯识学关于认识的理论中还有一个重要概念——"种子"。种子是能使"认识"生起从而呈现相状的潜伏性因性功能。[①] 具体而言，种子是认识行为的潜在功能，当认识没有生起时，这种功能一直潜在于第八识阿赖耶识中；当因缘俱足的时候，认识由此功能得以生起。"种子"得名缘于其与植物种子在功能上的相似：植物生长依赖阳光、雨水等很多条件，但是最重要的是要有种子，种子记录了植物的基因，决定了植物的根本属性。也就是说，认识有怎样的呈现，与其种子记录的信息直接相关。种子引生认识的同时，本身也会受到现行认识的影响，并将这种影响继续潜在地保持下去，在之后再次引生认识时呈现。[②] 从这个角度说，种子是现行认识的运动势力的气分（"习气"），受现行认识的熏习。[③] 好比植物成熟后结成的种子，受到植物生长情形的影响，记录下植物生长的信息，当再次被种植时会在下一代植物生长过程中体现。

正是由于种子使认识延续变化，语言又渗透在认识中，因此，唯识学将种子受现行认识的熏习称作"名言熏习"[④]，一切有为法的种子都称为"名言种子"[⑤]。种子生起现行认识与现行认识对种子的熏习是同时进行的，种、识的辗转生灭，展开了现象世界的画卷。在轮回的长河中，也正是由种、识的相互作用，记录着现象世界的画卷得以在一次次生命中的呈现。语言就渗透在画卷的绵延中，在这个意义上，由认识所呈现的现象世界实际上也是由语言行为所展开的语言世界。

三、语言与真实

在唯识学中，所有通过符号展开的释义活动的认知行为都可以被视为语言行为；释义是语言行为的核心，语言所形成的世界由符号及释义加以呈现。在符号学中，符号释义也是符号意义实现的重要环节。符号的意义有三种类型：

---

① 参见《成唯识论》卷2："此中何法名为种子？谓本识中亲生自果功能差别。"《大正藏》第31册，页8a5-a6。

② 参见《摄大乘论》卷上，《大正藏》第31册，页134b、c。

③ 参见《成唯识论述记》卷2："言'习气'者，是现气分，熏习所成故名'习气'。"《大正藏》第43册，页298c9-10。

④ 参见《摄大乘论》卷上，《大正藏》第31册，页137b、c。

⑤ 参见《成唯识论》卷8："名言习气，谓有为法各别亲种。"《大正藏》第31册，页43b3。

一是符号发送有想要表达的"意图意义";二是所发出的符号信息呈现的"文本意义";三是接收符号时解释符号信息所实现的"解释意义"(赵毅衡,2011,p.50)。这三个意义有时同时在场:符号的"文本意义"为"意图意义"提供了被解释的空间,符号的"解释意义"往往严重偏离"意图意义"。莎士比亚有想要表达的思想,即有所谓"意图意义";莎翁写成《哈姆雷特》,剧本所呈现的是"文本意义";然而,一千个读者就有一千个哈姆雷特,每一个符号接收者都会实现自己的"解释意义"。

实用主义符号学家皮尔斯对由解释产生的意义偏离极为关注,他将索绪尔对符号"能指/所指"的两分结构革新为"再现体"(representatum)、"对象"(object)、"解释项"(interpretant)三分结构,其中"再现体"相当于索绪尔的"能指",而索绪尔所说的"所指"被皮尔斯区分为"对象"和"解释项"。"解释项"是皮尔斯符号学独创的概念,指符号所引发的接收者的思想,也就是接收者对符号的解释。因此,每一个解释项都是一个新的符号,并且这个新的符号又再次被它的解释项生成新的符号,符号行为将无休止地衍生下去。皮尔斯认为,通过符号行为不可能穷尽原初符号的意义,这被称为"无限衍义"理论(赵毅衡,2011,pp.97−106)。

语言作为一种符号,在释义行为中无可避免地会出现意义偏离,对于这一点,可以将之与唯识学对符号与"真实"的看法联系起来进行探究。

佛教的核心教理既是理论,同时也包含着实践,而其宗教理论及实践的根本目的即在于对"真实"的体认。佛教意义上的真实,亦即佛教所认为的世界的本然性质、本然真相,汉译佛经常译为"真如"。"真如"(tathatā),梵文原意为"如此存在的状态"(霍韬晦,1980,p.139),也就是世界本来的样子。"真如"也可译为"法性",意为一切事物、现象的本性。这里所说的"本性"是针对平实的世界本身而言,佛教不认为另有一个不可知层面或神秘力量如"梵"或"上帝"是这个世界的本性。对世界之"真实"的体认,也就是对世界之本性的洞悉。

与此同时,佛教也并不认为有一个所谓的"实在世界"的存在,而认为世界是诸法依因缘的呈现,这种看法就是佛教所说的"缘起"。因缘俱足的时候,事物、现象(即"诸法")必有相应的呈现;因缘发生变化,事物、现象必随之变化;因缘消失,事物、现象也一定消失。由此,世界的一切事物现象无不在变化当中("无常"),没有绝对不变的主体("无我")。事物现象相互之间在存在的意义上是完全平等的,因为它们的呈现既依赖于其他的事物与现象,同时它们自身又决定着其他的事物现象,所谓的世界就是如此相互依存而呈现的。

"缘起"是佛教教义中最重要的枢纽,决定了佛教在认知模式和思维方式上与其他类型的形而上学的差异。佛教不追问诸如"世界的终极实在"等有关"第一因"的问题,对"真实"的体认就是去认知一切事物现象都是如此这般的相依呈现,而事物现象的这种呈现根本无法被语言表述。前文曾提到,语言符号是声音对意义的表达,这就意味着,通过声音表述的每个语言符号都"指向"某个实存的意义:不论"玫瑰""月亮",都指向某个相应的"实存",人在接收符号的同时亦包含了对这种"实存"观念的接受和默认,亦即包含了对玫瑰月亮的"实存性"的接受,并进而将自身的经验附加其上。因此会觉得玫瑰芬芳、月亮惆怅;会有或喜或悲的情感;或去贪着所喜爱的、憎恨所厌恶的。于此,佛教则认为,所谓的"红花""月亮"并非绝对的实存,而是相依的呈现;喜爱与憎恨之类的情感经验源于对语言符号所指向的某种"实存"的执着。从根本而言,佛教的"缘起"说就是对语言符号的这种实体化倾向的消解与剥离。

对此,佛教亦常用梦幻作为譬喻。梦中所有的影像并非真实,但梦中人却将梦中所见当成真实,人从梦中醒来,容易知道所梦的不过是意识活动的虚拟。然而,人所生活的所谓"现实世界"其实是由人的错误认知所上演、所呈现的一场更深层的梦,对于这个梦,人却难以"醒"过来。还是举"月亮"为例。人眼所见的"月亮"本来只是眼所见的影像,但是人通过语言逐渐对其展开各种释义,并将各种情绪经验累加其上,使所见影像的"意义"不断扩展和增殖,到最后,"月亮"就成为一个囊括多种含义、"滋味难言"的符号。人难以看见一个不带任何含义和"滋味"的月亮了。

在没有体认到世界的"真实"之前,人就如同在梦中沉沦,会觉得一切都真实不虚,而当对世界的"真实"有了体认,正如同从梦中醒来,觉得一切都是如幻的相依呈现。[①] 而醒觉(即"悟")与梦境的分野正在于对语言以及由语言构成的整个思维活动是否有实在性执着。

---

① 参见《成唯识论》卷7,《大正藏》第31册,页39c3—c8。

因此，对于符号学所描述的符号意义的"偏离"，唯识学则认为，之所以语言释义行为必然带来意义的偏离，根本原因在于并不存在语言符号所默认的实在性意义。因此，通过语言符号对实在性意义进行表述，其本质不异于将虚幻的认识导向种种方向，从而建构一个更加虚幻的语言世界。也就是说，通过语言符号所进行的表述行为从一开始就注定了"偏离"。

唯识学对语言的思考包含了形式相关的内容，即包含了对语言符号的构成要素和相关性质等各个层面的探究，但是，佛教对语言的思考并非着重于形式方面，从一开始，这一思考就与对世界之"真实"的思考相关联，所指向的乃是对"真实"之义的考量。就此而言，对语言符号的本质的思考，乃是瑜伽行派宗教实践的理论基点。

四、识与智

对"缘起"与"真如"的关系，唯识学有着独特的阐发。依其他因缘而生起的事物现象（"缘生法"），被称作"依他起自性"，亦即种子生起现行认识从而呈现现象世界；"真如"又被称作"圆成实自性"，即圆满成就的真实境界；除此之外还有"遍计所执自性"，即依于语言进行计量推度。此即唯识学中的"三自性"说。"三自性"清晰简明地将认识分为三种状态：认识生起即"依他起自性"，不论正确或是错误的认识，都必依各种因缘而生起；在生起认识时，依于语言而展开思维活动（"周遍计度"），从而产生错误（"染污"）的执着，即"遍计所执自性"；不再依于对语言的实在性执着而体认到"真实"，即"圆成实自性"。[①]"依他起自性"是"三自性"的中心，以认识的生起为基础，才能有错误和真实的区别。由此，唯识学的宗教实践就是从错误认知向体认真实的认知模式的转化，并且这种转化是依于对错误认知模式的觉知而进行。

对于常人而言，依于"相"—"名"—"分别"进行认知。"分别"[②]就是认识本身，"名"即语言，"相"是在产生"分别"时认识所显现的相状，也是"名"所依托的意义基础。由于常人无法摆脱通过符号进行释义的认知模式，"名"便成为认知行为的关键。依眼识之影像（"相"），而联系"月亮"之

[①] 有关"三自性"理论，参见《解深密经》卷2之"一切法相品"，《大正藏》第16册，页693；《摄大乘论》卷中之"所知相分第三"，《大正藏》第31册，页137—138。

[②] 此处"分别"不同于前文引述陈那"量论"中的"分别"。

"名",再由"月亮"的符号意义决定整个认识的走向——依"名"所取之"相"替代了依"识"所现之"相"使认识活动延续。

即便有一些非语言符号可以进行表义行为,如肢体动作、表情等,依旧无法完全摆脱语言。首先,发出这些符号之前必有依于语言而进行的思维活动;然后,将思维活动形成的"意义"以非语言的符号形式表现出来;最后,符号接收方依然要通过语言进行解码。因此,无论何种人类的符号释义活动,都必然留有语言的痕迹。在这样的认知模式下,由于必须通过语言来完成释义行为,就决定了常人的认知一定偏离真实。

唯识学的核心任务就是通过厘清并转换人的认知模式,使人对"真实"有亲身的、离开语言层面的观照体验。这也就是依于"正智"了知"真如"的认知模式[1],即通过超越的、不掺入任何语言思维活动的直观智慧完成对真实的体认。好比对一个天生的盲人描述"红",经由语言可以不断丰富、累积对"红"的形容,对于见过"红"这种颜色的人而言,这些描述也许能引起一定的认同,但对于盲人来说,再多的描述也无法唤起倘若他能亲眼看见"红色"所带来的感受与认知。对"红"的所有语言描述与看见具体的红色完全在不同的层面。

并且,"正智"对"真如"的体认是对全部世界真相的整体的终极了知,并非仅就某一部分的认识,这就与看见红色等的前五识现量认识有所区别。譬如众多盲人摸一头象,每一个盲人都在不同的部位接触象,他们所接触的是真实的象,触摸对应的身识也是现量认识,但由于他们无法全面地了解象,这种局部的现量认识无法产生对真实大象的全面认知。盲人们会在产生局部所知之后,再次陷入语言的迷雾,摸到大象耳朵的盲人会觉得大象像簸箕,摸到腿的会觉得大象像柱子,摸到象牙的则觉得大象像杵。[2] 因此,只有全面彻底地直观真实,才能彻底摒弃依于语言的认知模式。

为实现这种认知模式的转化,佛教实践则通过止观(samatha-vipasyana)的修行方式达成对语言、符号的剥离。止观,就是在一种安止寂静的状态中对自身及世界进行深密的观察。如在寂静的身心状态下长期集中地观察色身,认

---

[1] "相""名""分别""正智""真如",又被称作"五事",相关描述参见《瑜伽师地论》卷72,《大正藏》第30册,页696。

[2] 参见《长阿含经》卷19,《大正藏》第1册,页128c11—129a4。

识到并不存在真实的"色身",所谓"色身"不过是对地、水、火、风四种元素某种聚集状态的称谓;再往后,会发现其实也并没有地、水、火、风四种元素,它们仍然只是对某些状态的称谓;这样层层地剥离原来习以为常的概念,最终完全离开语言、符号,亲证真实的境界。

瑜伽行派以"瑜伽行"得名,有完整的观修体系,"四寻思"即是瑜伽行派独有的修行方式。"四寻思"即"名寻思""事寻思""自性假立寻思""差别假立寻思"。[①]"名寻思"观察语言只是对事物、现象的一种描述,语言所表述的意义通过想心所附着于事物、现象之上,语言并非独立存在。"事寻思"观察语言建立所依的对象本身,通过这种观察体会语言相应的对象并非像语言所表述的那样,其自身的状态无法被语言表述。"自性假立寻思"观察语言所表述的意义("假说自性")是对于认识所呈现相状的一种描摹,无法陈述真实,在认识中却被当作真实,也就是前文所说的"名"所取"相"替代了"识"所取"相"。"差别假立寻思"则从不同角度去观察语言符号和其所指代的对象,清晰了知两者关系。

比如,看到月亮而思绪万千时,可以通过"四寻思"进行观察。当观察作为语言符号的"月亮"时,发现思乡、愁绪等所有思绪在本质上都附着作为语言符号的"月亮"而生(即"名寻思")。眼睛所看到的不过是颜色、形状的聚合,并没有"月亮"这个符号所携带的丰富意义(即"事寻思")。但是经由"月亮"这个符号,诸多意义才得以呈现(即"自性假立寻思")。那么,"月亮"究竟是有还是没有呢?语言符号所依的眼识所呈现的相状是有的,而语言符号所建立的意义是没有的。"月亮"是可以被见到呢,还是无法被见到呢?眼识中所呈现的影像自然是通过眼识所看到的,但语言符号的意义无法被看到(即"差别假立寻思")。瑜伽行派认为,常人通过"四寻思"的观察、引导,可以引生对于真实的殊胜见解,最终可以在一种离开语言的现量认知中亲证真实。

五、结语

尽管体认真实最终需要扬弃语言、符号,但并不意味着佛教尤其是唯识学

[①] 有关"四寻思",参见《瑜伽师地论》卷36,《大正藏》第30册,页490b、c;《大乘阿毗达磨杂集论》卷11,《大正藏》第31册,页745b、c。

对语言、符号持绝对的否定态度。

一方面，作为常人，符号释义是认知世界的唯一方式，是人全部认识活动的基础。即便佛教实践的目标包括对语言、符号层面的认知模式的最终超越，但这绝非能够一蹴而就。前面提到的佛教实践欲通过止观修行达成对"色身"概念之剥离，仍旧是依于语言这个工具而逐步进行的，"四寻思"也是通过语言的导引进行观察而引生相应的见解。在到达对"真实"的全面体认之前，语言、符号是人唯一的工具。因此，在阐述对"真实"境界看法的时候，唯识学认为正确的语言表述和思维方法从世俗的角度而言也是真实的。①

印度佛教诸学派对语言都有充分的重视，有些学派将阐述语言运用规则的声明学纳入教学体系。再严谨的修持体系也必须通过符号工具予以指导，对语言工具的精确使用对引导修行而言至关重要。说一切有部、瑜伽行派分别是小乘和大乘佛教中以禅修实践见长的学派，二者的阐述法义的论藏也最为丰富，极为重视运用语言的精确性。

在所有的佛教学派或宗派中，中国佛教的禅宗扬弃语言的态度看起来仿佛是最激烈的，但事实上，不论棒喝还是对机锋，不论多么希望语言不在场，只要有符号传递意义，语言就一定在场。禅宗常以"指月"为喻，语言、符号如同手指，指向月亮，是工具；见到了月亮也才能不依赖手指。从必须借助手指的指向才能见到月亮，到见到月亮则不再需要手指，这和唯识学所说的认知模式的转化其实是一个意味。

另一方面，即便体认到"真实"的圣者，也并非就不再使用语言。唯识学所说的认知模式的转换，并非在世界之外再有所建立，世界还是原先的世界，语言、符号也仍旧可以描述世界，只是对于体认了"真实"的圣者而言，不会再依"名"取"相"而有所执着。同样还在使用语言、符号，只是在"迷"与"悟"的不同境界中而已。对此，可借用禅宗的一个公案来进行注解：常人"见山是山，见水是水"，执迷不悟；修行途中"见山不是山，见水不是水"，对治执着，扬弃语言；见道之后，"见山只是山，见水只是水"，山水依旧，只不见了执着。②

---

① 参见《瑜伽师地论》第36卷，《大正藏》第30册，页486b。
② 《续传灯录》第22卷，大正藏第51册，页614b29—c5。

参考文献

[1] 解深密经（玄奘法师，译）. 大正藏第 16 册.

[2] 瑜伽师地论（玄奘法师，译）. 大正藏第 30 册.

[3] 大乘庄严经论（天竺三藏波罗颇蜜多罗，译）. 大正藏第 31 册.

[4] 摄大乘论（玄奘法师，译）. 大正藏第 31 册.

[5] 佛地经论（玄奘法师，译）. 大正藏第 26 册.

[6] 大乘阿毗达磨杂集论，[唐] 玄奘法师译，大正藏第 31 册.

[7] 成唯识论（玄奘法师，译）. 大正藏第 31 册.

[8] 窥基法师. 成唯识论述记. 大正藏第 43 册.

[9] 窥基法师，慧沼法师，智周法师. 会本成唯识论述记三种疏. 佛陀教育基金会印赠.

[10] 续传灯录. 大正藏第 51 卷.

[11] 霍韬晦（1980）. 安慧《三十唯识释》原典注译. 香港：香港中文大学出版社.

[12] 陈那（1982）. 集量论略解（法尊法师译）. 北京：中国社会科学出版社.

[13] 印顺法师. 摄大乘论讲记. 莆田广化寺印行.

[14] 吕澂（1991）. 论《庄严经论》与唯识古学//吕澂佛学论著集：卷一. 济南：齐鲁出版社.

[15] 吕澂（1991）. 印度佛学源流略讲//吕澂佛学论著集：卷四. 济南：齐鲁出版社.

[16] 吕澂（1991）. 佛家逻辑//吕澂佛学论著集：卷四. 济南：齐鲁出版社.

[17] 傅新毅（2006）. 玄奘评传. 南京：南京大学出版社.

[18] 德·索绪尔，费尔迪南（1980）. 普通语言学教程（高名凯，译）. 北京：商务印书馆.

[19] 李幼蒸（2007）. 理论符号学导论：第三版. 北京：中国人民大学出版社.

[20] 赵毅衡（2004）. 符号学文学论文集. 天津：百花文艺出版社.

[21] 赵毅衡（2011）. 符号学原理与推演. 南京：南京大学出版社.

（本文原载《符号与传媒》2012 年第 2 期）

2015

论汉字符号的肉身性理据

孟 华

提　要：本文重点分析了汉字符号的四种肉身理据：1）与人际相关的"亲缘性"交流理据；2）与现实有关的"决疑性"指涉理据；3）与符号使用者有关的"意象性"表达理据；4）与集体模仿有关的"模件化"结构理据。这些肉身化理据体现了一种类符号现象：在身与心、实体与形式之间相互过渡、亦此亦彼的中间状态。这也是中国文化符号重要的编码精神。

关键词：肉身性理据；类符号；汉字符号

拉丁字母是一套约定性符号系统，强调符号的任意性和线条性形式化特征，一个字母单位的标记价值不来自自身，而来自与其他字母的结构差异和音位系统的分配关系。这种形式化的字母符号思维的一个重要特点就是祛身性：符号仅仅是一个抽象理念或区别性特征，它成为身体不在场的纯粹之思或纯粹之物的约定性替代品。

与之相反，汉字是高度"肉身化"的符号系统，这种文字符号的意义高度依赖符号系统的前理解意义结构[①]，即人的身体本位动机——本文称之为符号的肉身理据。这些肉身理据主要包括：1）与人际相关的"亲缘性"交流理据，主要表现为以身缘（以两性关系为中心）→血缘→亲缘→地缘→人缘……为内容的由近及远、推己及人、推己及物的交流关系之意义网络；2）与现实有关

[①]　前理解是哲学解释学的重要概念，为理解之必要前提和条件，就是相对于某种理解以前的理解，或者是在具体的理解开始之前已有的某种观点、看法或信息。

的"决疑性"指涉理据，符号在指涉现实时总是受与身体意向有关的趋利避害的决疑性运思影响；3）与符号使用者有关的"意象性"表达理据，主要体现为与身体经验有关的意象性表达；4）与集体无意识有关的"模件化"结构理据，符号的结构规则受制于"借助已知表达未知"的经验性思维，倾向于一种模件化的半仿制行为。这四种理据构成了汉字符号的编码精神，下面我们以古汉字为例对此展开讨论。

一、古代汉字的形体结构中隐含着以身体为中心来建构我与他人、我与自然关系的交流理据

交流理据指通过汉字形体的分析，还原汉字的前理解意义结构中所包含的某种人际关系理念或符号动机。

古代汉字符号的初始形式往往体现了以身体、亲缘关系为中心的生成方式。故许慎《说文解字·叙》中引用《易传·系辞下》的话说，汉字的象形手法是"近取诸身，远取诸物"，即以身体隐喻为中心来生成汉字、描述万物。文字学中将数量不多，却是构成汉字系统基础的象形字叫作"字根"，如"人"这个带有身体意象的字根成为很多字的构成基础："休""仁""从""信""位"等。甲骨文的两个基本字根"𠆢"和"𠂉"的衍生轨迹中表现出的亲缘性色彩尤为鲜明：

大（𠆢）→交（交），便是将"𠆢"分开的线条变为交错的线条来衍生出"交"字。大（𠆢）→夭（夭），《说文》："夭，屈也。从大，象形。"就是对字根"𠆢"的变形。在"𠆢"的基础上通过变形、添加等手段而衍生的象形字还有（文）、企（立）、天（天）、亦（亦）、夫（夫）、舞（舞）……人（𠂉）→女（女），是一个下蹲的人形，是对𠂉的变形，同时又加上表胸部的部件。而"母"（母）则是（女）的增笔（加两点）。"姜"（姜）也是在"女"的基础上增加羊头的形象。通过对"人"的变形和增笔的方式产生的象形字很多，如身（身）、兄（兄）、鬼（鬼）、儿（儿）等。至于在根字的基础上通过会意、形声等手段构成的汉字，则数量更为庞大。

古汉字中这种身体本位的衍生方式，植根于一种交流理据或规则：身体以外的他者，无论是人还是物，都被身体本位精神观照，都是根据人的身体经验去感受和建构他者，推己及人、推己及物；以自我身体的感受性、有用性为中

心来建立我与他者的关系,来建构社会秩序以及世界图景。比如在许慎《说文》的鱼部中,所收录的多数为表淡水鱼的汉字,而更为丰富的海洋鱼类所造的汉字较少,这反映了我们的先民以自己的肉身性感受为中心来建立汉字的知识谱系,这种肉身性感受就是:中原地区的生存经验(如农耕社会较少接触海洋鱼类)成为整个汉民族的生存经验的前理解和肉身理据,尽管汉民族包括了非农耕族群的生存经验,但那种体验被汉字"中原中心主义"推己及人的交流理据遮蔽了。

这种肉身性交流理据也包括推己及物:以人的身体为中心去感受、体验万物。姜亮夫称此为汉字的"人本"性:

> 整个汉字的精神,是从人(更确切一点说,是人的身体全部)出发的,一切物质的存在,是从人的眼所见、耳所闻、手所触、鼻所嗅、舌所尝出发的(而尤以"见"为重要)。……表高为上视,表低以下视,画一个物也以与人所感受的大小轻重为判,牛羊虎以头,人所易知也,龙凤最祥,人所崇敬也。总之,它是从人看事物;从人的官能看事物。……一切动物的耳、目、口、鼻、足、趾、爪、牙,都用人的耳、目、口、鼻、足、趾、爪、牙为字,并不为虎牙立专字,不为象鼻、豖目、鸡口、驴耳……立专字,用表示人的祖、妣之且、匕作兽类两性的差别等等……汉字不用其物的特征表某一事,只是用"人本"的所有表一切,这还不是人本而何?(姜亮夫,1999,pp.56—57)

肉身化交流理据使得汉字具有强大的同质文化认同功能,建立了与中原文化的身体体验有关的文化记忆、知识谱系、世界图景。这些交流理据作为一种被汉字结构化了的前理解方式,使不同地域、不同时代的族群或民族文化记忆统一到汉字的肉身化理据中来。

二、从指涉理据看,古汉字符号的肉身性表现为决疑、阐释功能大于认知功能

指涉理据指通过汉字意指结构的分析,还原汉字的前理解中所包含的汉字指涉现实的认知方式。

字母文字通过记录语言而成为建构知识的认知工具,但象形性、表意性汉

字在行使认知功能的同时，还具有服务于身体意向的排除疑惑、预见未来、操控事实、指导行动等决疑性或阐释性功能。

早期的甲骨文系统就具有较强的决疑功能或占卜功能。甲骨文包括卜辞和记事刻辞，刻辞与卜辞的区别是：卜辞背面一定有钻凿和灼痕，正面一定有兆纹，而刻辞则没有这些特征（沈之瑜，2002，p.45）。也就是说，卜辞是围绕预示凶吉的兆纹铺排的，字法服从于卜法。一条完整的卜辞，包括前辞、命辞、占辞、验辞四部分。前辞（叙辞）是占卜日期（干支）和贞人（商王或贞人）；命辞（问辞）是要卜问的事；占辞是视兆后判定将发生的事情；验辞是占卜后的结果或应验的情况。在甲骨文中，卜辞远远多于记事刻辞，所以甲骨文也称之为甲骨卜辞。甲骨文的决疑功能具有较强的阐释性，其字义、辞意的获得常常来自文字使用者的主观阐释："到最后两个商王即帝乙、帝辛统治时期，王差不多成了唯一有名可记的贞人。占辞以及验辞变得简洁、不太详细，而且总是积极性的。"（夏含夷，2013，p.31）也就是说，后期的商王成了卜辞最主要的意义阐释者，对辞意或占卜结果的解释"总是积极的"——这意味着占卜结果总是商王所希望得到的答案。张光直也谈到了古汉字的决疑和阐释功能问题：

> 古代中国文字的形式本身便具有内在的力量。我们对古代中国文字与权力的认识看来证实了这种推测。文字的力量来源于它同知识的联系；而知识却来自祖先，生者须借助于文字与祖先沟通。这就是说，知识由死者所掌握，死者的智慧则通过文字的媒介而显示于后人。
>
> 从东周的文献可以看得很清楚，有一批人掌握了死者的知识，因而能够汲取过去的经验，预言行动的后果。这种能力无疑对各国君主都有用处。《左传》记载，鲁公和春秋时期（公元前771—前450年）各国君主经常征询相国或大臣的意见，后者也时常引述古代圣王的事迹作为自己建议的有力论据。……可以《孟子》为例。全书二百六十节，处处是孟子对君王的谏言，至少在五十八节中他引古人为证。有十节提到帝尧，二十九节提到帝舜，八节提到大禹，十节提到商汤，十七节提到周代先王，十二节提到周代早期诸王……这段历史的行为模式为学者们预见未来提供了依据。（张光直，2002，pp.66-67）

君王们"预见未来"以操控现实社会的依据是古代圣贤的事迹,而这些事迹又主要是由儒家学者通过汉字的书写和形音义阐释来完成的。所以许慎在《说文·叙》中说:"盖文字者,经艺之本,王政之始,前人所以垂后,后人所以识古,故曰'本立而道生'。"

汉字的决疑思维与汉字字义在指涉现实时的形义、名物的浑成关系有关。例如在"浅、笺、栈、盏、线……"这类由声符"戋"构成的字族中,根据"右文说",这组形声字的声符即"戋"声有"小"义,它存在于各种不同类别的现象中,含义宽泛而笼统,可以泛指任何现象的"小";而这些形声字的意符(如从水、从竹、从木、从皿、从纟)则表示"戋"声的"小"义所寄托的现实对象,意义比较具体,只强调某一种"小"的事物。也就是说,上述"戋"构成的形声字族,包括两类字义:一是表抽象的"小"的概念,主要由声符承担;二是表具体的小的实物,主要由意符承担。徐通锵分别将这两类字义叫作"义类"和"义象",他得出的结论是:"1个字义=1个义类+1个义象。"(徐通锵,2005:107)[①]

我们认为,徐通锵所分析的汉字中所包含的这两类字义,揭示了汉字(在指涉现实关系中)所表现出的类所指性:在观念物和现实物之间徘徊。意义宽泛抽象的声符与思想观念物有关,具有实指意义的意符与现实物有关。汉字字义=义类+义象,实际上指出了汉字在指涉现实中在观念物(义类)和现实物(义象)之间徘徊、融合的性质,也即汉字的肉身性:身与心、物与我的圆融性。汉字的所指既不是纯概念的,也不是纯经验的,而是介于观念物和现实物、身体经验和精神观念中间状态的类所指、肉身化。

汉字的类所指特征或肉身化指涉理据,也可称为名物思维:将物"概念化",将观念"物化";或物的名化,名的物化。这是汉字形成决疑思维的基本符号机制:以身体为本位在名与物、观念与对象之间进行有利于我的暧昧操作。这种名物思维或决疑思维容易使人们生活在一种信息雾霾的现实当中,使人热衷于对类所指的暧昧性运作而放弃对真相和信仰的追求。决疑思维在信仰和怀疑、遵从和权变之间的中间状态即孔子所谓"敬鬼神而远之":"敬"表现

---

① 但徐通锵在不同时期对义类和义象的界定并不一致,这里不做讨论。参见徐通锵《汉语结构的基本原理》,中国海洋大学出版社,2005年,第107页。

出对某种神秘力量和宿命的敬畏,"远"则是一种将信将疑、对神的利用态度。这种将信将疑的决疑思维表现在对经典的态度上,则是顾颉刚所称的"故事的眼光":既依赖书本又不相信书本。顾颉刚曾举例分析了这种现象:"匡人围孔子,子路奋戟将与战,孔子止之曰:'歌!予和汝。'子路弹琴而歌,孔子和之;曲三终,匡人解甲而罢:这不是诸葛亮的'空城计'的先型吗?这些事情,我们用了史实的眼光去看,实是无一处不谬;但若用了故事的眼光看时,便无一不合了。"(2001, pp.45-46) 也就是说,被称为经典或真理的那些书写事实常常经不起人们经验和常识的检验,但如果把它们当作"故事"或"游戏"来看待,又顺理成章、理所当然了。这种把书写的真理"当作故事"的阐释心态,正是身体本位的决疑性思维的一种真理态度。

三、从表达理据来看,古汉字符号的肉身性表现为意象思维

表达理据指通过汉字造字、用字的分析,还原汉字的前理解结构中所包含的文字使用者表达和书写汉语的方式。

首先从用字或书写来看,这里主要指传统的毛笔书写,书写与肉身性思维有密切关系。在书写过程中,"古人从执笔的位置、松紧、姿势、运笔等方面提出了大量实用的方法来增强身体训练,以便达到'心手合一'的境界";在书写过程中,"物的物性也得以敞现,也就是说毛笔的'笔性'得以敞现。软性的毛笔使提、按、转、折、顿、挫,变化无穷"。(周国栋,2012) 物性融入主体性中,主体性和物性达到"圆融"状态,身与心不再是二元对立关系。与肉身性、技能性的毛笔使用形成对照的是,技术性的硬笔书写(尤其是印刷技术)则更强调书写的速度和效率而尽量抑制身体经验的介入。

人们对表达理据关注更多的是关于汉字的意象思维,一种视觉体验和抽象观念相融合的表达方式。主要包括双轴意象:1) 纵意指轴的意象,主要指象形、字义与词义、本义与引申义等纵意指关系中所隐含的意象性表达;2) 横并置轴的意象,主要指形声、会意、合体象形等意符组合中所隐含的意象性表达。我们将二者概括为:以可视、可感、有理据的方式表达抽象观念。

意象性表达理据使汉字具有双重意指结构:字面义和语言义。字面义是由汉字形体或意符所凝固的有关语言义的意象。如象形字"𠆢",其字面义或意象是一个恭谨而立的人形,体现了先民理想中的人的意象,由此而转向语言义

("人"的概念)。显然,象形字的字面义所表现的意象思维,是以身体意向为中心,"从人的眼所见、耳所闻、手所触、鼻所嗅、舌所尝出发"去表达语言义的。会意字也是如此,如:

"仙"——以山中之人的意象代表"神仙"的意义;

"突"——犬从穴中窜出来的意象代表"突然"的意义;

"杲"——太阳升上树梢的意象代表"明亮"的意义;

"苗"——田里长草的意象代表"幼小植株"的意义;等等。

汉字的双重意指格局中,字面义提供了理解语言义的意象化方式。这种理解方式既不是纯粹的客体对象理据,也不是纯粹的主观意识,而是某种可视性的身体意象(字形提供的形象性)与语言义的有机结合,并且这种身体意象成为汉语意义的前理解。

意象思维也具有身心、身物一体融合的肉身性:观念形象和视觉物象之间的圆融状态。字面义提供一个视觉物象,唤出语言义的观念形象。或者象形字的字面义主要提供一个视觉物象,合体字的字面义(如会意字)主要提供一个观念性形象。无论哪种"象"主导,汉字总是在"心象"与"物象"的二元互补格局中完成表意。此意象思维即心身圆融的肉身性编码。

数量最众的汉字形声字同样体现了这种意象性思维。在形声字并置的两个字符中,一个指向语言概念(声符),一个指向概念的视觉意象(意符)。如独体字"羊"被分别假借为河、姓氏、虫子的名字时,它还是一个假借字即概念性、表音性字符;在这个字符基础上加上意符分别构成形声字"洋、姜、蛘"以后,形声这种造字法就表现出用意象符号(意符)去阐释、界定、标注概念性的有声语言(声符)的意象性思维。这个"声符+意符"模式代表了意象性地看待有声的汉语的一种表达方式:既承认汉字具有声符的性质以及汉字向汉语靠拢的一面,又坚持汉字的表音一定要建立在意象的基础之上,强调汉字意符之意象对汉语的描绘和标注功能。这就是意象性的表达原则:以身体意象为中心可视性地[1]看待有声语言。

---

[1] "可视"与"可视性"概念不同:"可视"是所见即所得的"看";"可视性"是一种看的方式,使可视成为可能的符号活动机制。汉字的象形、指事、会意、形声便是一种可视性的生产法则。参见孟华《文字论》,山东教育出版社,2008年,第6、7页。

181

形声字的这种"意符+声符"的意象思维被徐平称为"意符诗法"（徐平，2006），它也延伸到汉语书写性文本里。唐代孟棨在《本事诗》中写道："白尚书姬人樊素，善歌，妓人小蛮，善舞，尝为诗曰：'樱桃樊素口，杨柳小蛮腰。'"此处，诗人形容樊素的口（或者更准确地说，她的唇）非常红艳，而小蛮之腰十分纤细。但他并没有使用"红"和"细"这类字眼，而是用"樱桃"比喻"樊素口"，以"杨柳"比喻"小蛮腰"。

显然，"樱桃""杨柳"这些意象性的符号代替了直白的概念"红""细"，相当于形声字的意符；而"樊素口""小蛮腰"则是直接表达有声语言的概念单位，相当于"声符"。它们的结构式为：

樱桃（意符）+樊素口（声符），杨柳（意符）+小蛮腰（声符）

这种视觉化意符与观念化声符相融会的方式，也见之于苏东坡所谓"诗中有画，画中有诗"。诉诸身体性视觉感官的"画"与诉诸观念的"诗"的肉身性圆融，实现了魂与肉的中和，而非西方身心二元性符号美学，追求魂与肉的矛盾冲突和张力。

在字母文字中，语音是文字的终极目标。而一旦成为语音的抽象代码，它必然遵循形式化规则。所以，字母文字更善于抽象的分析、推理、分类，成为抽象的科学和逻辑思维的基础。这种祛身性、祛意象性的逻辑思维，罗伯特·洛根称为"字母表效应"（洛根，2012，pp.3-4）。[1]

四、就结构理据而言，古汉字符号的肉身性也表现为模件化生成模式

结构理据指通过汉字的形体结构单位"模件"（一种半实体半形式、半自由半规约的结构单位）的分析，还原汉字的结构生成过程中所包含的模件化结

---

[1] "拼音字母表容许最节省的转写形式，用最简洁的书面代码记录口语，它引进了两个抽象层次的文字。语词分为无意义的音素，无意义的音素又用同样无意义的视觉符号来表现；所谓无意义的视觉符号就是字母。这样的文字助长抽象、分析（每个词解析成基本的音素）、编码（口语词用视觉符号编码）和解码（阅读时将视觉符号还原为语音）。……字母表使我们培育了以下的能力：分析；编码和解码；将声觉符号即语音转换为视觉符号；以演绎方式思维；给信息分类；在拼音化的过程中给语词排列。……在学习汉字或其他非字母表文字的过程中，不必做这样的功课（至少不那样用功），以上特征是使用字母表所产生的特有的能力，我们将其称为字母表效应。"

构理据。"模件"概念是德国学者雷德侯提出的，他说："中国人发明了以标准化的零件组装物品的生产体系。零件可以大量预制，并且能以不同的组合方式迅速装配在一起，从而用有限的常备构件创造出变化无穷的单元。在本书中，这些构件被称为'模件'。"（雷德侯，2012，p.4）以兵马俑的制作为例，工匠们先制成陶俑身体各部分的不同类型的模式化的预制构件（形式化、标准化），再通过其组合方式的变化以及细部处理（如在秦俑面孔上加上眉毛、胡须等），造成了秦俑的丰富多彩、无穷变化（实体化、个性化）。

首先看古汉字象形字形体的模件化，指介于图画性线条和文字性笔画的中间状态。

笔画，指汉字结构中能够重复使用的、标准化的、构成整字的最小视觉单位或抽象结构单元，它本身不含意味或意义，但笔画所构成的整体部件（字或字符）则是表意的单位。"线条"在本文中是与"笔画"对立的关系概念："线条本身有其特殊的语言和习语。""全长的横线不仅能唤起宽广的感觉，而且还能唤起重量感、静止感，确实，还有悲哀感。曲线易于使人联想到运动……"（德索，1987，pp.372-373）。线条有两种：一是本身具有抽象意味（如尖锐的齿形线条与柔和的流线型相比）；二是具象摹状（如象形汉字的"口"是对嘴的具象摹状）。

由此可见，笔画与文字有关，线条与图像有关；笔画遵循语言的线性法则（可分析性、约定性、重复性和线性一致性规则），线条遵循图画的非线性空间法则和像似的非约定性；线条化与个体的身体经验有关，而笔画化则是超越身体的形式化规则；笔画的自由化、摹状化就是线条；线条的习语化、程式化、规范化就是笔画。

但是，在古代象形字那里，汉字形体具有类结构、类文字性质：它既是笔画又是线条。作为笔画，它构成规范抽象的字形；作为线条，则意味着"象形者，画成其物，随体诘诎"（许慎）的图画性。即使在现代汉字的应用中，这种模件化理据仍影响着汉字的形体结构，在笔画与线条之间的徘徊构成了字法（汉字形体构造）与书法（包括美术字、文字画）的两极，这种徘徊和中介性质就是类结构性或类文字性，也即模件化结构理据的表现。象形字的基本形体单位是介于笔画与线条中间状态的"模件"，而既非纯形式化结构单位也非纯实体化线条单位。汉字象形字的模件化表现在：作为线条，它包含某种实体意味和摹状形式，为图像符号做准备；作为笔画，它是任意性差别化的手段，为文字符号做准备。汉字形体中所表现的笔画化和线条化两种力量的制衡①，就是其模件化结构理据所致。

我们从笔画层面上升到字符层面，同样可以发现汉字的模件化结构原则。

与层级性生成的《周易》符号一样，多数汉字具有层级符号性：借助已有的、被反复使用的意符通过合体的方式构成新的符号。在会意结构中，意符不像字母那样完全受制于线性形式化规则，这些表已知的、可重复使用的意符出于其外部肉身理据（交流理据、表达理据、指涉理据）的原因而具有很大的组合自由度，如"杲"和"杳"由"木"和"日"两个意符的不同组合变化产生了不同意义，其根本原因是对肉身理据的模仿（日出还是日落），形式化让位于身体经验理据。另一方面，这种自由的组合又是形式化的体现："杲"和"杳"由两个基本字符"日"和"木"组合而成，这两个可以被重复使用的字符还可以在无数个组合中与其他字符构成新字：明、旷、树、松……这些组合又被规则限定和制约，如单字的笔画数量、笔顺规则、方块格局、左形右声等。

汉字结构的这种半实体半形式化、半自由半规约的性质，就是模件化。它决定了汉字的结构功能既非纯粹的形式化复制或重复（字母 a 在英文中按照读音规则总是特定音素等价物的重复出现），又不是纯粹独立意指的单位。就像兵马俑的每个预制构件既是标准化单位又带有灵活变异一样，汉字的同一字符在保持自己的抽象、规范义的形式化特征的同时，又在不同组合中总是保留了灵活特殊的具体性意义，如"日"的规范义与阳光有关，但它在"杲"中是亮的意义，而在"杳"中则是暗的意义。

汉字这种模件化结构原则是现成的套式和现成的观念的灵活运用，既非绝对的复制，又非纯粹的创新，是介于创新与复制、语言与语用、形式与实体、经验模仿与观念创新之间的中间状态。雷德侯认为汉字也是典型的模件系统："模件即是可以互换的构件，用以在不同的组合中形成书写的文字。"（雷德侯，2012，p.22）他还考察了先秦时代的青铜器、秦代的兵马俑、古代的陶瓷器等的制作，均是按照有限的标准化预制构件的无穷变化的模件化结构规则生

---

① 就这个问题青年学者匡景鹏与我进行过富于启发的讨论，特致谢意。

产的。

模件化是介于实体与形式、自由与规约、心灵意志与身体模仿之间的中间状态。这就是"肉身性"的结构理据：既非高度实体化，亦非绝对的形式化结构规则，而是对二者的圆融性肉身化运作。这种模件化结构理据，我们也可称之为"类结构"原则。

五、结语：汉字的"肉身性"理据所代表的一种类符号范式

所谓的类符号现象，是指异质符号之间或符号的实体与形式之间相互过渡、亦此亦彼的中介化情况。在符号学中，实体和形式是一对重要的范畴。按照巴尔特的解释，"形式，即无需借助于任何语言之外的前提便可被语言学加以详尽、简明与连贯（认识论的标准）描述的东西"；"实体，是所有那些不借助语言之外的前提就不能被描述的语言现象"（巴尔特，1999，p.30）。比如符号表达中的各种语境因素，都属于实体范畴，而符号的社会性、约定性结构规则，如语法、字的形体结构规则等属于形式范畴。

符号学中的"实体"这个概念还与"身体"、与"在场"（身体在场、身体体验的世界）有关。即使实体性要素中的物，如符号表达中所面对的现实对象，也被看作身体性要素："物体是在我的身体对它的把握中形成的。"（梅洛－庞蒂，2001，p.405）。符号能指实体性如一次性发音的个性化特征或具体书写显示的笔迹，符号所指的实体性如面对具体的指涉对象、情景等，都与身体对它们的把握有关。这种"在场"的实体性也即身体性：表达者身处具体的语境中所关联的一切表达要素。而形式化范畴则是离境化、祛身化、不在场的抽象结构系统。索绪尔的"语言结构"是一个社会心理现象，一个形式化或不在场的概念，属于"心"的范畴；而他的"言语活动"则是说话者身体在场、面对现实的实际表达事件，一个实体化的概念，属于"身"的范畴。在索绪尔的符号学中，形式化和实体化范畴被处理成两个对立项，比如"语言"（形式）就等于是减去"言语"（实体）的东西。

汉字的肉身化理据，则代表了一种介于实体与形式中间的类符号现象。汉字的"肉身化"因素，诸如与符号使用者有关的"亲缘"因素、与现实对象有关的"决疑"因素、与表达者运思有关的"意象"因素、与结构模仿有关的"模件"因素，它们既是汉字符号系统外部的实体化因素，又属于汉字内部的

形式化理据——文化惯习化了的"前理解结构"。汉字的肉身化理据即介于身与心、实体与形式之间的这种类符号现象，很可能也是中国文化符号重要的编码精神。

参考文献

[1] 巴尔特，罗兰（1999）．符号学原理（王东亮，译）．北京：生活·读书·新知三联书店．

[2] 德索，玛克斯（1987）．美学与艺术理论（兰金仁，译）．北京：中国社会科学出版社．

[3] 顾颉刚（2001）．我与古史辨．上海：上海文艺出版社．

[4] 姜亮夫（1999）古文字学．昆明：云南人民出版社．

[5] 雷德侯（2012）．万物（张总，等译）．北京：生活·读书·新知三联书店．

[6] 洛根，罗伯特（2012）．字母表效应：拼音文字与西方文明（何道宽，译）．上海：复旦大学出版社。

[7] 梅洛-庞蒂，莫里斯（2001）．知觉现象学（姜志辉，译）．北京：商务印书馆．

[8] 孟华（2008）．文字论．济南：山东教育出版社．

[9] 沈之瑜（2002）．甲骨文讲疏．上海：上海书店出版社．

[10] 夏含夷（主编）（2013）．中国古文字学导论．上海：中西书局．

[11] 徐平（2006）．"物"与"意符诗法"．长江学术（2），50—60．

[12] 徐通锵（2005）．汉语结构的基本原理．青岛：中国海洋大学出版社．

[13] 张光直（2002）．美术、神话与祭祀（郭净，译）．沈阳：辽宁教育出版社．

[14] 周国栋（2012）．书法的身体维度及其美学阐释．西北大学学报（6），122—126．

（本文原载《语言学研究》2015 年第 2 期）

符号学视野中的阳明心学"格物"说

赵毅衡　王墨书

摘　要："格物"是儒家传统中流露出的对经验事实的亲近态度，从中可以梳理出关于感知、符号与意义的讨论。以"格物"一说为起点，可以寻找到阳明心学与符号学交流的起点。符号学本身旨在为人文社会科学提供研究意义的基本方法，作为一切人文学科之公分母，其核心关注点之一就是意义问题，赵毅衡在《符号学即意义学》一文中指出人生存的特点之一就是不断地追寻意义。卡西尔将人定义为使用符号的动物，从符号中读取意义的能力，已经根植于人类的文化基因之中（赵毅衡，2013），但是，符号化过程本身的起源却是一个牵扯哲学与符号学的复杂问题，符号学在意义问题上的执着使之与同样关注意义的中国哲学传统不无对话之可能。

关键词：王阳明；阳明心学；符号化；片面化；格物正心

一、符号与经验内在悖谬

胡塞尔现象哲学的重要方法之一就是悬置经验，回到事实本身，以直观方式感知事物最原初的面目。阳明心学与现象学有诸多类似的观念，但在先见的问题上，王阳明所持的态度总给人以暧昧之感，一方面认为"先见"影响下的判断有失公允；另一方面，对待意义的发生有不得不将其纳入考量的范畴。"良知不由见闻而有，而见闻莫非良知之用。故良知不滞于见闻，而亦不离于见闻。"（王守仁，2011，p.68）正体现着心学理论不逐物亦不绝物的基本态度，同时又表达出对人固有的解释能力与经验事实之间关系的看法。在阳明心学体系中，认为良知不假外求而排斥经验的态度并不鲜见，并在王学后来的理论走向中发挥着重要的作用。这一观点的提出，首先是对提倡道德外在标准的理学的一次彻底反叛，但其中关于意义与经验之关系的论述亦可以从符号学角度出发，挖掘阳明心学当中对意义来源的独特思考。阳明心学对经验的排斥态度与胡塞尔的现象学理论在某种程度上遥相呼应，两者都对基于内化经验的先见深感不安，主张抛弃遮蔽了事物本来面目的先见，回到事实本身那种原初的活泼泼的呈现。一般说来，根据经验做出解释是人难以拒绝的习惯。《大学》云："如好好色，如恶恶臭"（朱熹，2011，p.7），在进行好恶判断之前，目遇之色、鼻闻之臭就已经沾染了先见而被贴上"好色与恶臭"的标签。王阳明以《大学》之说讨论知行关系，也难以将"好好色，恶恶臭"的偏见之断分离开来。阳明心学理论中不时透露出这般挣扎的迹象，一方面尝试做出如现象学那样回到事实本身的努力；另一方面，又难以将经验的影响真正排除。当把这种理论内在的矛盾纳入符号学的思考，或能发现这悖谬表象背后的合理因素。

现象学探讨的符号往往是指语言－符号体系，如此符号本身积淀了文字发展史的厚重意义，这些意义正是现象学试图"悬搁"的，而阳明心学之中关于"格物""见闻""良知"的观点本身包含着意识参与下的现实活动，并不一定借由语言的媒介。从符号学角度看，主体对于感知的接收本身就是符号化过程中的重要环节，其研究对象是被认为携带了意义的感知，只要存在解释的意图就能够获得意义。这与王阳明所说的"致吾心良知之天理于事事物物，则事事物物皆得其理矣"的观点不谋而合。可以说，阳明心学真正排斥的并非经验的意义化，而是意义的经验化。主体面对的经验世界具有无限丰富细节与品质，正是这种无限性提供了解释"无限衍义"之可能，作为理学的重要组成部分的心学理论绝不能被孤立地看待，面对求"定理"的理学传统的语境压力，抛弃经验并针对每一次解释都做出新的尝试是自然而然的选择。主体的意向与感知的相会成为意义生发之处。意义是带有个别性的诗性的意义，而强调解释的个别性为阳明心学与符号学提供了相互对话的可能。

王阳明见到芦管飞出烟灰，认为标志着春天的到来，但是，只有在预先知晓这一关联之后，才会生成这样的意义。所以，在阳明心学中，这种先见对意义的生成的路径有着最初的影响。心学之最高境界说"从心所欲"，其中的"欲"作为一种意图既可能是符号文本的待在，亦有可能是某种解释的倾向，而对经验的排斥不过是对解释过程中噪音的排斥。

意图与意义生成之间微妙而密切的关系本身就是符号学研究的题中应有之意，阳明心学经典中对意图给予了相当多的关注，"格物"一说即是回到事实本身的直观状态，调和心与物之关系，在阳明心学的意义发生论中占有绝对的主导地位。

二、"格物"作为符号化的开端

"格物"一词源出于《大学》，历代先儒对此都有深入的解析，但大多还是将其定义为实践活动。单纯从释义角度看"格物"，理学经典给出的是"至物"这一解释，根据许慎的《说文解字》，"格"的本义是一个形声字，其意义具体而形象，意为使用长而直的树枝去触碰具体对象。对于最原始的客观世界中的意义，主体与对象都是实在的，经验事实"直观"地呈现，是对物质世界的切实体验，正是理学传统中对于"格物"的理解，"格物"实实在在的经验。阳明心学中也在一定程度上保留了这一观点，"温凊之物格，然后知温凊之良知始致；奉养之物格，然后知奉养之良知始致"（王守仁，2011，p.43），把主体对现实世界的参与和触摸定义为"格物"。此时，主体与对象的空间距离是被忽略的，从而强调一种实践活动的时空整体感。

阳明心学则另辟蹊径，将"格物"之"格"解释为"正"。《大学问》云："格者，正也，正其不正以归于正之谓也。正其不正者，去恶之谓也。归于正者，为善之谓也。夫是之谓格。书言'格于上下''格于文祖''格其非心'，格物之格实兼其义也。"（王守仁，2011，p.802）

笔者认为，面对理学传统的语境压力，王阳明不可能完全放弃"至物"的解释，只能用兼义这一折中之法，以更利于其心学理论的接受。按照《说文解字》的解释，将"格"训为"正"是一种假借用法。这种假借的构词方式本身就是一种规约行为，"格"由"至"到"正"的转变是由理据性向非理据性滑落的过程，暗示"格物"从对实在的绝对服从，转化成意识的自由投射。阳明心学弱化了主体与对象间的实在关系，"格物"的对象不再局限于实在的事物，这种去恶归正不是对物理世界的删削，也不一定是对感知的程式化反应。"格物"被赋予了选择的自由，强调主体在意义活动中对经验事实的筛选深刻影响着符号解释的路径。"格物"是为了获得意义，格物是主体对意义的主导。"格物"没有在"直观"那里停滞不前，也没有莽撞地突入到接下来的解释环节之中，而是在心与物之间开启符号化过程之始。

从实在的"物"到意向的"物"，中间只有一个"格"，如此阳明心学当中，非但不用将"格物"的传统意义取消，反而在这种亲近事物的过程中，展开了意义生成的第一步，通过剥离噪音获得。意义的解释，离不开意向的投射，在意向将无关细节剥离的过程中，已经有某种意图参与，一旦进入意向，本身就处于一种再现，意向的选取不可能是随机的。一方面我们可能捕捉到最强烈的发送符号，处于能力之外的无法认识的刺激，如超声次声；另一方面，以先见方式储存的符码集合，有"欲"的存在，有解释的努力才会开始意义生成的过程。如若不然，意义将是永远的待在，因此，阳明心学一直强调"良知"的存养，主体的解释意愿与解释能力比之于符号本身所携带的伴随文本对意义的生成，有更强的干预作用。

当意义缺场或未充分在场时才需要符号（赵毅衡，2010），人对经验的处理与内化即是经验事实以某种方式的再现，成为一个心像，一个再现体，一个符号，它所替代的是缺场的意义，而再现体本身不能完全体现经验事实所有的品质，因此，这种符号化过程中的品质损失是不可避免的，也是符号化过程的必需。从这一点出发，结合阳明心学当中对于"物"范畴的界定，就可以得出这样的结论："格物"一说对应着符号化过程中的感知片面化。

前文已经探讨过"正"作为"格"的假借义，本身意味着一种挑选过滤，"正其不正者，去恶之谓也"，"正物"的过程就是与意义无关的品质剥落的过程，最后留下的只有对解释意义有用的部分，赵毅衡在《符号学》中说："物不需要被全面感知"（2012，p.37），只要部分地感知到物的品质就能够获得意义。携带丰富感觉材料的被给予之物与主体的意识相遇，那些被纳入主体解释范围中的感知被建构出一个意义，而先于意义建构的是感知的片面化，决定哪些感觉材料能够成为意向的客体。阳明心学把"正物"与"格心"对应起来，可以推断出片面化过程中，对经验事实进行过滤而生成的再现体是主体意向性自由投射的结果。王阳明在论著中反复强调："意所在之事谓之物"，这样一来"物"所依托的还是"心"，"格"恰恰是建构"物"的意识动作，经过"格物"环节，主体才能在意向中建构出经验事实的再现体，这正是符号化的开端。事物总要经过这种片面化的再现，才能进一步被解释出意义，解释主体从而完成对经验世界的个性化理解。没有感知片面化对第一手经验材料的挑选，就不可能高效稳定地生成意义，因而"格物穷理"，只有在片面化基础上才能有解释意义的可能。

三、"惟精"是"惟一"的功夫

感知片面化对于解释意义的重要作用已在文中第二部分涉及，虽然这种片面化存在于一切符号表意和解释的过程中，但在中国的哲学传统中，一直将"天理"视为最高追求，表现为解释者往往不会满足于片面化的解释结果，即使感到一次解释根本无法涵盖道之全体，也要在细节无限丰富的世界中孜孜以求。哪怕单从理学传统上说，我们不能否认的是，"格物"之"格"作为意义活动的合法性，即使在求定理的理学语境中，"格物"也是为了获得意义所做的重要准备，虽然这里的"格物"与"致知"分作两端：一个是感知的采集；一个是意义的解释。显然这种对意义的发生方式的理解更侧重于符号文本自身，肯定经验事实的无限丰富，并且不愿意放弃对象的任何品质，在试图认识事物本质的时候，由于在符号解释过程中的片面化问题，一次解释明显不能达成预期的解释目的，于是那种"格尽一物"的不断努力，自然有其合理性。在这一系列的意义活动中，"格物"难免成为对符号文本的层层解剖的工具，而将天理作为最终解释目标也使得片面化成为一种障碍而非捷径，因此，在"格物"这一环节，主体的意图作用很难体现，转而在"致知"环节发生作用。大致看来，这是对意义生成过程的另一种解释形态，朱熹就曾用"一物格而万理皆通，虽颜推子亦未至此"说明这样的倾向，此时，"格物"强调的是经验事实的实在性和丰富性，却相对弱化了主体意向在意义生成中的作用，甚至一定程度上否认这种意向性作用下解释出来的意义。

阳明心学对待感知片面化一反传统地做出了肯定，与符号学观点具有更大的默契，认为在符号化过程中，正是片面化产生的品质损耗促动了意义解释的生成。《传习录》中记录了王阳明下面一段论述。

> 先生曰："'惟一'是'惟精'主意，'惟精'是'惟一'功夫，非'惟精'之外复有'惟一'也。'精'字从'米'，姑以米譬之。要得此米纯然洁白，便是'惟一'意，然非加舂簸筛拣'惟精'之功，则不能纯然洁白也。舂簸筛拣是'惟精'之功，然亦不过要此米到纯然洁白而已。"（王守仁，2011，p.12）

王阳明使用了一个生活化的比喻，认为如果要得到"纯然洁白"的大米，那么"春簸筛拣"是一个必经的过程。经验事实当中定然夹杂着与解释目的无关的各种细节，想要到达理想的标准就必然要有所舍弃，抛弃无关品质才能解释出恰当的意义。最重要的是，没有被纳入解释的部分不会像在严密谨慎的理学传统中一样，出现在下一次的解释努力当中。而是如王阳明的比喻那样，相对于已经获得的意义，其他部分彻底沦为噪音，对解释主体来说不会再产生任何意义。由此可见，阳明心学当中意义的发生方式确实具有其独特性，它试图将每一次意义活动都作为一次绝对独立的活动，甚至不主张与同一解释主体的其他意义活动发生联系，"天地生意，花草一般。何曾有善恶之分？子欲观花，则以花为善，以草为恶。如欲用草时，复以草为善矣。此等善恶，皆由汝心好恶所生，故知是错。"王阳明的这一段论述常常被解释为他对先见的否定态度，但如果对《传习录》中完整的对话加以分析，却能开拓出另一种态度。在这里，王阳明意欲表达的是在不同意图主导下的解释活动之间不应该发生干扰，对本次解释无用的部分对主体来说，是作为噪音而没有意义的，这些应该被忽略的品质对于解释主体来讲，应该是不可见的。花与草在被认定为"恶"的时候，就如同混杂在白米里的稻壳，是无关意义的品质干扰了意义的生成，这样显然不是一个意义解释的理想过程，因此才会被否定。正如在对话的后段，王阳明说："不作好恶，非是全无好恶"，意味着价值判断和意义的解释只能与这一次的意向行为相关，只要遵循着本次解释的真实意图，就只会感到意向投射的品质，这种状态才称得上是理想的释义状态。同时，阳明心学始终相信，处于理想解释状态下的解释结果是"惟一"的，不必像理学传统诉诸的那样，将多次"格物"产生的意义进行拼合以期接近事物的本质，而是自信剥落噪音的产生的片面化解释结果已经能够满足解释预期。

如此对解释成果的自信并不意味着阳明心学对意义无限性的否定，试看此一段："义理无定在，无穷尽。吾与子言，不可以少有所得而遂谓止此也，再言之十年，二十年，五十年，未有止也。"（王守仁，2011，p.11）从中我们能够解读出这样两方面的内涵：第一，王阳明承继理学传统，肯定"无限衍义"，从符号学角度来看，符号的解释本身就是符号与符号之间的相互替换，在解释不断向深层次推进的过程中，前一层的解释被自动取消了；第二，从中可以再次印证，阳明心学无法取消的经验问题，解释的深度问题与时间和阅历联系起来，这绝非是向事实本身回归的尝试，而是将经验意义化进而转化为元语言能力的变相说法。使用扩展的元语言集合对同一事物进行的解释依旧具有独立性。

片面化导致的单次解释的获得结果的有限并非阳明心学的独特发现，但是，能够将其视为意义获取过程中的积极影响，可以看作其理论的独特之处。

结　语

阳明心学在"格物"说上开拓出的新意即是对片面化与意义发生正向影响的肯定，对于认识主体在意义活动中的感知片面化，即"格物"问题，哪些部分被"去恶"，哪些部分被归正保留，到底受到哪些因素的影响，《传习录》在这些问题上也有相关的解释。

"只要知身、心、意、知、物是一件。"（王守仁，2011，p.79）王阳明始终没有坚守物我不分的观点，而在根本上是坚持主体解释意图与主体意向方向的统一。"心"是作为人类为生存而不断建构意义的本能，"意"作为在具体的意义活动中主体意向方向的定位投射，"物"是物理的或概念的意向对象，"知"是主体解释出来的意义，这一切需有一个物理的身体作为依托，但在此之外，要有"一团血肉"的超越，人类的思维、意向能力深究下去或要交给生理学来讨论，而符号学只能尝试找出意向投射过程中的部分规律。

阳明心学理解事物的本质就是经过片面化筛除留下的"惟精"的本质，于是"格物"这种意向的投射虽然不得不与主体的元语言集合发生联系，虽然"无效的解释"亦属于解释的一种，常常处于一种解释压迫之中，但我们还是习惯于使用常用的思维获得理想的解释效果，元语言不可避免地参与其中。"心欲视，耳欲闻"往往都可以被顺利组织出意义，也就是意向性能够在纷乱的现象之中迅速地将其锁定。诚意，对于好色的喜爱，对于恶臭的厌恶，即解释活动的结果与潜在的意图或是先见并不相悖。

在阳明心学当中，"格物"实质上是作为一种方法和途径存在的，片面化的最终结果就是将焦点对准与意义相关的品质，格物的直接结果是"致知"，而最终指向的却是诚意。

参考文献：

[1] 赵毅衡（2013）. 符号学即意义学. 中国图书评论（8）.

[2] 王守仁 (2011). 王阳明全集. 上海：上海古籍出版社.

[3] 朱熹 (2011). 四书章句集注. 北京：中华书局.

[4] 赵毅衡 (2010). 符号过程的悖论及其不完整变体. 符号与传媒 (1).

[5] 赵毅衡 (2012). 符号学. 南京：南京大学出版社.

（本文原载《黑龙江社会科学》2015 年第 2 期）

2016

论先秦楚漆器符号的审美意味

余静贵

摘 要：根据苏珊·朗格的符号论观点，先秦楚漆器是一种艺术符号，也是一种"有意味的形式"。其艺术形式奇幻而浪漫，显露出浓厚的生命意味。这种生命意味具体表现在楚人于原始的宗教情感与泛神思想影响下的自然情感之中。情感是一种集中化的生命内容，楚漆器符号本质上就是一种表现生命情感的符号，其符号形式也是一种生命的形式。情感的表现是理解楚漆器艺术审美的关键。

关键词：情感；形式；楚漆器；符号；生命；意味

楚漆器艺术是中国传统艺术的重要组成，也是中国漆艺史上的一座高峰。研究楚漆器艺术不仅可以丰富中国传统艺术与文化的内容，也可以为当代艺术与设计提供重要的理论指导与借鉴意义。自20世纪20年代起，随着全国范围内楚墓的不断挖掘，在湖北、湖南、河南等地陆续出土了大量精美绝伦的楚漆器文物，随之兴起了楚艺术的研究热潮。楚漆器艺术是楚艺术的杰出代表。然而，学界研究更多关注于历史考古或艺术现象的层面，而缺乏对艺术现象背后审美意味的深入剖析，也难以综合把握艺术形式与审美意味间的逻辑关系。对楚漆器艺术的研究，须以马克思主义的唯物史观为指导，以楚漆器艺术现象为研究对象，结合文化人类学的研究视角，积极引入西方成熟的艺术理念与方法，如苏珊·朗格的艺术符号论，深入探究楚漆器艺术的审美意味，以及与之对应的符号形式构成。

一、楚漆器艺术："有意味"的符号形式

楚漆器，从狭义的角度来理解，是先秦楚人创造的一种区域艺术形式；从广义上来看，它是一个文化范畴，凡具有典型楚文化特征的漆器样式都可称之为楚漆器。如湖北随州曾侯乙墓是战国时期曾国墓，但地处楚国边缘，深受楚文化的影响，故而其出土的漆器艺术风格也都呈现出楚艺术的风格特征，自然也被列为楚漆器的范畴。从地域来看，楚漆器的出土范围非常广，东到安徽、江浙一带，西到四川，北到河南中部，南至湖南地域，都陆续有楚漆器的出土。根据出土楚漆器地理分布情况，其中，湖北省境内出土楚漆器最多，其次是湖南和河南。从时间维度来看，楚漆器的时间跨度基本上包括西周、春秋和战国时期。其中，现存的楚漆器文物主要出土于战国时期。所以，一般学界的研究对象主要集中在战国时期的楚漆器文物艺术上。

楚漆器艺术深受原始巫文化的影响，在艺术形式上呈现出奇幻而浪漫的风格特征。在漆器造型上，楚人广泛采用夸张、变形和互渗等手法营造出神秘和诡怪的艺术效果。最典型的就要算镇墓兽了，图1所示为一件双头镇墓兽，它由底座、兽身和鹿角三部分联结而成。现在已经很难考证兽身的原型为何种动物，或许是由于对兽的变形太多而难以辨认。（湖北省荆州地区博物馆，1984，p.107）在兽面上，眼睛巨大突出，舌头垂下直至颈脖，头上直插巨型鹿角。整体造型极其夸张，兽面变形已面目全非，营造出一种怪诞、恐怖的效果。这种漆器造型还有一个重要的形式特征，那就是多重审美意象的互渗，如这件镇墓兽就是鹿与兽的结合。像这种构成的漆器样式非常普遍，如虎座飞鸟、辟邪凭几、鸟人、鹿角立鹤等，这种意象的构形手法与楚地土著人的原始思维有密切的关系。列维－布留尔说："在原始社会，存在物和现象的出现，也是在一定神秘性质的条件下由一个存在物或客体传给另一个神秘作用的结果。它们取决于被原始人以最多种多样的形式来想象的'互渗'：如接触、转移、感应、远距离作用等等。"（1981，p.71）不同意象之间虽存在时间与空间的分隔，它们却可以通过"互渗"原理，实现不同意象间的神秘联系。在漆器图案上，飞扬流动的线条勾勒出了图案的运动之美，若说中国传统书画艺术有重线条、重气势的传统，这种传统最早可能要追溯到楚漆器的运动图案之中。宗白华曾说："中国绘画的渊源基础却系在商周钟鼎镜盘上所雕绘大自然深山大泽的龙

蛇虎豹、星云鸟兽的飞动形态。"（宗白华，2013，p.97）这种飞云流转的线条不追求对现实自然的模仿，而是表现出了自然意象的神韵，这种重"神"的手法也对魏晋时期人物品藻中的"传神写照"和后来的"气韵生动"之美产生了重要影响。在漆器色彩上，楚人用红黑二色的对比和华彩陆离的颜色铺陈勾勒出了一个光彩绚丽的世界。楚人的这种设色规律既不符合道家重"朴"贵"素"的美学风格，也超越了儒家的"五色"伦理体系，它是兼容并蓄的楚文化综合影响下的结果。

图1　湖北江陵雨台山楚墓出土双头镇墓兽

（湖北省荆州地区博物馆编：《江陵雨台山楚墓》，北京：文物出版社，1984）

楚漆器艺术的浪漫主义风格是独树一帜的，也是显性的，而其背后的审美意味却是隐性的，需要艺术鉴赏者结合艺术符号的语境，才能领会其中的神秘意味。根据美学家克莱夫·贝尔的观点，楚漆器艺术是一种"有意味的形式"。他说："假如我们能找到唤起我们审美情感的一切审美对象中普遍的而又是它们特有的性质，那么我们就解决了我所认为的审美的关键问题。"（贝尔，1984）审美对象中普遍而特有的性质是什么？不是审美形式，而是形式背后的审美意味。所以，贝尔回答说："可做解释的回答只有一个，那就是'有意味的形式'。"（贝尔，1984）楚漆器艺术那夸张的造型、互渗的意象特征和醒目的红黑二色对比显然不是对自然世界的模仿，而是诠释着楚人超越生死的生命意识与宗教情感，情感本质上也是生命的集中化表现。楚漆器艺术背后的生命意味是理解楚漆器艺术的关键。刘纲纪说："楚漆器艺术非常注重情感的表达，这种情感带有原始的风味，它是同楚人对自然生命的热爱直接结合在一起的。"

(刘纲纪，1990)楚人情感的表达就是漆器艺术背后的审美意味，它是楚人生命观的反映。皮道坚也在《楚艺术史》中说："楚漆器艺术品的造型和纹饰非常活跃生动，它与楚人对生命运动形式的喜好，对生命活力的崇尚有关。"(皮道坚，1995，p.179)生命情感的意味是蕴含在楚漆器艺术现象中的内核，而楚漆器形式是这种生命意味的外在表现。用苏珊·朗格的符号学观点来讲，情感与形式就表现为艺术符号的能指与所指层面。

从苏珊·朗格的艺术符号论来审视先秦楚漆器艺术，可以充分把握住楚漆器艺术中形式与情感这两个关键点。一方面，从文化人类学的角度诠释艺术符号中的情感内容；另一方面，可以借鉴朗格的"生命形式"论来认识楚漆器艺术形式表达生命情感的方式，从而领悟到楚人生命情感与艺术形式的内在逻辑。

二、楚漆器符号中的情感意味

苏珊·朗格认为，艺术作品包含着情感，也就是一种生命的形式，情感就是一种集中、强化了的生命。楚漆器符号中的生命精神主要体现在情感的表达上。由于楚文化的开放性、辩证性特征，楚人的生命情感表现是复杂而混沌的。楚漆器艺术表现出来的情感特质主要包括宗教情感与自然情感。

（一）宗教情感

尽管一般的艺术符号在一定程度上都可以表现出人类的情感，但具有原始风格的楚漆器艺术，却集中宣泄了楚人浓厚的生命情感，这种情感的丰富与炙热是西方雄霸上千年的模仿艺术传统所不能比拟的。难怪乎19世纪末20世纪初萌发的印象派、野兽派和立体派等抽象艺术流派积极倡导向亚洲、非洲等地的原始部落艺术汲取营养，因为原始艺术中承载着人类丰富的情感内容。楚漆器艺术就是这样一种艺术形式，受到江汉平原土著文化的影响，巫术、宗教和神话的交织融合对楚漆器艺术的形式风格产生了重要的影响，形成这种影响的内核就是泛宗教情感的表达。

所谓的泛宗教，意指它不同于基督教、佛教和伊斯兰教等成熟的宗教形式。楚宗教没有固定的神灵信仰，是典型的自然宗教特征，巫术活动、神灵信仰和神话传说共同构成了楚人的宗教信仰体系。其中，原始巫术构成了楚宗教的重要特征。《汉书·地理志》云："楚人信巫鬼"，《国语·楚语下》中讲述了

"绝天地通"的故事："古者民神不杂。民之精爽不携贰者，而又能齐肃衷正，其智能上下比义，其圣能光远宣朗，其明能光照之，其聪能听彻之，如是则明神降之，在男曰觋，在女曰巫。……夫人作享，家为巫史。"楚人尚巫的习俗在楚文献中有大量记载，《楚辞》中的"灵氛""灵保"都是巫师的代名词，《九歌》篇就是记录巫师祭巫鬼、降神灵的乐曲。在这些巫术活动中，巫师凭借超自然的力量来实现与自然的斗争，从而获取人类的祈福与发展。这种超自然的力量就是人类的情感活动。在人类没有形成对世界的理性认识时，情感成为人类的本质力量，巫师就是凭借浓厚情感的想象，实现升天入地的生命活动。也正是凭借情感的作用，巫师能够绕开科学思维中的因果律和矛盾律，而实现不同事物之间超越时空的联结。马林诺夫斯基认为，巫术就是用主观意象、语言、行动而宣泄了强烈的情感经验。情感宣泄是宗教活动的本质特征。所以，我们看到的楚人巫祭活动中乐舞的摇摆、五色的铺陈和各类抽象意味道具的陈设都是基于宗教情感的渲染，只有在这种"迷狂"的情感状态下，巫师才能够获得神秘力量的帮助，实现特定的巫术目的与效果。楚墓出土的辟邪凭几、虎座飞鸟（见图 2、图 3）等漆器所呈现出来的抽象造型特征，绝不是自然界中现实的物象，它们是楚人神巫情感作用下的产物，在今天的人们看来似乎是不合逻辑的，但在楚人的情感作用之下，它们之间的联结却是合情合理的。情感为主导的心理活动也就决定了先秦楚人的思维特征带有明显的"原逻辑思维"特质，它不同于今天盛行的逻辑思维，而是情感驱动之下的原始思维，或者是形象思维。在楚人的符号化活动中，情感的主导作用决定着艺术符号是趋向于写实的特征还是呈现出抽象的风格倾向。在混沌的情感状态下，即炽热的宗教情感氛围中，楚人的心理活动将处于一种复杂、不安的情形，为了寻求一种永恒的、稳定的心理效果，艺术形式必然呈现出不同于自然现实的艺术样式，因为自然的样式往往呈现出偶然的、个性化的特征，只有对自然现实进行抽象而获得一种永恒的艺术形式，才能够表达楚人内心趋向于稳定的情感心理。所以我们才会看到楚漆器造型往往呈现出脱离现实的抽象特征，因为这样一种形式风格是楚人审美心理的具体表现。黑格尔称这样一种艺术样式为象征艺术，他认为，原始艺术经常处于一种混沌的状态，由于幻想的不明确性和不稳定性，它对所发现的事物并不按照它们的本质来处理，而是把一切弄得颠倒错乱，常常扩大和夸张形象，使想象漫无边际。人们读懂它会遇到极大的障碍。这样一种混沌、恍惚癫狂的心理状态就是巫术活动中巫师的主要心理表现，这样一种心理表现是以情感为主要驱动的生命活动。

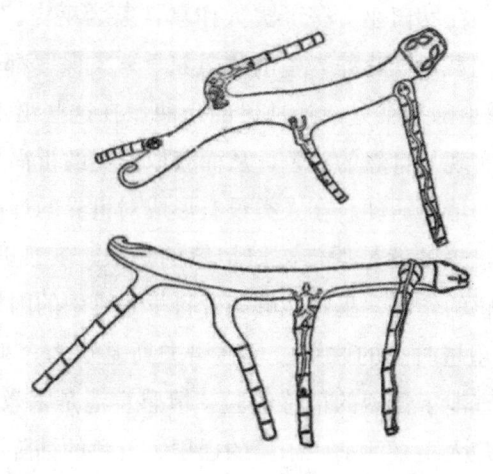

图 2　湖北江陵马山 1 号墓出土辟邪凭几

（湖北省荆州地区博物馆编：《江陵马山一号楚墓》，北京：文物出版社，1985）

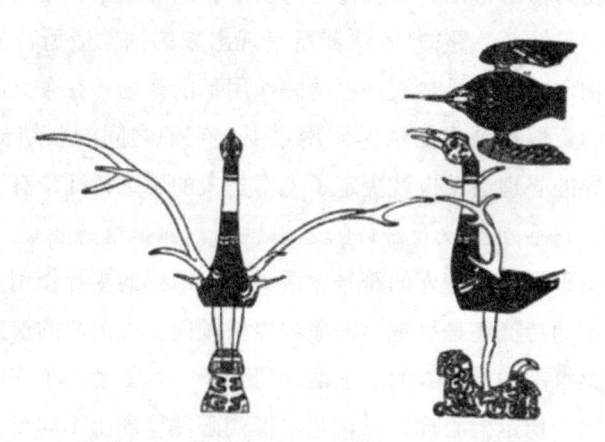

图 3　湖北江陵雨台山楚墓出土虎座飞鸟

（湖北省荆州地区博物馆编：《江陵雨台山楚墓》，北京：文物出版社，1984）

在这种情感作用下，漆器图案必然呈现出"传神"的特征，即用线条的勾勒塑造出稳定的心理图式，以表达他们超越生死而获得永恒的生命意识；在这种情感的作用下，漆器表面的红黑二色也必然成为色彩装饰的主色调，黑底上闪耀的红色纹饰象征着人类生命对死亡的征服。黑色也被称为玄色，《老子·六章》说："谷神不死，是谓玄牝。"黑色或玄色都是生命孕育的象征。这种艺术形式与属性的联结都是通过象征的方式实现的。何为象征？用列维·布留尔的话说，就是在情感的作用下，实现不同事物或事物与属性间的自然联结。显然，在大量的丧葬漆器艺术中，大部分的艺术样式都不纯粹是出于审美目的，反而是宗教功能居于主导的地位。这些艺术的造型就是要渲染一种神秘的情感氛围，让巫师掌握一种神秘的力量，以达到预期的巫术效果。

（二）自然情感

原始情感或宗教情感构成了先秦楚人审美心理的重要特质。但是，这种宗教情感必然在战国末期，伴随着北方儒家理性思潮的南渐而逐渐淡化，因为这种情感特质是建立在原始的、感性的思维形态之上的。再加上楚地渐渐兴盛起来的老庄思想，这种萌生于原始巫文化的宗教情感必然被某种理性化情感逐渐侵蚀而代替，那就是楚人移情于自然之中的"理性"情感，也可称之为自然情感。

这种自然情感是相对于宗教情感而言的，它的"理性"还不等同于北方的儒家理性，因为儒家完全用礼乐规范来衡量人的行为与审美标准，而老庄还是采用直觉的方式，来领悟自然之道和天地之美。自然情感中的"理性"仅是相对于原始宗教中的神灵信仰而言的，是去神化了的情感特质。老子和庄子都主张人应该回归自然，形而上之道的本质特征也是自然。正是这样一种自然主义的哲学思潮，才形成了楚人生命意识中"万物为一"的观念。

在这种生命体悟中，原来的宗教神逐渐丧失它的神秘属性，我即是自然，神亦是自然，这就是楚人思想中弥漫着的"泛神"思想。老庄哲学是楚文化精神的重要内容，楚地的自然生态与环境孕育了老庄哲学。同样，老庄思想也反哺了楚人的生命意识观。张正明认为道家哲学是脱胎于楚地的巫学思想，这点非常恰当地阐述了楚国意识形态在东周时期的转变。随着战国时期人本主义思想的崛起，老子以"道"取代了天上至上神而将其哲学化，肯定了道的存在的客观性，虽然这个"道"依然具有某种神秘性，但它普遍存在于自然万物之中。若说老子停留在对道的形而上的阐述，庄子则将至上的道降落在了人的身上，认为人只有因循道的原则和方向才能保身全生。这样，庄子哲学实质就是一种生命哲学。

正是在这种"天人合一"的生命境界中，人才能通过对自然生命的审美静观而把握到人的生命的意义，这种生命的大化流行也即是美。这种趋近于自然的渴望与心理被沃林格称为"移情"心理，它是在泛神思想影响下的一种不自觉的心理活动。在这样一种心理驱使之下，无机物、植物和整个大自然都具有了像人的生命一样的活力与精神，自然界的一花、一草、一木、一石都与人的心灵合而为一。

在楚漆器艺术中，无论是图案装饰还是华丽的色彩铺陈，都体现了楚人生命意识中的自然观。战国末期楚漆器图案题材中大量植物、花草图案的出现，就是人对自然生命移情的重要体现。色彩装饰中由传统的红黑对比到色彩的繁复交错，同样是泛神影响下自然生命之美的表现。漆器表面涂饰的五颜六色，实质就是人们脑海中自然生命的形象象征。根据沃林格的艺术意志论，商代及以前的漆器色彩是基于一种抽象的冲动，那么春秋战国以来的楚漆器的色彩装饰就是满足人的一种移情需要，而这种移情的产生就是在泛神思潮的影响下发生的。这种艳丽的色彩没有了红黑二色的原始神秘性与抽象性，而更多是表现了一种自然生命的生气。对漆器那黄黄绿绿的条纹涂饰，感觉就像是一个个自然中的精灵一样跳跃在漆器的表面。这种生命的精灵形象，这种生气的体现，不仅仅是自然界的本有，更是人的情感灌注于其中的表现。

神灵的崇拜渐渐隐去，基于宗教信仰的情感宣泄逐渐减弱，取而代之的是人的自我意识的觉醒。原本体现在宗教仪式中的神巫情感也逐渐转化为理性意识下的自然情感。在宗教情感的影响下，楚漆器呈现出奇幻而诡怪的审美特征，给人以无限的神秘想象。在自然情感取代了宗教情感之后，楚人内心基于想象和直觉的思维形式在本质上并没有发生变化，只不过是由对神灵的崇拜转向了对自然的移情。对自然的观照与移情，也是人的本质力量对象化的过程。荣格就认为，移情态度可以让自己的主观情绪赋予自然世界以生命和灵魂，让艺术形式充满生气与律动。（荣格，2011，p.224）这就是为什么在楚漆器的符号形式中，我们可以看到楚人天真、浪漫的生命情感的表达。这种生命不是个人的生命，而是融会于神和自然的一体化的生命。在这种生命情感中，人与神灵、自然相互交感，互为给养，共同创生了宇宙普遍生命的绵延不绝和一体俱化。

三、楚漆器符号的"生命形式"论

楚漆器艺术是一种"有意味"的符号形式，在这种符号形式中，传递着楚人浓厚而炽烈的生命情感。而这种表现生命情感的形式也被苏珊·朗格称为"生命的形式"。朗格说:"说一件作品'包含着情感',(正如人们常说的那样)恰恰就是说这件作品是一件'活生生'的事物,也就是说它具有艺术的活力或展现出一种'生命的形式'。"(贝尔,1984)这种形式不是线条、色彩等要素的杂乱堆积,它之所以可以表现情感,必然呈现出有机性、运动性、节奏性和生长性特征。这四种特征既是有机生命的本质特征,也是表现性艺术形式的基本特征。由此,朗格沟通了生命情感与艺术形式之间的内在联系,即艺术形式要表现人的生命情感,就必然同人的生命是同构的关系。显然,朗格的"生命形式"理论吸收了格式塔心理学派的观点,凸显了人的情感特质对物质对象的构形作用。朗格将生命形式的特征归纳为有机性、运动性、节奏性和生长性特征,即从有机生命的生理特征出发,总结出艺术活动中的心理表现,这势必会忽略艺术活动中对其产生影响的宗教、社会和文化等因素,而将艺术活动统摄为简单的生理运动。这是朗格生命形式论的不足之处,但这种艺术理论大大丰富了格式塔心理学的同构理论,为理解艺术符号的表现机制指明了方向。

  楚漆器艺术本质就是一种生命的形式,它与楚人具体的生命表现势必有着某种内在的关联性。其中,苏珊·朗格提出的生命形式运动性特征就在楚漆器艺术上获得了淋漓尽致的表现。如湖南长沙出土的漆盒(见图4)和漆奁(见图5),在漆盒中,楚人同样以抽象的方式描绘了三只蜷曲回首的凤鸟,凤鸟形象早已没有具象的写实特征,但是,恰恰就是简洁的三条弧线构造出了凤鸟的身体骨干,而整个身体的动势就通过这三条弧线表达了出来。这种流动的弧线蜿蜒而流畅,活泼异常,完全融合于整幅图案的运动风格之中,浑然而天成。而在漆奁中,圆周一圈连续排列着若干疾驰如飞的凤鸟形象,凤鸟通过简化的方式仅仅呈现出了其结构特征,为了营造出动感效果,其中一只凤足斜线排列,另一只凤足却在疾驰中隐匿而去,同样,凤尾也夸张地远远被甩离了躯干。这种艺术效果彰显了楚人极丰富的艺术想象力和成熟的艺术表现技法。皮道坚说:"这些富于动势和韵律感的曲线缭绕盘旋,奇迹般地使画面充满了生气与活力。"漆器图案呈现出来的动势感和韵律感就是朗格提出来的运动性生命特征。正是这种线条的不断变化体现出图案艺术的生命活力。刘纲纪将漆器艺术的运动性特征归结为楚人"流观"意识影响下的结果。何谓"流观"?它本质上同《楚辞》中的"游目"是一致的概念。汪瑗注曰:"游目,谓纵目以流观也。《哀郢》曰：'曼余目以流观。'是也。游、流古字亦通用。"（汪瑗，1994，p.56）《楚辞》中"流"远没有"游"用得普遍，但它们基本是一致的意思。所以，楚漆器艺术的运动性特征与楚人生命体验中的"游"这一具体形式存在着异质同构的现象。

图 4　长沙楚墓出土漆盒

（湖南省博物馆等：《长沙楚墓》，北京：文物出版社，2000）

图 5　长沙楚墓出土漆奁

（湖南省博物馆等：《长沙楚墓》，北京：文物出版社，2000）

通过对楚文献《楚辞》的解读，"游"是文本内容的重要概念，也是楚人生命情感的具体表现。"游"可以是灵魂的天际游览，也表现为天上神仙的太空浮游。无论是《离骚》中的"浮游""游目"和"翱游"，还是《远游》全篇，都是描述楚人的一种理想生命体验。可以说，"游"是贯彻《楚辞》全篇的主题。此外，蕴含丰富楚文化特色的《庄子》开篇就是《逍遥游》，"游"依然是庄子寄托于理想生命境界的形式。本质上，"游"就表现为楚人具体的生命形式，它也是理想的生命体验。

将楚人的具体生命表现"游"与楚漆器艺术的运动性、节奏性特征相比，它们之间的确存在着异质同构的关系。这也是朗格生命形式论的关键所在。朗格将绘画、雕塑、建筑等造型艺术视为基于空间表象的艺术形式，也就是说这些艺术形式虽然是抽象的，但它们能够创造出一种空间的表象。在楚漆器图案中，流动而旋转的线条无疑能够创造出这种虚幻的空间。而且，这种空间是存在于楚人脑海中基于"天圆地方"观念的宇宙空间。《楚辞》中常出现的"周流""周游"就意味着游的对象是一个广袤的、圆形的宇宙空间。在这里，"周流"是楚人生命形式的表现，而运动、回旋形的图案是符号的形式层面，刚好这种回旋形的图案与楚人的"周流"宇宙很好地联结了起来，艺术形式与生命的形式就实现了同构。这里，形式与生命的同构既有苏珊·朗格艺术同构理论中的普遍性，更体现了楚文化背景下漆器艺术与生命情感同构的特殊性。

漆器图案不仅能够表现一种虚幻的宇宙空间，而且还表达了一种基于时间的幻象。这种幻象不是客观地存在于漆器图案中，而是图案形式在人的心灵上的投影。一根水平线或垂直线难以形成时间的幻象，甚至一个正圆形也难以表达一种时间的流逝感。但是，楚漆器图案中蜿蜒、流畅的线条却能够创造出一种时间的幻象。漆器图案中的曲线就像一条无限伸展开来的线条，它时而向左延展，忽而蜿蜒向右，也或者是急剧上冲而又缓慢回旋向下，这条自由伸展的曲线就好比人的生命的展开，在黑暗的探索中不断调整自己的方向而去寻找生命的真谛。正是这种线条方向的不断变化才产生了时间的幻象。由漆器图案形式呈现出的时空幻象与楚人的生命情感有着密切的联系，因为楚人的生命意识中，基于时间与空间的"游"是生命形式的重要表现。"游"是"上天入地"式的、没有止息的遨游，正是基于这种对时间与空间的超越，图案中的形式与内容联结了起来，艺术形式与生命形式也就实现同构。

楚漆器的抽象造型同样如此，抽象的艺术形式也塑造了一种基于时间与空间的幻象。看虎座飞鸟那昂首向上的颈脖、张开的双翅、卧伏蜷曲的虎座，正是这种瞬时性动作的刻画，从中我们能够感知到这个动作时间节点的运动倾向。而这些不同时间节点姿态的联结都是在我们脑海中产生的幻象，这种瞬时性动作表现时间概念的艺术形式在西方的雕塑中经常出现。如古希腊的拉奥孔群雕，也是通过静态的雕像描绘出了拉奥孔剧烈的时间性动作。莱辛就静态艺术说道："造型艺术只要能表现出最富有孕育性的形式，就能够比诗歌更能创造出虚幻而逼真的艺术幻觉。"（莱辛，2013，p. 116）这种逼真的幻觉就是基于时间的幻象。十七八世纪时期的巴洛克雕塑同样如此，它们同样善于通过描绘瞬时性的动作而表现出一种强烈的时空感。如贝尼尼的圣特瑞莎群雕，雕刻中的每一根线条都似乎要将自身引入无限的空间中去，每一个姿态都似乎处于紧张之中，好像艺术家就是要通过有限的形式来塑造出无限的内容。在楚漆木雕刻中同样如此，瞬时性的动作极富时间的孕育性，而且在时间的幻象中孕育出了空间的无限。在西方的天体运动科学中，空间位移的变化是时间的表象，而在楚漆器的造型中，动作的时间延展性却成为空间的表象。也就是说，漆器造型营造的空间感是通过时间的持续而表现出来的，时间感越强，空间的广大越趋向于无限。楚漆器造型中这种虚幻时空的表现，是建立在漆器艺术的形式之中的。若将生命移入这种时间与空间的无限伸展之中，恰好就是楚人生命意识中"周游天地"的形象表达，正是这种持续的、无限空间的遨游，可以表现生命的永恒与自由。这样，艺术形式就与人的生命情感联结了起来，正是通过这种时空观念，实现了艺术形式与生命形式的同构。

就楚漆器色彩而言，华丽的颜色铺陈也是通过同构的方式，表达了楚人特有的自然生命观。那华彩陆离的颜色同楚人生命中寓杂多而统一的生命本体是一致的，楚人的生命是融会于形形色色的自然之中的。既然生命的本体是丰富的，通过颜色表达出来不就是艳丽而丰富的彩色涂饰吗？可见，从这个角度来讲，楚漆器的色彩在一定程度上也是与楚人的生命形式同构的。只不过颜色的表现不如楚漆器的造型与图案的表现那样强烈与生动。

时空，作为艺术形式与生命形式之间的联结因素，对于漆器形式的表现性起着重要的作用。这种先天的时空感是人的一种先验形式，它的外化就表现为苏珊·朗格所说的运动性。这种运动性既是生命的形式，也可表现为艺术的具体形式。

楚漆器的造型、图案与色彩正是凭借着丰富的表现形式，展示出了楚人生命意识中追求永恒与无限的生命理想，而这种理想的具体表现就是生命之"游"。生命之"游"表现在楚漆器的符号形式中，就是漆器造型中各意象的蓄势飞升、图案线条的缭绕旋转和陆离色彩的炫目之感。

结　语

楚漆器艺术是一种有意味的符号形式，作为一种艺术符号，它是形式与意义的统一体。解读楚漆器艺术的审美，不仅要研究其形式规律，更应该探究其背后的审美意味。生命情感的表现就是楚漆器符号的意味所在。站在苏珊·朗格的艺术符号论视角，可以很好地理解艺术符号中的情感概念，艺术不仅是要表现一种认知、社会功用等要素，本质上它要呈现人类的情感，这种情感是生命的集中化体现。这种生命意味的体现与特定的符号形式和结构有密切的关系，没有同构的符号形式，符号的表现性难以展现。研究楚漆器艺术的审美意味，不仅可以丰富中国传统艺术美学的内容，同时具有重要的理论意义和实际价值。从楚漆器艺术中选取最具有表现力的符号形式，可以为当代的艺术设计提供丰富的营养与素材。

参考文献

[1] 湖北省荆州地区博物馆（1984）．江陵雨台山楚墓．北京：文物出版社．

[2] 列维-布留尔（1981）．原始思维（丁由，译）．北京：商务印书馆．

[3] 宗白华（2013）．美学与艺术．上海：华东师范大学出版社．

[4] 贝尔，克莱夫（1984）．艺术（周金怀，等译）．北京：中国文艺联合出版公司．

[5] 刘纲纪（1990）．楚艺术美学五题．文艺研究（4）．

[6] 皮道坚（1995）．楚艺术史．武汉：湖北教育出版社．

[7] 荣格，卡尔（2011）．心理学与文学（冯川，等译）．南京：译林出版社．

[8] 汪瑷撰（1994）．楚辞集解（董洪利，点校）．北京：北京古籍出版社．

[9] 莱辛（2013）．拉奥孔（朱光潜，译）．北京：商务印书馆．

[10] Langer, S K (1957). Problems of art: ten philosophical lectures. London: Routledge & Kegan Paul Ltd Broadway House.

（本文原载《中华文化论坛》2016年第9期）

礼与法：两种规约形式的符号学考察

祝 东

摘 要：礼乐符号与法律符号都是在纷繁芜杂的社会生活现象之中抽象出来的形式规则，并对人的表意行为进行不同程度的规约。礼的分节控制社会的分层，礼仪仪节的稳定性带来的是社会秩序的稳定性。礼崩乐坏之后，孔子援仁入礼，将外在规范的礼内化为个体道德的自律。因此仁的发展指向道德自律，而礼的外化最终走向法律制约符号系统。法源于礼，法家用术重势，其根本原因在于法律符号公之于众之后需要重建统治阶层的符号宰制权，礼器作为颁布法律的媒介，则是为了借礼来加强法令符号的威严。法家的事功倾向适应了统一的需求，但缺少制动价值则转向极端功利主义乃至暴政独裁；礼法互用则是对儒家道德自律下形成的制动价值的肯定。以此观之，中国历史发展的动力模式儒表法里的实质却是"动制同源"，单一的元语言"礼"使得历史演进缺乏必要的符号动力，这也是中国封建社会长期停滞不前的深层原因。

关键词：礼；法；符号学；元语言

礼与法的交融应该是中国古代独具特色的符号系统，它们都是在各种社会现象中抽象出来的形式，进而形成制约程度不同的规范准则，都是由社会约定而成，要求社会成员共同遵守，并对这种约定赋予一定的价值意义，如善/恶、好/坏等。当礼注重内在精神规约的时候，其指向是道德伦理的；当礼转向外在强制规训时，其最终归结是刑罚法律的。然而无论是伦理还是法律系统，都是以各种规则形式呈现出来的。伦理以道德规范的形式呈现，法律以制度规约的形式呈现。赵毅衡先生在新著《形式之谜》代序中再次检视形式与内容的关系时指出，所有内容都要由一定的形式表现出来，而符号则是用来表达意义的（赵毅衡，2016，pp. 1-3），因此，凡是与形式相关的，几乎都可以归入符号学研究范畴。从学术思想史的角度来看，儒家重礼治，法家重法治，但二者在实际操作中，又逐渐出现合流的趋势，下面就从符号学的角度予以梳理，以就教于方家。

一、为政以德：礼治符号系统的流变

任何一家的学术，都不会是凭空产生的，而有其源流变化，儒家之学，奠基于孔子，但在孔子之前，儒家学术思想的萌芽已经出现，孔子极其推重的周公，对儒家学术思想的影响就非常大，《论语·述而》篇中孔子曾经感叹道："甚矣吾衰也！久矣吾不复梦见周公！"周公即文王之子，武王之弟，成王之叔，曾经辅助成王，制礼作乐，为周王朝的长治久安打下了深厚的基础，孔子的梦想就是实现周公时代创下的礼乐制度和文化。许倬云在系统考察西周系列出土墓葬规模规格之后，指出西周中期，穆王以后，墓葬制度呈现出系统化的等级位序：

> 礼仪的系统化与制度化，一方面意味着一个统治阶层的权力已由使用武力作强制性的统治，逐步演变到以合法的地位来象征。另一方面，规整的礼仪也代表统治阶层内部秩序的固定，使成员间的权利与义务有明白可知的规律可以遵循，减少了内部的竞争与冲突，增加了统治阶层本身的稳定性。（许倬云，2012，p. 184）

通过礼仪仪节的分层来实现社会现实尊卑等级的分层，规范了社会秩序，礼仪仪节的稳定性带来的是社会秩序的稳定性。礼的分层在统治阶层内部实现全域覆盖，人伦日用之中，无不以礼来进行规范，所谓"器以藏礼"，即是这个意思。丧葬所用的礼器规格是礼的反映，而礼器的多寡规格又是身份地位的象征，而象征则是"在文化社群反复使用，意义累积而发生符用学变异的比喻"（赵毅衡，2016，pp. 201-202）。笔者曾经指出，以周公为主的西周前期统治集团在思想文化和意识形态领域进行过相应的改革，其中影响最为深远的就是制定了礼乐文化系统，并使之伦理化，成为规范社会政治经济文化生活的元语言；但是到了孔子的时代，天下大势是礼崩乐坏，孔子没有周公自上而下的"顶层设计"的地位与权力,他开出的是一条个体道德自觉的由内而外的路线,也即是在礼乐文化中注入了"仁"的内涵。(祝东,2014)

据杨伯峻统计,《论语》中"仁"字出现109次,作为孔子道德标准的"仁"有105例。(杨伯峻,1980,p.221)那么究竟什么是"仁",孔子在回答樊迟问仁时说仁即是"爱人"(《论语·颜渊》),所谓"爱人",即是人与人之间建立的一种关系,而从"仁"的结构来看,从二从人,也是从人与人之间的关系中来确立"仁"的意义。《论语·雍也》中也说:"夫仁者,己欲立而立人,己欲达而达人。能近取譬,可谓仁之方也已。"实现仁的方法是"能近取譬",近取诸身,推己求人。也即是说,仁,是在对立的关系中确立个体的价值和意义,但是孔子的对立不是冲突,而是取譬,推己及人,不强加于人,先承认个体差异——己与人之间的差异,不同的生命个体,每个个体都有自己独立的人格,都有自己独特的价值意义,然后是求同,人与人尽管有差异,但是同样作为人,又有相同之处,这样推己及人,立异而求同——和而不同,这就是中国儒家的伦理符号学智慧。当然,孔子的"仁",其实带有分层性特征,《论语·宪问》篇中,孔子说:"君子而不仁者有矣夫,未有小人而仁者也",毕竟"君子喻于义,小人喻于利"(《论语·里仁》),"君子固穷,小人穷斯滥矣"(《论语·卫灵公》),而在《论语·雍也》篇中孔子教育弟子子夏说"汝为君子儒,无为小人儒",这里"君子""小人"之间无论是身份地位的区别还是道德伦理的区别,都是一种对立性差别,而"仁"无论在哪一种对立中都不是全域覆盖,而是偏向"君子"这一边。

孔子创造性地将"仁"注入礼之中,使人对礼的接受认同内化为道德自律,《论语》中的礼多指礼仪仪节:

> 子曰:"生,事之以礼,死,葬之以礼,祭之以礼。"(《论语·为政》)
>
> 林放问礼之本。子曰:"大哉问!礼,与其奢也,宁俭,与其易也,宁戚。"(《论语·八佾》)
>
> 子贡欲去告朔之饩羊。子曰:"赐也,尔爱其羊,我爱其礼。"(《论语·八佾》)
>
> 子曰:"居上不宽,为礼不敬,临丧不哀。吾何以观之哉!"(《论语·八佾》)
>
> 子曰:"君子博学与于文,约之以礼,亦可以弗畔矣夫。"(《论语·雍

也》)

　　作为礼仪仪节的"礼",究其实质,就是一种行为规范,将人的各种表意行为纳入一定的规范秩序之中,如果礼是一套语言系统的话,那么各种仪节则是"言语",言语行为必须符合语言规范。关于仁与礼的关系,在颜渊问仁的时候,孔子指出:"克己复礼为仁。一日克己复礼,天下归仁焉。为仁由己,而由人乎哉?"这里孔子说"克己复礼为仁",包含克己与复礼两层意思,首先是克己,推求自己,反观内省,着眼于自身道德修养,注重律于己;复礼,外求于社会,遵守外在礼仪规约,着眼于制度规则,律于社会。只有"克己"与"复礼"双管齐下,才是实现仁的途径,而且孔子特别强调"为仁由己",即是个体道德自律是第一位的,所以孔子才有"为政以德"(《论语·为政》)之论。

　　孔子曾谓:"道之以政,齐之以刑,民免而无耻;导之以德,齐之以礼,有耻且格。"(《论语·为政》)德导源于内,礼一齐于外,已经开始出现分野。先德后礼,先有忠信仁德的品质,然后以礼文饰之,也就是"礼后"的思想。在孔子看来,德是第一位的,而外在规范性质的礼则是退而求其次。"为政以德",说的就是这个意思,儒家"以德治国"(《春秋繁露·立元神》)的思想实际上源于西周王权合法性的论证。我们知道,周人实际上是通过造反取得的政权,如果继续认同造反有理则不利于自己的统治,因此亟须对自己取得政权的合法性进行论证,这个论证的核心便是"德":周人因为有"德",故而能获得政权。金文中大量出现"德"字,与西周取得政权的政治环境是密不可分的。如侯外庐言:"'德'是先王能配上帝或昊天的理由。"(1957,p.92)。实际上,"德"是周人原创的概念,如郭沫若研究指出,卜辞殷人彝铭中没有出现"德"字,而周代的彝铭中明文"德"字(1982,p.336),侯外庐等也认为卜辞中并没有抽象的道德概念术语(1957,p.23)。周人创造性地将"德"与权力的合法性联系起来,使中国古代的政治伦理化,德成为衡量权力合法与否的标准准则,进而对主体行为产生约束、进行规训,如关健英所言:"道德规范之对于社会,它是社会治理不可或缺的重要规范系统,是社会秩序的基本保障和社会凝聚的基本力量。"(2011,p.58)道德观念施加于行动主体,在维系社会秩序方面起到了规范作用,这也正是符号功能观的体现。然而孔子并没有完全着眼于道德伦理的规范作用,而是同时兼顾外在规训,在回答颜渊问仁的问题时,孔子实际上开出了四条外在规范:"非礼勿视,非礼勿听,非礼勿言,非礼勿动。"(《论语·颜渊》)这里的勿视、勿听、勿言、勿动都是外在行为规范，它虽源于内在道德规约，但是发之于外，则必须是一种行之有效的约束抑制功能，对主体进行限制，使其符合既定的规则秩序。

因此，礼与德的关系本是密不可分的，但是其主导方向和功能各有侧重，礼偏重于外在的规约，德倾向于内在的制约，二者相结合，相辅相成，便是儒家的理想政治形态。然而顺孔子而下，儒家的学术思想一水分流，孟子、荀子各取一方，孟子注重道德规训的作用，强调德治，荀子在批判孟子学说之不可取之时，主张内外兼治，一方面需要道德教化，另一方面也不废弃礼法约束，这一点又在其学生韩非子那里得到了发展，形成严刑峻法的极端法治主义。

二、以法治国：法治符号观念的源流

春秋战国之际，随着冶铁技术的提高和铁制农具的推广，生产力提高，废井田开阡陌，"普天之下"的王土开始买卖，宗法血缘关系逐渐消退，新起的地主阶级发展壮大，文化重心下移，一部分下层士人乃至贫民登上历史舞台，他们与旧的贵族阶层没有血缘关系，而是通过出卖自己的智力谋求自身的发展，"朝秦暮楚"习以为常，传统礼乐符号系统逐渐沦为"空洞能指"，如孔子痛惜万分的"为礼不敬"(《论语·八佾》)即是这种现实的反映，礼只剩下一些没有真正内容的仪式，不能像西周时代那样在政治经济文化生活中发挥其应有的作用，礼崩乐坏。一批卓有远见的思想家开始思考治理社会的新方法，礼法分治，以法治国的思想逐渐浮出历史地表。

从学术思想渊源角度来看，春秋时期的管仲在齐推行"富国强兵，与俗同好恶"(《史记·管晏列传》)时就已经出现法治思想的萌芽了。前621年，晋国赵宣子"制事典，正法罪，辟狱刑"(《左传·文公六年》)，已开三晋法家之先河；前536年，子产在郑国铸刑书；前513年，晋国铸造刑鼎，颁布范宣子的刑书；前501年，郑国执政驷歂杀邓析而用其竹刑，推行法治的思想已经逐渐展开；至前403年，魏起用李悝变法，拉开法家治国的序幕，吴起、卫鞅等法家人物登上历史前台，至韩非则从理论和哲学的高度进行了总结，掀起中国法家学术的高潮。

在中国古代，礼、法对举，如《礼记·曲礼上》云："礼不下庶人，刑不上大夫"，社会治理是分层的，上层社会是礼治，下层社会则是法治，"由士以

上则必以礼乐节之，众庶百姓则必以法数制之"（《荀子·富国》），礼乐调节士人以上的秩序，法数规范普通百姓的表意行为，这样一方面保证了士人以上阶层的特权，同时又将整个社会都纳入管理的秩序范围之内。因为"法"经常和"刑"联系在一起，如《尚书·吕刑》："若古有训，蚩尤惟始作乱，延及于平民，罔不寇贼，鸱义，奸宄，夺攘，矫虔。苗民弗用灵，制以刑，惟作五虐之刑曰法。杀戮无辜，爰始淫为劓、刵、椓、黥。"在这里，"刑"与"法"互训，《左传·昭公六年》叔向在给子产的信中有云，夏人有《禹刑》，商人有《汤刑》，周人有《九刑》，也即是说夏商周各有自己的刑法，这一点也可以从其他的先秦文献中得到佐证，如《荀子·正名》"刑名从商"，梁启雄认为这是商有刑书之证（1983，p.309）。但是我们现在看到有明确文献记载的成文法是在西周穆王时，《尚书·吕刑》谓"哀敬折狱，明启刑书胥占，咸庶中正。其刑其罚，其审克之"，为了使刑罚公正，需要小心谨慎，甚至当场打开刑书进行参核斟酌，这里的"刑书"应该就是一种成文法，刑、法互训则是因为当时重刑罚，通过严格的刑罚对下层社会进行威慑，进而达到控制的目的。《汉书·刑法志》所言的"故制礼以崇敬，作刑以明威也"（班固，1964，p.1079），即是这个意思。从历时性角度来看，夏商周称法为刑，春秋战国称法，秦汉以后称律，法与律都是对表意的规范，刑才是实质，严刑峻法是为了规范行为，进行有效的统治。

　　以刑为主的法虽然存在，但是在很长时间内基本上是统治阶层内部知晓，而被法规训的普通民众实际上并不知法的具体内容，叔向所云"先王议事以制，不为刑辟"（《左传·昭公六年》）即是，孔颖达疏谓："临事制刑，不豫设法也。法豫设，则民知争端。"（李学勤，1999，p.1225）不公布刑法，主要是为了加强惩戒的威慑力，所谓"刑不可知、威不可测"就是这个意思。从根本上说，就是统治阶层牢牢把握着符号宰制权，凸显的是统治者的权威。谭光辉在论及权力分类的时候，将其分为身体权力、物质权力和符号权力三种，身体权力是存在权，物质权力是所有权，而符号权力则是认同权，是一种被赋予的象征权，通过对权力主体的认同而发生作用。（谭光辉，2016）统治者通过对刑法的垄断来操控符号权力，并以此建立权威，促使平民阶层对特权阶层主动服从并接受认同。夏、商、周之刑法莫不如此，然而到了春秋时期，郑国子产率先公布了成文法，打破了此前既定的刑法符号垄断局面，这也立马遭到了质疑和批评，如晋国的叔向就曾写信指出："民知有辟，则不忌于上，并有争心，以征于书，而徼幸以成之，弗可为矣。"（《左传·昭公六年》）认为刑法的符号文本公之于众，就失去了其神秘性和权威性，平民阶层就少了忌惮，营求竞争，打法律的擦边球，以图侥幸，这样统治阶层管理起来就麻烦了。

然而23年之后，晋国也用大鼎公布了范宣子制定的刑法。这一次，儒家的孔子批评得更为直接：

> 晋其亡乎！失其度矣。夫晋国将守唐叔之所受法度，以经纬其民，卿大夫以序守之，民是以能尊其贵，贵是以能守其业。贵贱不愆，所谓度也。文公是以作执秩之官，为被庐之法，以为盟主。今弃是度也，而为刑鼎，民在鼎矣，何以尊贵？贵何业之守？贵贱无序，何以为国？且夫宣子之刑，夷之蒐也，晋国之乱制也，若之何以为法？（《左传·昭公二十九年》）

此前基本上是以礼的差异性来区别意义，士大夫及以上按照次序遵守，贵贱之间秩序井然，没有差错。如今制作鼎刑，公布刑法，大家都知道了刑法的文本内容，就不再忌讳尊贵者，所以孔子极力反对，认为这是灭亡的先兆。孔颖达正义对此做了详细的阐释："守其旧法，民不豫知，临时制宜，轻重难测。民是以尊其贵，畏其威刑也。官有正法，民常畏威，贵是以能守其业，保禄位也。贵者执其权柄，贱者畏其威严，贵贱尊卑不愆，此乃所谓度也。"（李学勤，1999，p.1513）因为此前法不外显，只是部分人掌握，对于下层社会来说，如果犯法，则轻重不可知，因此畏其威严，而尊贵者"执其权柄"，其实就是掌握着符号的宰制权。而在身体权力、物质权力和符号权力三者之间，最为重要的即符号权力，如赵毅衡言，人类社会面临的大半问题皆是符号问题，对符号权的争夺也超乎于其他权力宰制权的争夺之上。（赵毅衡，2016，p.7）中国的先哲，无论是叔向还是孔子，其实都早已意识到这个问题，并从维护统治秩序的角度进行了有效思辨。对刑典符号权的掌控在孔子等先哲看来即是尊贵、守业、为国的法宝，不可轻易示人。

当然随着宗法社会的解体，社会流通的扩大，新兴地主阶级的兴起，维护既定贵族阶层利益的礼乐符号系统已经逐渐被打破，贵族阶层对刑法符号的宰制垄断也逐渐被抛弃，到了战国时期，刑法得到更广范围的流行，各国大量颁布了刑法，如楚国的《宪令》，韩国的《刑符》，魏国的《法经》。很多刑法已经亡佚，现在根据《晋书·刑法志》（卷30）可以看到李悝《法经》的基本名目：《盗法》《贼法》《网法》《囚法》《捕法》《杂律》《具律》，这些法其实是各种罪行的综合，以一种形式化的东西呈现出来，如"盗"法就是根据各种不同的偷盗行为综括而成的，触犯了这些罪就要受到对应的刑罚。因此颁布的成文法其实多是当时表意规范的底线，"法律政令者，吏民规矩绳墨也"（《管子·七臣七主》）即是这个意思。各种名目的"法"都是对表意行为的符号抽象，其对象即是各种不同的表意行为，解释项即是对错以及由此而来的惩戒处罚，其目的即是对人的行为进行规训，以便更好地管理流动性日益增强的社会，而整个社会对成文法颁布的认同支持，如韩非认为法是"编著之图籍，设之于官府，而布之于百姓者也"（《韩非子·难三》），甚至直接指出"法莫如显"（《韩非子·难三》），这些其实反映出的是新兴地主阶级在符号权力斗争中取得的胜利。

随着法的普及，研究各种法治思想的法家也应运而生。法家可分为三晋法家和齐法家，三晋法家的代表如李悝、商鞅、韩非子，齐法家的主要思想见存于《管子》之中。三晋法家基本上是彻底的改革派，主张以法为主，用法治国，鼓励耕战，严明赏罚，"犯之者其诛重而必"（《商君书·奸劫弑臣》），努力打破礼乐符号系统维系的旧有贵族集团的利益，强调君主对刑法符号的宰制，凸显的是君主的绝对权威，而其他人一齐于法，这方面理论的集大成者是韩非。

韩非处于代表新兴地主阶级利益的"智法之士"和代表封建贵族利益的"当涂之人"（《韩非子·孤愤》）激烈冲突的时期，建立在礼乐符号系统之上的封建主义，统治阶层依照血缘关系进行分层，以礼乐的差异性来建构身份地位的差异性，维护其利益关系，对下层民众则是以严酷的刑罚加以控制。新兴地主阶级则希望改变这种由先天血缘关系建构的社会政治系统，试图以军功等作为晋升的手段重建社会政治生态系统，推重君主，抑制公卿，君主须严格操控刑德"二柄"，对属下进行严密控制："杀戮之谓刑，庆赏之谓德"《韩非子·二柄》，从权力符号三分的角度来看，前者为身体权，后者为物质权，君主须牢牢掌握这两项权力，以此形成威势，进而取得"剖符"权（《韩非子·孤愤》），也即符号宰制权；有剖符权，才能选贤任能，奖优罚劣，掌控权力。在分层上，韩非主张"是非辐辏，上不与构"（《韩非子·扬权》），所有的人无论是非对错，都必须像车轮辐辏一般围绕君王，而君王并不参与这个辐辏的结构，也即是说，君王自己不在这个符号系统之内，他居于系统之上，其他人等则严格按照系统运作要求运转，"法不阿贵，绳不挠曲"，"故明主使其臣不避于法之外"，"一民之轨莫如法"（《韩非子·有度》），除了君主居于上层，其他人等一概处于法律符号系统之中，以法为行动准绳。法律符号的公布，使君主不再像夏、商、周三代之时上层贵族阶层因为独断法律符号系统形成威严，因而韩非子在前人的基础之总结出法、术、势三结合的模式，以此建立权威，获得权力认同（祝东，2014，p.203），这一点也是与时俱进的。"术者，藏之于胸中，以偶众端，而潜御群臣者也。故法莫如显，而术不欲见。"君主操术，喜怒不形于色，隐藏表意痕迹，不让群臣揣测君主之意，赏罚不测，乃是为了建立君主威严。此前法律符号不曾公布，因而具有神秘莫测的威严，但战国以来，各国先后颁布刑法，君主威严就会打折扣，因而增加了"术"——君主运用权术（方法手段）来建立自己的"势"，明主治国必须增加"威严之势"（《韩非子·六反》）——权势地位，进而获得符号宰制权，使群臣百姓对君主权力服从并认同。君主治理天下，"抱法处势则治，背法去势则乱"（《韩非子·难势》），但同样作为统治方法方式，"术"与"法"的对象也是分层的，术主要用来"课群臣"（《韩非子·定法》），不及百姓这个层面，而法则从群臣到百姓都要遵守。但实际操作中也有分层，从湖北云梦睡虎地出土的《秦律》来看，从刑徒奴隶，到庶民，再到官吏，刑罚是逐层递减的，也即是说法家之"刑无等级"（《商君书·赏刑》）也只是理想。实际上有学者研究指出，法家之法也是力图以法律制度维护尊卑有别的差别性社会（吴丽娱，2016，p.146），但是二者分层的依据是不同的，具体说来，儒家礼的分层是以宗法血缘关系为依据的，而法家法的分层是以农战军功基础之上的爵位为准则的，前者是先天的，后者是后天的，意在打破以血缘关系为纽带的封建贵族特权制度，建立新的地主经济下的君主专政的郡县制。

相较而言，齐法家和儒家阵营里面的荀子则属于温和的调和派，他们试图调和礼法之间的冲突，援礼入法，而这实际上也是切实可行的方法，秦汉以后的统治阶层正是遵循这条路线发展的。

三、礼法互用：道德自律和制度规训

一般认为，礼起源于祭祀活动，《礼记·礼运》曾论及礼的起源说："夫礼之初，始诸饮食，其燔黍捭豚，污尊而抔饮，蒉桴而土鼓，犹若可以致其敬于鬼神。"礼是用来致敬鬼神的。当礼逐渐规范化、制度化之后，就成为一种具有约束力的社会规范，规训调适着人的各种表意行为，特别是在周公制礼作乐之后，礼成为社会上人们必须遵守的行为规范的总和，通过礼乐文化符号系统调节着人类社会的秩序，故而《荀子·王制》有云："礼义者，治之始也。"儒家的理想政治是"为政以德"，为政，礼与德不可分，礼是外在的表意规范，德是内在的道德操守，礼治是在宗法血缘关系背景下形成的社会治理系统，通过血缘关系为纽带将人连接起来，并且以血缘关系的远近为核心，通过礼的层级系统来划分确立人与人之间的亲疏尊卑关系，维护着各种名分，区分着各种不同的利益关系。当国家政治权力稳定时，礼起着严明秩序的作用，而礼崩乐坏之后，传统的礼已经不能维系社会秩序，法治思想就逐渐产生了，"人之心悍，故为之法。法出于礼，礼出于治。治、礼，道也。万物待治、礼而后定"（《管子·枢言》）。推行法治是因为礼乐已经无法有效约束人心，但是在齐法家看来，法从礼出，礼从"治"出，赵守正认为"治"乃是"辞"之通假，言论、理论之谓（赵守正，1989，p.165），周瀚光等《管子直解》亦将"治"解释为言辞理论（周瀚光，2000，p.152），这个解释是说得通的，无论是法还是礼，都是言辞，也即是一套规范人们表意的符号系统，是"道"的符号再现体，符号不仅使万物有序，而且通过符号规约使社会秩序严明。由此可见，齐法家其实是礼法互用的。

当我们再回过头来看法家思想创生期的情况时，就更容易发现礼法互用的事实。如前文所言，子产铸刑书，晋国铸刑鼎，其法律文本的媒介皆是青铜礼器，而从《历代法典说略·西周青铜器铭文法典说略》中可以看出，无论是西周的"治地之约"与"治民之约"，土地转让的法律程序及诉讼中的"誓"，还是周王朝颁布的法令条文，以迄春秋时期的"铸刑鼎"事件（王宏治，2012，pp.2-38），这些法令法律符号文本都是以青铜礼器为媒介进行传播的。青铜礼器又称为彝器，侯外庐《中国思想通史》（第一卷）中指出，殷器有鼎彝尊爵，卜辞里也出现了这些字，但是从这些神器中看不出礼器代表政权的概念，

也看不出礼器象征专政的概念，而且殷人群饮，酒醴并非专有；到了周代，彝器才与权力联系起来了。尊彝鼎爵原来仅表示盛放酒食的器皿，后来因为超越社会成员的权力逐渐集中在个人身上，便象征着神圣的政权，因而尊爵之称转化为贵者的尊称，所谓"天之尊爵"（《孟子·公孙丑上》）就是这样意思，尊彝成为贵族专享，所以成为政权的代表符号，而周公时代即是将这种制度合法化。（侯外庐，1957，p. 15）这里可以看出礼器有一个符号化的过程，即从作为实用之物的器皿到作为王权象征的符号，也即从西周开始，青铜礼器已经不是一般性质的日用器物，因其特殊的功能——体现等级制度和权力秩序而神秘化乃至神圣化，因此"青铜礼器也就成为奴隶主阶级权力的象征"（马承源，2008，p. 29）。所谓"器以藏礼"，即是礼包蕴在礼器之中，礼又因为其沟通人神的特征而具有毋庸置疑的神圣性。而中国古代早期法令法规等铸刻在青铜礼器上，以彝器作为媒介，其中蕴含的深意也就值得玩味了。考虑到礼器的特殊意义，无论是法令的编码者还是解码者，都无法忽视这一媒介本身具有的特性，而这一特性又反过来加强了附着在其上的符号文本的话语权力。如赵毅衡所言："在符号表意过程中，媒介不是中立的，媒介不是符号过程的传送环节，而是直接影响符号文本意义的解读。符号表意要达到效果，应当与适当的媒介配合。"（赵毅衡，2016，pp. 123-124）作为法律符号的媒介，青铜礼器因其特殊的意义而影响了接受者的解读，受众因为青铜礼器的神圣性而对符号文本更加敬畏服从。从这个角度来说，在法思想萌芽的时候，法是借助礼的规范性、神圣性来加强自身影响力的，礼法从一开始就是密不可分的结合体。后世所谓"法从礼出"，不仅是说礼法同源，都具有规范秩序的意义，而且同时说明礼法分离的时候，法曾经是借助礼的社会权威性而推行开来的。

从三晋法家的发展来看，他们是在三家分晋的背景下形成的学术思想流派，三晋法家的鼻祖李悝在魏国变法的时候，其实也是儒法并用，政治经济上以法家思想为主，而文教还是儒家的，赵国变法也是如此。（杨宽，2016，pp. 202-209）也即是说从法家学术思潮兴起之时，兼取儒法，互动交流就开始了，只是随着政治斗争的尖锐、统一天下的形势，当时的统治者等不了"帝道"和"王道"，需要能够立竿见影的"霸道"（《史记·商君列传》），霸道的核心即是严刑峻法、奖励军功、鼓励垦荒耕织，发展封建地主经济，并以此为基础夺取天下。

西陲秦国经过变法图强，经过历代君主的励精图治，逐渐在政治军事上取得了绝对优势，加之连年征战，人心思治，荀子、韩非子先后有过一些思考和论证，而这种大一统的思想的综合则是在吕不韦主持的《吕氏春秋》中得到落实的。《吕氏春秋》在学术思想史上一直被视作杂家，但是其中儒家和法家思想融合的痕迹还是很重的，如李泽厚所言："写作《吕氏春秋》的现实基础，应该是在秦国已取得巨大成就（也包括吕本人的事功）的法家传统的长久实践；但这个治国大方略中却保留了那么多儒家的思想。"（李泽厚，2009，p. 142）

以孔子为代表的儒家学术思想发展至孟子这里，由仁礼兼治转向片面的道德自律一边，《孟子·告子上》谓："恻隐之心，人皆有之。羞恶之心，人皆有之。恭敬之心，人皆有之。是非之心，人皆有之。恻隐之心，仁也。羞恶之心，义也。恭敬之心，礼也。是非之心，智也。仁义礼智，非由外铄我也，我固有之也，弗思耳矣。"在孟子看来，人人皆有恻隐、羞恶、恭敬、是非之心，而这四心即仁义礼智，也即是说，仁义礼智是先天的。如前文所言，孔子创造性地将"仁"注入礼中，礼作为外在规范，但是孔子的仁却始终没有一个具体的解释项，在孟子这里直接将"仁"解释为"人心"（《孟子·告子上》），也就是说推行礼乐文化只需要从自己的道德良心出发即可，将曾经沟通人神的"礼"置换为具体的"人"及其具有的人性道德，但是孟子这里同时把在孔子那里外在的"礼"——规范秩序也内化为先天的道德，这样礼的仪式容止就得不到落实，成为没有"能指"的"所指"，只有内在的道德禁限，而缺乏必要的外在制度禁限。如司马谈言，先秦诸子之学皆"务为治者也"（《史记·太史公自序》），在列国争雄的战国，孟子的这个理论确实显得有些"见以为迂远而阔于事情"（《史记·孟子荀卿列传》），不够实用，这个缺陷是荀子来弥补的。

荀子认为，人的自然之性，无所谓礼义，"今人之性，固无礼义，故强学而求有之也；性不知礼义，故思虑而求知之也"（《荀子·性恶》）。仁、义、礼、智皆是人后天思虑学习所得，人的本性在荀子看来是趋利避害的，如果放任人之本性，社会就乱套了，因此需要一个"化性起伪"的过程，"是以为之起礼义、制法度，以矫饰人之性情而正之，以扰化人之性情而导之也"（《荀子·性恶》），也即是用礼义来教化人们、规范人们的行为活动，这样就把孟子的先天性善拉了出来，成为后天的教化。面对贪欲和动荡，荀子提出"制礼义

219

以分之"(《荀子·礼论》),通过礼仪制度形式,规范秩序,进而强化外在的教化规训。"礼者,政之挽也"(《荀子·大略》),"挽"即是牵引,是一种外力引导,礼由内在道德自律转向外在制度禁限,"以善至者待之以礼,以不善至者待之以刑"(《荀子·王制》),对于正面的"善至者",以礼待之,对于负面的"不善至者",以刑处之,礼法互补,通过两套规约系统来规范表意行为,重建秩序,并且不忘分层:"由士以上则必以礼乐节之,众庶百姓则必以法数制之"(《荀子·富国》),对于社会上层,以礼乐符号系统为主,对于社会下层,以刑法系统为主,互相补充,达到全域覆盖,非礼即法,整个社会在这两套符号系统制约性相须为用,而以礼为深层结构,控制着刑法符号系统及其解释规则,成为中国几千年封建统治秩序的元语言。汉代统治者在亲历了暴秦覆亡之后,更是深刻吸取了历史教训,儒表法里,其实质是吸收了儒家礼乐伦理的制动价值,对法家事功思想带来的弊病进行了不同程度的规避。

结　语

通过前文的比较分析,我们在这里再对礼乐符号系统与法律符号系统关系的异同及意义作一简单小结:

其一,相同的是都是一种规约符号系统,对人的表意行为进行规范导引,具有同一性。

其二,从中国古代礼乐符号与法律符号的源流来看,礼乐符号对人的规训要早于法律符号系统对人的规训。

其三,礼乐符号系统注重符号分节,分节不同适用对象不同,层次性为其主要特征;法律符号学系统注重齐一,除天子帝王之外,法律符号系统适用所有人,注重整齐性;"法不阿贵,绳不挠曲"(《韩非子·有度》),"法家不别亲疏,不殊贵贱,一断于法"(《史记·太史公自序》)。当然这也只是一种理想状态,在实际操作中法律符号系统维系的也是等级特权制,只是没有礼乐符号系统那样明显。

其四,由礼乐符号系统生发出来的是道德自律,由法律符号系统生发出来的是制度规训,两者在社会生活中存在的作用不同。道德自律偏重于社会舆论与个体自制,制度规训则主要靠国家权力机关暴力机器来推进,因此"法治"究其实质则是"君主专制与严刑峻法的结合而已"(阎步克,2015,p. 148),

与现代法治还是有相当之距离。

其五，从某种程度上来说，礼是法的元语言。法的推广必须符合礼的要求，周人创造性地将德纳入权力解释系统之中，为政以德，道德伦理标准成为衡量权力是否合法的重要标准，法律制度的推行必须符合一定社会的道德伦理要求，也即是说，法的权威及解释项必须以礼为中心，实际上我们现在看到的西周时期的契约法令等都是铸刻在青铜礼器上，以此来保持法律效力。而法令制度的有效推行，如孟德斯鸠所言，需要与宗教、风俗、习惯等相适应（1961，p.7），也即是必须符合礼乐等道德伦理方面的要求。

最后，法出于礼，并一度依托于礼而推行。在战国时期，因为特殊的历史环境，礼法分离，重法轻礼，任法变革促进了大一统局面的形成，但这种急功近利的思想也容易导致"亡也忽焉"，秦王朝的覆灭给汉初统治阶层提供了反思的材料。汉代以降，礼法并用成为首选，并以此来规范人们的表意活动，与时为用。因此，礼法同源的实质是中国封建社会的动力价值与制动价值同源，而单一的元语言"礼"使得人们"按照同一种元语言来理解接受社会现实"（冯月季，2016），形成"思维共识"而不敢越雷池一步，这无疑阻滞了历史演进背后应当拥有的"持久的符号动力"（赵毅衡，2016，p.381），这也正是中国封建社会长期停滞不前的深层原因。

参考文献

[1] 赵毅衡（2016）．形式之谜．上海：复旦大学出版社．

[2] 许倬云（2012）．西周史．北京：生活•读书•新知三联书店．

[3] 赵毅衡（2016）．符号学原理与推演．南京：南京大学出版社．

[4] 祝东（2014）．仪俗、政治与伦理：儒家伦理符号思想的发展及反思．符号与传媒（2）．

[5] 杨伯峻（1980）．论语译注．北京：中华书局．

[6] 侯外庐（1957）．中国思想史：卷一．北京：人民出版社．

[7] 郭沫若（1982）．先秦天道观之进展//郭沫若全集•历史编：第一卷．北京：人民出版社．

[8] 关健英（2011）．先秦秦汉德治法治关系思想研究．北京：人民出版社．

[9] 梁启雄 (1983). 荀子简释. 北京：中华书局.

[10] 班固 (1964). 汉书. 北京：中华书局.

[11] 李学勤 (主编) (1999). 春秋左传正义. 北京：北京大学出版社.

[12] 谭光辉 (2016). 身体权力、物质权力与符号权力之间的关系. 广西师范学院学报 (5).

[13] 祝东 (2014). 先秦符号思想研究. 成都：四川大学出版社.

[14] 吴丽娱 (主编) (2016). 礼与中国古代社会·秦汉魏晋南北朝卷. 北京：中国社会科学出版社.

[15] 赵守正 (1989). 管子通解. 北京：北京经济学院出版社.

[16] 周瀚光, 等 (2000). 管子直解. 上海：复旦大学出版社.

[17] 王宏治 (主编) (2012). 历代法典说略. 北京：北京燕山出版社.

[18] 马承源 (2008). 中国古代青铜器. 上海：上海人民出版社.

[19] 杨宽 (2016). 战国史. 上海：上海人民出版社.

[20] 李泽厚 (2009). 中国古代思想史论. 北京：生活·读书·新知三联书店.

[21] 阎步克 (2015). 士大夫政治演生史稿. 北京：北京大学出版社.

[22] 孟德斯鸠 (1961). 论法的精神 (张雁深, 译). 北京：商务印书馆.

[23] 冯月季 (2016). 从政治化到世俗化：意识形态研究的符号学转向. 符号与传媒 (2).

（本文原载《上海大学学报》2017 年第 5 期）

2018

观象制器：夏商周时期青铜器图像的文化符号表征

谢清果　张　丹

摘　要：中国文明肇始于先秦时期，而图像文化作为其中最重要的分支之一曾多次展现在这个时期的青铜器、玉石与装饰品等器物之上。本文选取这个时期图像文化的代表性载体——青铜器为研究对象，以此审视青铜器之"象"的生产机制、传播机制与象征性符号背后的文化内涵，试图搭建一个以青铜器之"象"观"文化"符号的整体性思考框架，并对此做进一步探析。

关键词：夏商周；青铜时代；象；文化符号；表征

导言：作为文化符号的青铜器"象"

中国文化肇始于先秦，张光直先生认为，"在中国早期的历史上，夏商周三代显然是具有关键性的一段：中国文字记载的信史是在这一段时间里开始的，中国这个国家是在这一段时期里形成的，整个中国历史时代的许多文物制度的基础是在这个时期里奠定的。"（1983，p.27）这一时期，恰好切合历史学与考古学中所界定的"青铜时代"。中国在公元前2000年左右进入青铜时代，并在这一时期制作出大量精美的青铜器。李学勤指出，"中国古代的青铜器工艺产生了许多杰作，可称举世无双，并形成了独特的传统"（2013，p.4），即凝结出了独特的"象"文化。所谓的"象"，《说文解字》曰："长鼻牙，南越大兽，三年一乳，象耳牙四足之形。"指动物之"象"，即实象。《韩非子·解老》："人希见生象也，而得死象之骨，按其图以想其生也，故诸人之所以意想者，皆谓之象也。"这里已将兽"象"抽象为心中营构之"象"，即虚象。中国古代特别重视对"象"做进一步阐解。比如,中国象形文字就是对物象的描摹记录,古人遇事问卜吉凶的卦象本就是既抽象又具象的视觉语言,因为"卦字本义就是图画的画"(金景芳,1983,p.230)。老子言"执大象,天下往"(王弼、楼宇烈,2010,p.91),把握了"大象"也就洞悉了万物的精义。这里的"象"不追求"真实""客观",更多地将抽象但又不失真切的"象"作为内心世界的投射,更重视包容性与象征性,如同达到王弼所喻"得象忘形"(《周易略例·明象》),司空图所指"超以象外,得其环中"(《诗品·雄浑》)的境界。这时,"象"在升华与开放的过程中也给了更多文化、意识形态等进驻的空间。

这点反映在夏商周三代时期的青铜器上,尤为突出。华裔学者杨晓能将承载的纹饰、图形文字与图像铭文三种具象的青铜器,看作"是几千年史前文化孕育、积淀和发展、创新的结晶,以及青铜时代中原王朝统治手段在青铜礼器上的视觉文化与艺术化体现"(2008,前言,第Ⅳ页)。李学勤亦认为,"青铜器的纹饰在一定意义上也可以说是一种'语言',从里面可以读出古代人民的思想,是当时文化的一种鲜明的反映"(2013,p.89)。现代传播学认为信息交流传播的过程中,文字书写和口头语言媒介不如视觉媒介具象、意涵丰富,将视觉意象视为"一种更加高级的媒介",因为"它能为物体、事件和关系的全部特征提供结构等同物"(阿恩海姆,1998,p.309)。为此,我们希望通过对夏商周时期青铜器中"象"的检视,发现并探究其背后的文化表征。需要说明的是,考虑到"象"的双向指涉性,下文所指的"象"包括实象与象征意义上的虚象。

一、铸鼎象物:"象"的权力表征

夏商周时期,青铜器常代表着权力与威严。张光直先生指出:"三代期间,这些容器在形式与装饰纹样上经过许多有时相当显著的变化,但是它们的主要功能——在仪式上使用并为特选亲族的贵族统治之合法性的象征——是始终未变的。"(1983,p.22)这期间,关于青铜器的一项重要政治实践便是铸造九鼎。鼎的出现可追溯至仰韶时代,早期的鼎用土陶焙制而成,只是普通生活炊具。随着青铜时代的到来,鼎的制作、使用与地位悄然发生变化,到了东周,已经演化为表征权力合法性的"媒介符号"。鼎作为一种炊具是如何实现地位跨越，而鼎之"象"是如何参与表征系统运作的问题，则需要我们对鼎在历史中演变的背景进行考察。

图1 后母戊大方鼎（1939年河南安阳出土）

司马迁《史记·封禅书》中有言："黄帝采首山铜，铸鼎于荆山下。鼎既成，有龙垂胡髯，下迎黄帝。"《世本·作篇》也说"黄帝作宝鼎三"。《汉书·郊祀志》中提及黄帝铸鼎的目的在于象物，"黄帝作宝鼎三，象天、地、人"，这时鼎的复合意义是象征天地万物。《史记·正义》又言："禹贡金九牧，铸鼎于荆山下，各象九州之物，故言九鼎。"《焦氏易林》："禹分九州，收天下美铜铸为九鼎，以象九州。"《左传·宣公三年》记载楚庄王问鼎中原时，王孙满的一段答语中曾提及"禹铸九鼎"目的的史事：

（王孙满）对曰："在德不在鼎。昔夏之方有德也，远方图物，贡金九牧，铸鼎象物，百物而为之备，使民知神奸。故民入川泽山林，不逢不若。螭魅罔两，莫能逢之，用能协于上下，以承天休。"

《墨子·耕柱》中也有夏朝启铸九鼎的记载：

昔者夏后开（启）使蜚廉折金于山川，而陶铸之于昆吾，是使翁难雉乙卜于白若之龟，曰："鼎成三足而方，不炊而自烹，不举而自臧，不迁而自行，以祭于昆吾之虚，上乡。"乙又言兆之由曰："飨矣。逢逢白云，一南一北，一西一东，九鼎既成，迁于三国。"

由此可知：禹铸九鼎是为了"使民知神奸""螭魅罔两，莫能逢之"，更高层次上是为了"协于上下，以承天休"和展演天赋神权的正当性；启铸九鼎是信奉"九鼎既成，迁于三国"，或者说是使民信之。禹启二人铸鼎实际都是为了增加行使权力的合法性而做出的一次决断。换言之，铸造"九鼎"的神话，就是一次权力表征系统的运作与政治传播过程。此时"鼎"的本质是承袭上天"神力"的媒介，并未与"国家"与"君权"形成某种符号指涉关系。笔者认为，青铜鼎在漫长的历史沿革中共经历三次转向，最终才实现自身价值与地位的飞跃，并演替为权力的象征符号。

第一次转向，大抵发生在夏朝二里头文化时期，青铜礼器逐渐取代陶制礼器，成为上层社会祭祀活动的主要器具。青铜器"象"不能应用于一般生活场合，具有一定的神圣性。第二次转向，发生在商周时期，以铸鼎的大小、重量衡量国力与财力等社会心理出现。以青铜九鼎为例，行举国之力[1]铸造而成的九鼎自然鸿钧独运，承担起国家祭祀的重任。九鼎之"象"在祀礼中以难以撼动、令人肃穆的形态，凝聚出威严的压迫感。第三次转向，则发生在东周时期，定于一的国家绝对权力在各诸侯国逐鹿中原的持续挑战抗争中分崩离析，此时九鼎便抽离出具有神性意义的祭祀场合，化身为一种政治权力的符号媒介，九鼎之"象"上升到广泛意义的心理层面，政治权力的让渡最终需要九鼎的加持与确权，这是九鼎的符号化过程。比如，《左传·宣公三年》，楚庄王"伐陆浑之戎，遂至于雒，观兵于周疆"，周定王"使王孙满劳楚子。楚子问鼎之大小、轻重焉"。这时的鼎已经预示着国家的安危存亡。战国时，秦多次兴师临周而求九鼎，齐、魏、楚之君也都为此日夜谋虑。此外，权力角逐中的胜利者，往往也被后世印证为合法地继承了九鼎的拥有权，两者互为确证。唐人张守节在《史记正义》中说："周赧王十九年，秦昭王取九鼎，其一飞入泗水，余八入于秦中。"直言东周散落的九鼎并非失佚，而是"自然地"进入了秦国，

---

[1] 铸造一个大型制的青铜鼎所需要的矿石数量是惊人的。《中国古代冶金》中说，"古代即使选用最富的矿石，每炼一百斤铜恐怕也要三四百斤或更多的矿石"（北京：文物出版社，1978年，第28页）。但这非一种科学论断，实际比例要远低于此。根据 Togur 所说：即便是最富有的矿石也只包含不到5%的纯金属。[转引自 Ursula Franklin. On Bronze and other Metals in Early China. (Paper Presented at a conference on the origins civilization, Berkeley, June 1978, p.17)] 乐观地说，如果按10∶1计算的话，重832.84公斤的后母戊鼎需要铜8吨，殷墟妇好墓中总重1625公斤的青铜器更需16吨铜矿。可以想象，在普通青铜都只能流通于上层阶级的商周时期，因生产力的限制，祭祀重器九鼎的铸成是极端不易的，更可能需要行举国之力完成。

后一统天下的秦国拥有九鼎是合理的,九鼎与权力合法性之间的对应关系也是天然自洽的。(牛世山,2004,p.32)此时九鼎之"象",已经彻底升华为权力实践的媒介符号。正如美国政治传播学者拉斯韦尔(Harold Lasswell)所言,符号与暴力等手段同等重要,它"发挥着建构、改变或者维系权力实践的作用"。(2012,pp.106—107)

需要说明的是,第二次转向前,鼎上刻画之"象"亦是鼎发挥图像传播"效力"的途径。这种方式更多地应用在巫祝盛行的殷商及其早期社会,比如,上文提及夏代的"铸鼎象物"说。宋人孙副枢的《青琐高议·序》言:"人鬼异物,相杂乎洲渚间,圣人作鼎象其形,使人不逢;又驱其异物于四海之外,俾人不见。"认为鼎上刻画了"神灵奇怪"之物。学者赵世超联系当时巫术背景,推测九牧所画"百物"皆是怪兽,"铸鼎象物"的作用是"禁不若",即用模拟巫术的办法,通过控制敌人的图像来控制敌人,使九鼎具有"协与上下,以承天休"的力量。(2004,pp.139—144)

事实上,通过巫祝图像来施行权力在早期中国并非鲜事。《周易·贲·象》云:"圣人以神道设教,而天下服矣。"《礼记·礼运》亦云:"圣人参于天地,并于鬼神,以治政也。"在民神杂糅、巫觋之术盛行的商周时期,"观怪"之术常出现在庙堂之上。《吕氏春秋·有始览·谕大》引《商书》云:"五世之庙,可以观怪。"高诱注云:"庙者,鬼神之所在。五世久远,故于其所观,魅物之怪异也。"这里的"怪"并非仅指"鬼",有时也可通神,都是以"象"为表征,假借神鬼异力维护奴隶制统治。正如饶宗颐先生说言:"宗庙可以观怪者,正以其陈列礼器,器上多镂绘怪兽之属,象征宇宙某种大神。"(1996,p.266)

用巫术中的图像可以实现身体与权力的控制,这一做法在西方世界也相当普遍。弗雷泽(J.G.Frazer)在他的《金枝:巫术与宗教之研究》中列举了大量生动的实例,如奥吉布威印第安人通过制作敌人模样的木偶,并用一根针穿刺头部或胸部,企图加害于敌人;秘鲁的印第安人用脂粉和谷粉捏指出他所讨厌或惧怕的人的雕像,并在那位受害者将要经过的路上把它烧毁,他们将此称为"烧掉那人的灵魂";墨西哥的台佩璜人对照相惊恐万分,因为他们相信,照片会把他们灵魂吸走,被摄影师带回去慢慢吞食;等等。(1998,p.22,p.294)法国学者德布雷(Régis Debray)认为,"象"在生产与传播场域下事关权力的生与死。他在《图像的生与死:西方观念史》中强调掌握图像制作与发挥"图像威力"对于权力的重要性。在重塑信仰、实现精神凝聚方面,图像的功能不止"使其成为娱乐、辅助记忆和教学的权宜之法",更为关键的是"它能够凭借群体对中心图像的认同而把信仰成员凝聚在一起",德布雷感慨图像赋予文字的活力,"如果没有神迹、圣迹,基督教的学说又有什么推广力呢?……没有仙女、独角兽、美人鱼、天使和恶龙,又如何能在展示不了的情况下让人相信地狱、天堂、复活呢?如何让人去笑、去哭、去颤抖呢?"(2014,p.74)因此,德布雷甚至断言:"谁能传递图像,谁就能使天真无邪者驯服。"(2014,p.82)

二、藏礼于器:青铜器"象"的礼制表征

中国青铜器的一大特色是"象"中藏礼。胡适认为,"人类的一切器物制度礼法,都起于种种'象'",而"象"是一切制度文物的"幾"。所谓"幾",在《易·系辞》中指"动之微,吉凶之先见者也",即吉凶之"象",因此无论是个人、社会或国家都要"知幾""见幾"。(2012,p.79)个人动机中的"象"能够在心理层面上安顿自我,为个人生活设置框架与尺度,不至于出现越轨行为或悖逆社会期许。民族与国家也须仰仗"象"的示范效力,实现社会结构的长期稳定。

对于青铜时代而言,"象"效力自然落到具有重要地位的青铜器上。中国古代的青铜器在制作、使用、象征等方面不同于其他文明,中国青铜器更多用以制造形态各异的礼器,而不是用于生产工具或战争武器。(张光直,1983,p.22)如此,青铜器"象"的演变,往往映射着中国礼制文明的进程。

夏代青铜器"象"崭露头角,偃师二里头考古出土了少量青铜酒器爵、斝、盉、觯和个别青铜鼎。及至商代,殷墟妇好墓中出土鼎、甗、簋、罍、斝、盂、瓿等种类繁多的青铜器共468件,其中礼器196件,占总数的44.8%,并出现了大量以觚(53件)、爵(40件)、斝(12件)为代表的酒器。(中国社会科学院考古研究所,1980,p.15)酒器的使用依礼而行,即"尊者献以爵,卑者献以散"(《礼记·礼器》),而酒器式样的日渐繁复,正是商代"尚酒"之风和礼制发展的体现。值得注意的是,妇好墓出土的青铜礼器,很多虽成对或同铭同式,但细部纹饰之"象"却又相异,没有完全相同的,这表明了此时社会对青铜礼器不尽苛求。或如李建民所推测,"当时青铜

器的礼制似未成定例，而是依重器（主要是鼎）及酒器品类和数量的多寡，来区分墓主人地位之高低"（李建民，2014）。青铜器的大小也关系到墓主人的身份地位，地位越高，器物的尺寸越大。（罗森，2002，p.107）

商晚期至西周以降，青铜"象"日渐繁盛，成规律的青铜鼎和簋等逐渐取代其他制品而成为祀礼中最主要的器皿。同时酒醴之器大为减少，牺牲与黍稷之器相应增加，即如郭宝钧先生所说的，由"重酒的组合"转变为"重食的组合"。（1983，p.62，p.123）一方面是周初禁酒之风的体现，另一方面也暗示了礼制社会的逐渐形成。现知最早在二里头文化第三期出现的，不同身份的人拥有不同青铜器具的制度，经过夏商两代的发展，到了周代已相当完备，尤其经过西周初年周公"制礼作乐"的定型后，上至祭神祀祖，下至起居饮食，都有一套极其严谨繁复的礼乐制度。王国维在《殷周制度论》中，对周人的立嫡之制、丧服之制、天子君臣诸侯之制、庙数之制、不婚之制等，均有详细考订（1998，pp.1-15）。《周礼》有言："礼祭，天子九鼎，诸侯七鼎，大夫五鼎，士三鼎"；"天子八簋，诸侯六簋，大夫四簋，士二簋"。《左传·庄公十八年》载："各位不同，礼亦异数"，青铜礼器严格遵循君臣、尊卑长幼等原则而配置，成为"明贵贱、辨等列"（《左传·隐公五年》）"彰礼"的工具，逐步完成向"藏礼于器"的过渡。"礼不下庶人"（《礼记·曲礼》）的三代时期，青铜器是社会结构的体认，"不仅反映而且维系着既存的社会秩序……如同西方王冠上的宝石，青铜器是政治权力看得见摸得着的象征"（雷德侯，2005，p.43）。

西周中后期，青铜"象"的发展带来了礼制文化的昌盛。当青铜器类别、大小与重量属性已经无法满足社会规范所需的全部礼制功能时，图"象"创新在所难免，从而推动"（西周中期的穆王时期以后）出现了新造型和纹饰"（李松，1983，p.56）。进入成熟期的西周青铜艺术，虽逐渐舍弃商代神秘、恐怖的饕餮纹和夔龙纹，转而采用装饰简洁的波曲纹、重环纹、瓦楞纹和垂鳞纹等，但也并未做超越性发展。以窃曲纹为例，容庚与马承源等考古专家皆认为，窃曲纹中多含有目与兽角的形状，是由复杂的兽面纹简化而来（容庚、张维持，1984，p.115；上海博物馆青铜器研究组，1984，p.25）。这种看似程式化的简化，实则是图像文化精髓的表征，"图案纹样的创造……将自然形删繁就简，保留其有代表性的、动人的、人们感兴趣的特征，并通过主观的想象加以变形，经过一番化装，使其本质更加突出"（雷圭元，1992，p.7）。涂尔干（Emile Durkheim）多次指出，在宗教与社会团结中的作用，"图腾生物的形象比图腾生物本身更重要"，即图像本质的表征才是重点，仪式中膜拜的功能在于"唤起崇拜者由道德力和道德信念而构成的某种心灵状态"。"如果没有符号，社会情感就只能不稳定地存在。"因而，"借助宗教符号表达出来的道德力，是我们必须予以考虑的、不以我们意志为转移的真实的力"。（2011，p.180，p.313，p.314，p.525，p.529）

青铜礼器图"象"的展演，常需要钟鼎盘盂铭文（金文）之"象"的配合。器中有铭，也是中国青铜器的另一大特色。《礼记·祭统》云："夫鼎有铭，铭者，自名也，自名以称扬其先祖之美，而著之后世者。"刘熙释名云："铭，名也，记名其功也。"（《释名·释言语》）饶宗颐说，器中刻铭（名）的做法，"已盛行于殷世，与礼俗甚有关系。"（1981，序言，p.2）一言以蔽之，铭文与"礼"有关，且大多用于载事（功）。

叙事的功能在于传达社会规范和认知记忆。法国社会学家哈布瓦赫（Maurice Halbwachs），将记忆看作延续现实的基础，观念与习俗需要在记忆中不断重构，"社会只有将其制度置于强有力的集体信念基础上，才能生存下去"（2002，p.310）。青铜时代"礼"制的存续与发展，某种程度上依赖社会集体记忆（collective memory）的建构与传播。"集体记忆具有双重性质——既是一种物质现实，比如一尊雕像、一座纪念碑、空间中的一个地点，又是一种象征符号，或某种具有精神内涵的东西，某种附着于并强加在这种物质现实之上的为群体共享的东西。"（2002，p.335）在这层意义上，铸刻铭文的青铜器就是一个典型的"集体记忆"：它既是集体记忆的物质现实，又是集体记忆的传承媒介。在祭祖祀神等仪式中，群体在共时性传播场域内，重温共同体记忆中的"故事"，以获得情感共鸣，从而维系参与者身份认同，此时青铜器铭文"象"，更多充当人、神（祖）之间的阐释媒介。而在代际与超代际的历时性传播过程中，青铜铭文"象"则化为集体记忆传承与流转的载体。

铭文之"象"作为礼制记忆传承的媒介，进入西周以后，体现得更为明显。《公羊传》徐疏引闵因叙曰："昔孔子受端门之命，制《春秋》之义，使子夏等十四人求周史记，得二十国宝书。""宝书"即是对载有铭文青铜器的尊称。称其为"宝"，可看出此时期对铭器叙事功能的倚重。郭沫若先生，将铜器铭文的演进看作划分中国青铜时代四个阶段的重要依据，并认为，处在第二阶段的西周时期，不再"有铭之器少，无铭之器多"，而是通过铭文的增加消减了青铜器祀礼的神性，增加了"书史"的功能性，即"文化递进，器铭加详……直书古人之史矣"（2009，p.239）。郭氏的论证，确有一番道理，但过分强调铭器叙事"功能性"对仪式"神性"的祛魅，难免会让人产生铭器已脱离"礼"之辖制的错觉。事实上，礼与器从未分离。《周礼·秋官·司约》曰："凡大约剂书于宗彝，小约剂书于丹图。"郑玄注："大约剂，邦国约也。书于宗庙之六彝，欲神监焉。"记载诸侯邦交"大约剂"的青铜铭器"六彝"，铸刻完成后，还需回归庙堂，接受"神监"。可以想象，以"铭于钟鼎，传遗后世"（《墨子·鲁问》）为旨的青铜铭器，无论是铸造还是使用都是严格依礼而行和极其庄重的。西周铭文在体例上，虽从商代初最长不超过五十字，之后不断加长，发展到后期，最长可达数百字，但内容上并无太大差异，本质上"都是体现'周礼'的：一是通过记事夸耀武功、称扬祖德、记叙功绩，以及周王的锡命，从而宣示职务、地位、权威；二是加强宗法制度，铭文中常有'子子孙孙永宝用'等词，正是要子孙万代永忠周室，永效祖绩，达到巩固周室统治的目的"（赵承楷，1999，p.34）。

礼制记忆的传承需要书写媒介，王国维曾经将古代中国的书写媒介，大致分为金石、甲骨与竹木。（1999，p.34）钱存训先生比较三者作为文化传递载体的功能时发现，"古人似乎对坚硬耐久的材料有所偏好，不仅用于祀神祭祖，更以之将信息流传后世"（2003，p.157）。这似乎解释了青铜器在三代时期受重用的原因，因为铜器媒介象征着"永恒性"与"超越性"。这种由"象"而产生的"幾"，不仅在对当世之人的加冕与训诫仪式中，完成了社会规范与价值在横向范围的蔓延，也在纵向维度上实现了社会与民族集体记忆的存续。

三、立象尽意：青铜器"象"的警示与教育表征

立象之意在于观看，"实际上艺术创作是包括创作、使用、观看等因素在内的一整套机制"（李清泉、郑岩，2000，p.111）。器物之"象"往往创造出一种"凝视"与"观看"。以往传统的历史学家和金石研究者，常常因过分关注图像本身的表意机制，而忽略图像"观看"机制，英国东方考古专家杰西卡·罗森（Jessica Rawson）女士敏锐地指出，研究器物的纹饰时，不能仅仅依据图样的平面拓片去观看和解读，因为"所有的装饰纹样在特定的环境之

内，都是转为某类型的器物而设定的。……就必须和形制结合去理解"（2011，p.4）。罗森将平面图片复原成立体图像"观看"的尝试，使对图像含义的解读发生了方向性的转变。

"国之大事，在祀与戎"的三代时期，青铜器作为祀礼重器，若想充分发挥其功能，它的纹饰图像就必须"把其最完整、最直观的一面展现给'观者'"，而"观者"角色的介入，又对青铜器的制作提出了一种假定，"不仅包括当时能直接看到青铜纹饰的在世商人，如青铜器的所有者、观看祭祀活动者以及其他能看到青铜器纹饰的所有的人，而且也包括被祭祀商（周）族已故去的先公、先王和其他商（周）人心目中遐想的各种神灵"（岳洪彬，2000，p.70）。张光直先生认为，这些纹饰恰是这种"巫觋通天的法器"的传播媒介："在古代中国，作为与死去祖先沟通的占卜术，是靠动物骨骼的助力而施行的。礼乐铜器当时显然用于祖先崇拜的仪式，而且死后与参加祖先的行列的人一起埋葬。因此这些铜器上铸刻着作为人的世界与祖先及神的世界之沟通的媒介的神话性的动物花纹，毋宁说是很不难解的现象。"（1981，p.70）作为媒介，对统治阶层或祭祀掌管者而言，铭器纹饰不仅承载着昭示众人自身承天（祖）袭命的权力合法性依据，也承担着教育与规训使命。

最能体现青铜器上训诫媒介属性的是出现频率最高的装饰纹样——兽面纹。这种纹样虽细节不同，但结构大致相仿，常采用两个隐身或显身的侧视兽面，左右对称拼接而成。宋人王黼在《宣和博古图》中首次将三代时期的青铜兽面纹定义为饕餮纹（见图2）。然而这却不是宋人的发明，早在《吕氏春秋·先识览》篇中便有言："周鼎著饕餮，有首无身，食人未咽害及其身，以言报更也。"这话很直接地反映了饕餮"贪食"之象。《左传》和《山海经》等文献中均有类似记载。[①] 学界对这类野兽是否确为传说中的饕餮一说莫衷一是，近年来的资深考古学家，也对青铜器兽面纹这类图像是否应该再称之为饕

[①] 饕餮，古代神话中一种"贪吃"神兽。《左传·文公十八年》云："缙云氏有不才子，贪于饮食，冒于货贿，侵欲崇侈，不可盈厌；聚敛积实，不知纪极；不分孤寡，不恤穷匮。天下之民以比三凶，谓之饕餮。"《左传》杜注曰："贪财为饕，贪食为餮。"《山海经·北山经》中亦云："钩吾之山……有兽焉，其状羊身人面，其目在腋下，虎齿人爪，其音如婴儿，名曰狍鸮，是食人。"郭璞注曰："为物贪，食人未尽，还害其身，象在夏鼎，《左传》所谓饕餮是也。"

饕纹存有异议①，但三代时期青铜鼎上，多次出现狰狞恐怖的动物纹饰，应是毋庸置疑的，大量出现此纹饰也必非偶然，事实上，在"夏道尊命，事鬼敬神而远之"（《礼记·表记》）和"殷人尊神，率民以事神，先鬼而后礼"（《礼记·表记》）的巫祝盛行背景下，"饕餮纹艺术发展、变迁的背后，必须有其内在的文化因缘……不是技术发展的产物，而是特定宗教观念在图像艺术中的呈现"（郭海儒、黄厚明，2007，p.37）。

图 2 饕餮纹样式图本

笔者认为，这类动物之"象"在巫祝中发挥着宗教性的主导意义，是通过神祖和世人两个维度下的"观看"衍生出来的。而青铜礼器的动物纹饰作为一种通礼神器的传播媒介，对上发挥着沟通作用，对下则重在警示与教育。南宋罗泌言及的"三代彝器，多著蚩尤之像，为贪虐者之戒"（《路史·蚩尤传》）之说一直主导着宋以来的青铜器纹饰意义研究。然而，"戒贪"形象的首要观看者应是参与祭祀的宾客与众人，而不是供奉在庙堂之上的神祖。让谁"戒贪"的问题是首先需要明确的，想必后人不会一边提供丰厚的祭品，一边心中默念希望神明与先人切莫贪飨的祷辞。《诗·小雅·楚茨》曰："以为酒食，以享以祀，以妥以侑，以介景福……苾芬孝祀，神嗜饮食。卜尔百福，如几如式。"这反映神祖丰飨美食以保佑子孙的祭祖之歌，就是例证。所以说，针对神祖的训诫是说不通的。事实上，兽面纹的最初用意，或在于警示"观看者"后人不要成为因贪食连自己身体都吃光的饕餮恶兽，这才是训诫之目的，这是

---

① 比如，李济先生（1972年）不赞成用饕餮这个名称，主张这类纹饰为"动物面"；张光直先生（1973年）则称其为"兽头纹"，有单头和连身之分；马承源先生（1984年）径称为"兽面纹"，以角的区别划分类型；陈公柔、张长寿先生（1990年）亦主张存用"兽面纹"代替"饕餮纹"之名。虽然如此，学界的许多论著中仍然沿用饕餮之名定义兽面纹。

图像提供的第一层世人"观看"。第二层"观看",世人通过将铸刻于祭器上,以"贪戒"为代表的劝勉自身的警训,赋予器物灵魂传达于上,借此向神祖表达自身愿恪守的虔诚之心,这时神祖"观看"的是生人的祭祀之心(是否坦诚并真实无保留地将训诫示众),而非以此规诫自己。第三种"观看",即观者主体(世人)在秩序(伦理/道德)的先验性主体——"神"(祖/鬼)的观看下进行反馈式互动,透过现象(人之世界)看到本质(神之世界),再获得诉诸观者主体的体悟式省察。萨特(Jean-Paul Sartre)将他者定义为"凝视着我的人",主体与他人关系的建构处在"被-他人-看见"是"看见-他人"的真理中。(1993,p.257)福柯(Michel Foucaul)将观看下的"凝视"转义为软权力下的"监视"和"监控",认为所有的观看都是在场的"质询"。(1980,p.152)落实到中国古代祭祀活动,在以"象"为媒介的双层观看机制下,参与主体实则在进行一种"与神同在"式的自我心理规训。就更广泛的社会层面而言,这是青铜"象"在构建伦理/道德机制中的升华。

这种"象"的规训机制,还体现在三代以来以"目"制樽的传统和饕餮纹中大量出现的眼睛图案。台湾艺术史家谭旦冏先生指出,眼睛在古代世界中尤为重要,对饕餮纹的解读必须重视眼睛:"目纹是颜面所必备的,无论如何简化,变形或分解,都少不了这一对睁瞪的眼睛。"(1960,p.275)闻宥先生也说,"故古器物所见……向来所谓饕餮纹者,其作用即在此一双伟突之眼目"(1932,p.2358)。古代中国,以"目"为祀的说法并不罕见。《礼记·明堂位》有言:"灌(祼祭)尊,夏后氏以鸡夷,殷以斝,周以黄目。"郑玄注曰:"夷读为彝。……彝,黄彝。"周人祭祀常用"黄目",而不是夏商时期的鸡彝樽与斝。郑玄在《周礼·春官·司尊彝》中对"黄目"的注解为"玄谓:黄目,以黄金为目"。《礼记·明堂位》还说:"季夏六月,以禘礼祀周公于大庙……郁尊用黄目。"像礼祀周公这种国之大事都要选用"黄目"作为郁尊祭器,这是因为"黄目,郁气之上尊也。黄者,中也多目者,气之清明者也。言酌于中而清明于外也。"(《礼记·郊特牲》)易言之,"黄目"是暗示着洁净光明的上等礼器。然而,对为何选取"目"这一特殊意象,却鲜有提及。宋代沈括在《梦溪笔谈·器用》中对此有进一步阐解:"礼书所载黄彝,乃画人目为饰,谓之'黄目'……中间有二目,如大弹丸突起,所谓'黄目'也。视其文,仿佛有牙角口吻之象。或说黄目盖神兽,疑亦是一物。大抵先王之器,皆不苟为。昔夏后铸鼎，以知神奸，殆亦此类。"沈括认为"目"的作用殆如《左传》所言的"辨神奸，至于辟邪也"，即眼睛之"象"具有驱邪避祸的神秘力量。徐中舒等学者断定，这里的"黄目"即考古学界称之的饕餮纹，是商周时期"铜器中最常见之兽面图案"（1935，p. 88）。

古人对眼睛之"象"常怀有复杂的情绪。一方面畏怖，出现在青铜器上的眼睛将他者的视线渗透于观者自身，独处之时亦会感受到这种监视的威力，从而催发出个人的"慎独"态度。在祀礼中，为维持共同体内部秩序的稳定，防止越轨或异端的出现，参与者的个人意志，必须时时接受他者（神鬼或先祖）视线的考量。另一方面又极端眼目崇拜，这源于他们对眼目具有某种神力的笃信。英国伦敦大学艾兰女士（Sarah Allan）在论述饕餮纹中最突出的特征部位——"眼目"的含义时说："眼睛本身是一种有威力的形象，它所包含的绝不仅是形式因素。眼睛的形象，不须推敲就可以感到一种无以名状的威力；它能看穿一切，又不可以琢磨。这是一种可以感受到但难以描述的真实存在。"她引证尔里斯特·格曼布雷奇（Ernest Grombrich）的结论："在原始艺术里，眼睛是一种普遍性形象。它具有让人恐惧，尊神压邪的功能。"（1990，p. 151）

殷周时期的中国古人，常有崇拜眼睛的传统。古蜀国三星堆青铜立人像，就是代表。青铜立人像造型奇特，兽面耳鼻嘴全无，却有一对异常凸出的大眼睛，眼眸外眦瞋视，颇具威严。遗址二号祭祀坑出土的 15 件半圆形人面像中，3 件 A 型器物，"眼球也都明显突出眼眶。标本 K2②：148（见图 3）双眼斜长，眼球极度夸张，直径 13.5 厘米，凸出眼眶 16.5 厘米。"（李世亨，1991）王仁湘先生认为，这反映了古蜀人试图将眼睛与被称为"天之眼"的太阳合二为一的眼目崇拜。立人像冠中间为太阳，两边的巨眼实际上是"天眼冠"或"天之眼"，而"蜀"字上为"目"，也有太阳的意思，可称为"天目冠"。（2016，pp. 22−29）汤惠生先生通过对东西方萨满教的对比，认为饕餮纹不仅是一种兽面纹，也有可能是"天神或太阳神之属"（2011，p. 233）。日本学者林巳奈夫则大胆直言，饕餮纹实为太阳的图像性表达，是继承太阳神神力的方式。（1993，pp. 116−135）事实上，古代世界中，眼睛、太阳和神力三位一体的复合崇拜体系在不同文化中多有体现。比如，古印度婆罗门教中的太阳神，又称"天之眼睛""太阳制造者"或"世界的眼睛"。古埃及神话中最重要的神之一拉（Ra, Rah, 或作 Ré）就是指"白天的太阳"，他的整个身体就是太阳，或者仅仅是他的眼睛。《日本书纪》与《古事记》记载，日本神话中最高的神——天照大神，是从日本神话中开天辟地之祖伊奘诺尊的眼睛中诞生的。此类说法，不一而足。总之，以眼目之"象"达致某种权力规训，规避某种"视线"的侵袭，或以此作为承袭某种神力的中介，应该都是可以理解的。这或许也是夏商周时期青铜器上广泛采用"眼睛"图纹图形的原因。

图3　二号祭祀坑B型铜兽面具（K2②：148）

结语：在文化表征与沟通媒介间灵动着的青铜器"象"

中国古代的"象"具有鲜明的本土特色。"象"最早源自卜筮之术，如以《周易》中每卦六爻示之，上两爻为天，下两爻为地，中两爻为人，喻指人居于天地之间，而变化的卦象表达出的某种义理则是人们悉天道、断吉凶的依据。《周易》中多次言及"观象制器"①，胡适推定："所谓观象，只是象而已，并不专指卦象，卦象只是象之一种符号而已"，并将"观象制器"看作一种"文化起源说"。（2013，p.392）

青铜时代，青铜器之"象"的发展，某种程度上印证了胡适的文化源流说。青铜器之"象"通过在形态、体积、纹饰、拥有对象、使用场合、应用方式等多个方面的应用，发挥了其或权力或礼制或警示和教育等表征功能，促成

---

① 比如，《系辞上》说"易有圣人之道四焉：以言者尚其辞；以动者尚其变；以制器者尚其象；以卜筮者尚其占"，"圣人立象以尽意"，《系辞下》说"象事知器"。古代中国认为小至器具、建筑，大至村镇、城市规划，皆属于"观象制器"的统摄范畴。

了早期中国社会政治、经济、文化框架的形成。杨晓能将其看作古人精神内核的表征，"这些纹饰与图形文字不仅记录了当时的装饰主题和祭礼，展示了当时的艺术与审美时尚，还蕴藏着寻求协调的宇宙观和宗教信仰、进而建立和维护社会秩序的政治动因"；进而他说，"对它们（青铜器图形文字和纹饰）的确切释读，不仅对青铜器的研究具有总体性指导意义，更重要的是有助于我们重现真实的'三代'时期中国历史的面貌"。(2008，pp. 5-6)

"观象"是我们理解三代时期的巫觋、礼制、政治等文化的重要途径，但文化（文明）的存续与发展，更需要"象"发挥其"媒介"传播功能。青铜器的媒介特性是伊尼斯（Harold Adams Innis）笔下倚重时间的媒介，它是文明长久存续的基础。学者潘祥辉根据德布雷的"媒介域"，将青铜器视为一种"复合媒介"，并认为"青铜器作为古代中国的一种媒介技术和象征物，深刻地影响了中国的政治运作和文化传承，它的出现无疑标志着一个新的媒介域的形成"（2015，p. 67）。如此，我们大可进一步细化研究焦点：以青铜器之"象"为研究对象，将青铜器媒介上的"象"视为一种"亚媒介"。当然，"亚媒介"研究离不开对青铜媒介载体的讨论，只不过，我们更关注的是作为亚媒介的青铜器之"象"，是如何在横向传播的过程中实现与个人、社会的勾连，如何在纵向传播中发挥其媒介属性的。因为，中国的"象"本身就复杂而多面。"历史不是一个文本"，可是"除了文本，历史无法企及"（葛兆光，2009，p. 121）。对于青铜时代的夏商周而言，最好的文本，就是青铜器的"象"。

参考文献

[1] Sartre, Jean-Paul (1993). *Being and Nothingness*. NY：Kensington Publishing Corp.

[2] Foucault, Michel (1980). *Power/Knowledge: Selected Interviews and Other Writings 1972 – 1977*. Great Britain：The Harvester Press.

[3] 阿恩海姆，鲁道夫（1998）. 视觉思维：审美直觉心理学（滕守尧，译）. 成都：四川人民出版社.

[4] 张光直（1983）. 中国青铜时代. 北京：生活·读书·新知三联书店.

[5] 李学勤（2013）. 青铜器入门. 北京：商务印书馆.

[6] 金景芳（1983）. 古史论集. 济南：齐鲁书社.

[7] 李学勤 (2013). 中国青铜器概说. 北京：商务印书馆.

[8] 杨晓能 (2008). 另一种古史：青铜器纹饰、图形文字与图像铭文的解读（唐际根，等译）. 北京：生活·读书·新知三联书店.

[9] 拉斯韦尔，哈罗德·D.；卡普兰，亚伯拉罕 (2012). 权力与社会——一项政治研究的框架（王菲易，译）. 上海：世纪出版集团.

[10] 潘祥辉 (2015). 传播史上的青铜时代：殷周青铜器的文化与政治传播功能考. 新闻与传播研究 (2)，53-70.

[11] 牛世山 (2004). 神秘瑰丽：中国古代青铜文化. 成都：四川人民出版社.

[12] 赵世超 (2004). 铸鼎象物说. 社会科学战线 (4)，139-144.

[13] 饶宗颐 (1996). 澄心论萃. 上海：上海文艺出版社.

[14] 弗雷泽，詹姆斯·乔治 (1998). 金枝：巫术与宗教之研究（徐育新，等译）. 北京：大众文艺出版社.

[15] 德布雷，雷吉斯 (2014). 图像的生与死：西方观念史（黄迅余，等译）. 上海：华东师范大学出版社.

[16] 胡适 (2012). 中国哲学史大纲. 北京：东方出版社.

[17] 张辛 (2006). 青铜器礼义论要. 考古学研究，572-586.

[18] 中国社会科学院考古研究所 (1980). 殷墟妇好墓. 北京：文物出版社.

[19] 李建民 (2014). 藏礼于器：夏商周青铜器礼制思想. 中国社会科学报，2014-11-26.

[20] 罗森，杰西卡 (2002). 中国古代的艺术与文化（孙心菲，等译）. 北京：北京大学出版社.

[21] 郭宝钧 (1983). 商周铜器群综合研究. 北京：文物出版社.

[22] 雷德侯 (2005). 万物：中国艺术中的模件和规模化生产（张总，等译）. 北京：生活·读书·新知三联书店.

[23] 王国维 (1998). 殷周制度论//郭伟川. 周公摄政称王与周初史事论集. 北京：北京图书馆出版社.

[24] 李松 (1983). 青铜艺术与它的土壤——商周青铜装饰艺术花纹与衍变规律. 美术 (3)，50-56.

[25] 岳洪彬（2002）. 殷墟青铜器纹饰的方向性研究. 考古（4），69—80.

[26] 张光直（1981）. 商周青铜器上的动物纹样. 考古与文物（2），67—78.

[27] 郭海儒，黄厚明（2007）. 形式与功能——商周青铜器饕餮纹图像研究的两种取向. 美苑（2），33—38.

[28] 谭旦冏（1960）. 饕餮纹的构成//庆祝董作宾先生六十五岁论文集（上册）. 台北："中央研究院"历史语言研究所.

[29] 闻宥（1932）. 上代象形文字中目文之研究. 燕京学报（11），2358—2478.

[30] 徐中舒（1935）. 古代狩猎图像考//庆祝蔡元培六十五岁论文集. 北京：商务印书馆.

[31] 艾兰，莎拉（1990）. 饕餮纹及其含义. 中国史研究（1），142—155.

[32] 葛瑞，阿莱克斯（2016）. 艺术的使命（高金岭，译）. 北京：译林出版社.

[33] 李世亨（1991）. 四川广汉青铜人与傩神. 中国文物报，1991—7—7.

[34] 王仁湘（2016）. 半窗意象：图像与考古研究自选集. 北京：文物出版社.

[35] 汤惠生，张文华（2001）. 青海岩画：史前艺术中二元对立思维及其观念的研究. 北京：科学出版社.

[36] 林巴奈夫（1993）. 中国古代的日晕与神话图像//李绍明等编. 三星堆与巴蜀文化. 成都：巴蜀书社.

[37] 胡适（2013）. 论观象制器的学说与颉刚书//胡适. 胡适文存（第4集）. 北京：首都经济贸易大学出版社.

[38] 葛兆光（2009）. 中国思想史（上）. 上海：复旦大学出版社.

[39] 巫鸿（2005）. 礼仪中的美术：巫鸿中国古代美术史文编（郑岩，等译）. 北京：生活·读书·新知三联书店.

[40] 容庚，张维持（1984）. 殷周青铜器通论. 北京：文物出版社.

[41] 上海博物馆青铜器研究组（1984）. 商周青铜器文饰. 北京：文物出版社.

[42] 雷圭元 (1992). 雷圭元论图案艺术. 杭州：浙江美术学院出版社.

[43] 郭沫若 (2009). 青铜时代. 北京：中国人民大学出版社.

[44] 赵承楷 (1999). 艺术钩沉. 北京：中国青年出版社.

[45] 王国维 (2004). 简牍检署考校注. 上海：上海古籍出版社.

[46] 钱存训 (2003). 书于竹帛：中国古代的文字记录. 上海：上海书店出版社.

[47] 李清泉，郑岩 (2000). 巫鸿教授访谈录//中山大学艺术学研究中心. 艺术史研究（第2辑）. 广州：中山大学出版社.

[48] 罗森，杰西卡 (2011). 祖先与永恒——杰西卡·罗森中国考古艺术文集（邓菲，等译）. 北京：生活·读书·新知三联书店.

（本文原载《符号与传媒》2018年第2期）

唐宋佛学的符号学思想及其伦理价值

曹 忠

摘 要：本文主要从佛教法相唯识宗和禅宗出发，以佛教"相"的理论考察唐宋二代佛学的符号思想及其伦理价值。研究发现，作为大乘佛教中少有的"说有"宗派，法相唯识宗对符号世界的世俗性阐释，以及对符号与符号对象物互不相离关系的阐释，与当时唐朝士人强烈的"入世"精神高度契合，是当时佛学对盛唐气象的某种思想回应。而宋代禅宗倡导的摒弃符号再现体，以及通过符号隐喻机制达到"明心见性"的修行观，成为当时士大夫群体处理内在主体与外在世界关系的理论遵循，并造就了宋代士人"身居世间、心怀出世间"的独特"出世"精神。

关键词：唐宋佛教；佛学符号；唯识思想；禅宗伦理；入世与出世

引 言

在近代，许多学者已经自觉地将佛教置于理性哲学的范畴予以考察。而佛学的符号学思想无疑是这一理性哲学范畴中的一个重要议题。实际上，作为一门义理深奥的东方哲学，佛教与现代符号学所研究的诸多议题是高度契合的。因而对中国符号学思想的研究，佛学不仅是绕不开的领域，更是需要深度挖掘的符号学富矿。

在卷帙浩繁和义理深邃的佛教经典中，虽然不难找到佛教与现代符号学的诸多契合点。但佛教对"相"的阐释，无论在外延还是内涵上都与现代符号学有着高度重合，更是呈现出一种别异于西方符号学体系的中国符号学伦理。因而，从"相"的层面对唐宋佛学的符号思想进行考察，更能展现这一东方古老哲学思想的符号逻辑。

资料显示，佛教中的"相"（lakṣana）源自印度哲学，又译示相，"指一切事物的外显形状"（陈义孝，1988，p.214），或指"表于外而想象于心者之相状"（丁福保，1984，p.839）。从现代符号学对"符号"的概念定义来看，无论符号是"概念和音响形象的结合"（索绪尔，1985，p.91），还是"符号是被认为携带意义的感知"（赵毅衡，2016，p.1），都与佛教对"相"的阐释高度契合。

与《易经》中"象"的概念构建了中国本土符号学思想的核心一样，佛教中的"相"作为一种充满着东方智慧的符号思想，必然也将成为中国符号学话语构建的重要一环。但如果要从现代符号学视野阐释佛学"相"的符号学意义，我们就不能不回到人类开始感知并与周围世界建立联系的那一刻，以此思考人与感知到的符号世界的关系。

虽然有形符号世界需要众多的"相"（符号）来构建，但佛教对"相"的体认与阐释，却观念各异。中国大乘佛教宗派中的天台宗、三论宗、法相宗、华严宗、密宗、禅宗、净土宗和律宗等主要宗派，都对"相"进行过不同程度的阐释，产生了诸如法相、我相、人相、众生相、寿者相、总相、别相、同相、异相、成相、坏相、有相、无相、实相、因相、果相等关涉"相"的名词。但从主体认识世界的角度来看，佛教大体是将"相"分为有相和无相两种。丁福保所编的佛学大辞典中，阐述了有相和无相的区分："则凡夫所知色心之诸法，事相显了，心前现行，易了易知，谓之有相。诸法之体性，如幻虚伪，自性即空，无色无形，不存一相，谓之无相。"（丁福保，1984，p.508）

实际上，这种有相与无相的区分还体现在小乘佛教和大乘佛教对"法"与"我"关系的探讨上。小乘佛教一般主张"法有我无"，其认为诸法缘之体，为因所生，有实体，我为诸法之假和合而名者，其性虚无也；而大乘佛教不仅主张"人无我"，还主张"法无我"。其认为诸法无我，空无自性，一切现象都是因缘而生，并无我的恒常不变的实体与自我主宰的功能。大乘佛教这种"法无我"的思想，体现在阐发诸法"性空假有"的中观学派（大乘空宗），以及阐发"万法唯识"的法相唯识宗（大乘有宗）二派的理论中。

在中观学派看来，世间的诸法（相）皆是依缘而起，空无自性。但又认为，这种空无自性不是彻底的空无，还是允许假有的存在。因此，世间诸法（相）既不是实有，也不是彻底虚无的空，而是"既不着有，也不着空"，因此这一理论也被称为"中观道"。而在法相唯识宗理论中，诸法（相）的产生源自人的"八识"（眼识、耳识、鼻识、舌识、身识、意识、末那识、阿赖耶识）。法相唯识宗强调一切法（相）都存在于人的认识之中，而认识又是人的心分别作用的结果。因而，世间一切"相"都是心识分别认知的结果，即所谓"万法唯识"。

但是大乘佛教大多追求"实相"境界（无相境界）。大乘佛教理论也大多秉持这样观点：如果个体不执着于外境（符号世界），就能进入涅槃，如果再以般若智慧观照实相真理，则可超越有形与无形，达到佛的境界（无相境界）。

文章主要分析唐宋二代佛学的符号思想及其伦理价值。将佛教有相与无相的符号学思想与唐宋社会思想相比较，则会发现唐朝的社会思想更多显现着有相思维，而宋代的文化伦理则更多体现出无相特征。同时，这种有相与无相的符号思想又与唐人的"入世"及宋人的"出世"观念相联系，成为二者处理内在主体与外在世界关系的理论遵循。

一、有相唯识与唐朝"入世"思想

作为有唐一代非常重要并具有重大影响的佛教宗派，法相唯识宗在唐朝前中期得到了较为普遍的接受。个中缘由，一方面，是因玄奘和当权者的特殊关系，法相唯识宗得到了帝国统治者的大力支持；另一方面，作为唐朝最重要的佛教宗派之一，法相唯识宗也与当时唐王朝的社会精神有着某种契合和联系。而这种联系的关键点则在于彼时玄奘引进中国的唯识学说是有相唯识一脉。作为大乘佛教中少有的"说有"的宗派，法相唯识宗对外在符号世界的世俗性阐释，与当时唐朝社会关注现实世界以及士人强烈的"入世"精神，是相契合的。此外，唯识"带相说"所阐释的符号与符号对象物的互不相离关系，也再次为有相唯识的"依空说有"提供了理论支持。

（一）有相唯识对"符号世界"的世俗性阐释

关于有相唯识的"世俗性"（入世）特质，学者傅新毅曾进行过专门阐释：

所以古学（指"无相"唯识），我想更多还是在出世解脱的层面上，从胜义谛的角度来看，所有都是虚妄分别。而"有相"唯识要进一步解释，就要建立在世俗谛的认识上，解释认识是如何发生的，怎样的认识才是准确的……有相唯识更多是向下的，从世俗解释上建立的。（傅新毅，2014-02-06）

大乘佛教始终在追寻一个"实相"的佛性世界。这个"实相"世界是区别于现实中有形的符号世界的。符号世界在佛教中往往被称为外境。如果要从世俗谛分析有相唯识对"符号世界"的世俗性阐释，那么必然不能避开对外境（符号世界）是否实有以及其与认识主体关系的考察。

佛教对外境的实有性认识并不是一以贯之的。在小乘一切有部的理论中，认识的发生及符号意义的产生必然是符号对象的存在所致。因此一切有部提出了"三世实有"的观念，即世间一切诸法都具实在性，都是恒常存在的，其不仅存在于现在世，还存在于过去世和未来世。而经部则提出"识可缘无"的观念，其认为识既能认识实在之物，也必然能认识不实在之物。因而在经部看来，在"三世"中，现在世是实有的，但过去世和未来世则是非实有的，即所谓的"过未无体"。

而大乘佛教宗派则大多对外境的实在性持否定态度。不过具有世俗特性的有相唯识，则通过承认"相分"的实有，变相承认了符号世界的相对实在性。而与其相对的无相唯识则不承认"相分"的实有性。因为，无论是有相唯识还是无相唯识，都主张"万法唯识"，即一切事物都是人的心识变现的结果。作为追求"实相"的大乘佛教宗派，法相唯识宗与其他大乘佛宗一样，都要求彻底斩断"法执"。为达到这一目的，就需要否定我们身处的有形符号世界的实在性。因此，遵循这一理论传统的无相唯识家主张"唯心无境"，不仅否定了"相分"的实有，甚至连"见分"（认识活动中的意向性）的实有都予以否定。而有相唯识家则选择了"依空说有"，在"唯识无境"的基础上，认为心识所变现的"影像相分"是具体实体性的外境（本质相分）所投射的，因而具有相对实在性。

这种实在性建立在其"境不离识"的观念之上，是一种"心物一元论"的认识方法。不过有相唯识学虽然主张"境不离识"，但有相唯识学家并不否认"唯识无境"。实际上，有相与无相唯识学家都认为人的心识所认知的世界是心识涌动后出现的。有相唯识和无相唯识争论的"相分"（认识的对象）是心识产生的"相分"。而对"相分"的真实与否的争论，实际上是对人的心识涌动后呈现的影像世界真实与否的争论。这就涉及一个重要的问题，那就是在承认"相分"实有的有相唯识家眼中，现实世界与心识涌动后呈现的符号世界是否是同一个世界呢？

因为唯识学主张"万法唯识"，因此在唯识学家眼中，人所认知的世界是人的心识变现的主观世界。如果从这一认知基础出发对有相唯识的"相分"实有进行考察，则不难发现，有相唯识虽然强调"相分"是存在于心识内部的，是自识之内的对象世界，但唯识学又指出，这一心识内部的对象世界实际就是现实的外在世界的映射，即"此我法相虽在内识而由分别似外境现"（韩廷杰，1998，p.2）。因此，唯识学将这一具有实在行的外境（器界）称为"本质相分"，而将"本质相分"投射到心识上的影像称为"影像相分"。值得注意的是，有相唯识学这种变相承认现实世界实有的理论，实际上与盛唐时期社会思想主流中注重现实世界以及士人强烈的"入世"观念，形成了一种同频共振的思想契合。

众所周知，唐朝是中国封建社会中少有的士人有强烈"入世"欲望的王朝。这种强烈的"入世"欲望产生的直接原因，是唐朝作为中国封建王朝发展的顶峰，其在政治、经济、军事和文化等各方面都取得了辉煌成就。国力的蒸蒸日上加上开科取士以及军功制度的建立，为唐人在现实世界取得功名，实现人生理想提供了更为宽广的道路。因而，唐人对人生普遍抱有一种积极进取的"入世"态度，渴望在盛世之中建功立业、出将入相。

这种强烈的"入世"思想在唐初的边塞诗中体现得最淋漓尽致。因为在现存的唐朝代边塞诗中，便有许多诗歌的内容与投军建功有关，并在风格上呈现出鲜明的壮美阳光特征和积极向上的盛唐气象。如高适的《燕歌行》《塞上》《塞下曲》《蓟中作》等作品，无不透露着奋勇报国、建功边疆的豪情。实际上，初唐到盛唐期间的内地诗人也大多具有这种关注现实世界，积极"入世"建功的情怀。即便是高蹈理想主义的"诗仙"李白，也呼喊出了"仰天大笑出门去，我辈岂是蓬蒿人"的"入世"宣言。

但是佛教作为一种倡导出世解脱的宗教，"其认为人生的意义是苦，人生的理想在于断除现实生活所带来的种种痛苦，并求得解脱"（方立天，2006，p.7）。为了给这种解脱提供理论支撑，佛教往往会对现实世界的真实性持否

245

定态度，将人生理想的实现寄托于来世。

不过在盛唐时，佛教这种倡导解脱的"出世"思想与盛唐积极向上的国家精神以及百姓殷实的生活水平已不相适应。因而在唐朝得到迅速发展的佛教，不可避免地开始了轰轰烈烈的世俗化运动。这种世俗化一方面体现为佛教"俗讲"和"变文"的大规模推广，使佛教更方便地从世俗谛角度看待其与世俗社会的关系，并试图在现实社会中发挥作用；另一方面，唐朝著名的玄奘法师从印度将承认外境具有相对实在性的有相唯识学说引进中国，并建立了佛教中重要的宗派法相唯识宗，对当时佛教的世俗化运动进行了理论层面的回应。

（二）唯识"带相说"阐释的符号与符号对象物关系

玄奘引入中国的有相唯识学在"相"的层面有一著名理论——"带相说"。"带相"是指"心识生起时，必定带有所认知对象的相状。此相状出现在心识上，所以可被认知，具有'所缘'义；同时此相状既是在心识的内部，所以是有体的实法，可以为因引生心识，具有'缘'义。具此'所缘'与'缘'二义，由心识带起的可被认知的相状就能成为心识生起的'所缘缘'，它是内在于心识的相分，而无需假定另有外部世界存在来引生心识"（傅新毅，2017，p. 27）。

从理论源流上看，有相唯识的"带相"理论来源于经量部的"带相说"。经量部认为，"由于极微刹那灭，因此识无法直接认知外境，识所缘之境非境本身，而是以境为依据，由识变现出来的形象，识所知的是识自身的变相"（吴梅梅，2018，p. 2）。后来，陈那将这种心识所缘的"相"安立在心识内部，认为"带相说不是变带外境的相状而起，境本在心识之中，是变带心识内的境而起"（吴梅梅，2018，p. 2）。陈那对经部"带相说"的改造，形成有相唯识"带相说"的理论雏形。

但是有相唯识"带相说"提出后，因为无法解决"无分别智亲证真如"的难题，遭到了一些佛学家的质疑。如般若毱多就在《破大乘论》中提出："无分别智不似真如相起，应非所缘缘。"（《大正藏》第43册，p. 500）其意为，在用"根本无分别智"亲证真如时，由于真如是无相的，因而这一亲证就不能在心识上变现出真如的相状，而是直接证得了真如本身。为解决这一问题，玄奘法师对有相唯识的"带相说"进行了修正和完善，提出了"挟带"理论。在《制恶见论》中，玄奘对此做了如下解释："汝不解我义。带者是挟带义，相者

体相,非相状义。谓正智等生时,挟带真如之体相起,与真如不一不异,非相非非相。"(《大正藏》第43册,p.500)

在这一论述中,玄奘提出了一个关键概念——体相。著名佛学家太虚法师曾将法相唯识宗涉及的"相"分为相貌之相、义相之相以及体相之相。其中,相貌之相大约指日常生活中由眼睛感觉到的事物的相状;义相指人的意识所分别、所判断及所思维的"相";而体相之相指的是直接感觉到的"相",也包含意识与前五识合作而生成之相。(太虚,2010,p.23)由此可知,相貌为感官意识到的相状,义相则是意识分别思辨之相,而体相就是具有本质意义的相状。

而且按照太虚法师的说法,"体相"是"直接感觉到的,较平常所言直觉更为单纯……而且此相须有实体刺激才能觉到。如声来才有声觉,味来才有味觉也。然意识与前五识(眼识、耳识、鼻识、舌识、身识)合作所感觉,亦可称体相之相,此中唯加上意识之义相耳。乃至第八识(阿赖耶识)所觉到亦是体相之相,以第八识所觉到亦有实体故"(太虚,2010,p.23)。这一阐释,充分说明了体相的直觉性,更揭示了哪怕是阿赖耶识所觉之相仍是体相,仍是实体,进一步佐证了有相唯识中"相分"的实有性。

如果从见分与相分的关系看,玄奘所提出的"挟带"还有一种逼附之义,即"能认知的心识逼近、亲附所认知的对象,二者虽有能、所之别而互不相离,犹如日常所说的身上佩带刀剑"(傅新毅,2017,p.27)。因此,在玄奘看来,用无分别智亲证无相的真如时,虽然不能将真如的相状"变带"出来,但是能将真如的"体相"挟带出来。而且这种真如体相与真如"不一不异",是一种"无相之相"。

这里讲的"不一不异"源于印度哲学中的"不一不异论",亦称"异同说""二而不二论"或"有差别与尤差别论"。其认为"梵与我之间既一致又不一致,即梵与我在本质上一致,是全体与部分,蕴涵与被蕴涵的关系;但在形式上相异,梵是永恒的、不被创造,我则被非永恒的器官所局限,被梵所创造"(金炳华,2001,p.1511)。因而,与真如"不一不异"的体相,从某种程度上来说,与真如也是一种部分与全体、被蕴含与蕴含的关系。

从认知符号的视角看,如果我们将真如视为符号对象,将认识中"挟带"的体相看作符号,可发现在用无分别智亲证真如这一过程中,对象与符号的关系变成了全体与部分的关系。这与现代符号学理论中对象与符号的关系相一致。

事实上，现代符号学也将符号与符号对象物的关系阐释为一种部分与全体的关系，即符号只是符号对象物的某部分特性呈现。这一现象在现代符号学中被称为符号表意的"片面化"特性。赵毅衡先生曾将"片面性"作为符号表意两个核心特征之一。他提出，"符号的一个重要特点，是把符号的'物源'的品质片面化。一件物成为符号，不是因为它作为物的整体存在，恰恰相反，符号载体只是相关可感知品质的片面化集合"（赵毅衡，2012，p.115）。

因此，在现代符号学的视野中，符号对符号对象物的"替代"只是一种"片面化"的替代。不过符号对物的替代，也并不是只选择了对象物的一个特性，而是将对象物相关可感知的品质进行了集合。这种集合使符号本身就具有了物本质特性共相的意义。在西方哲学中，柏拉图也对"相"与"物"的关系进行过阐述。徐长福（2008，p.59）就曾谈到，在柏拉图著名的"相论"中，其认为同类的具体事物具有个体的差异，相则代表了它们的统一性。

只是这种"相的集合"仍旧是"片面性"的，其也只是对符号对象物的某种同类特质进行"集合"，因而不可避免地舍弃和忽略了那些"不那么重要"的特性。所以，符号永远是不能真正表达对象物的全面特性的，通过符号也无法真正认识对象物。这种符号表意的"片面性"对我们的现实生活影响不明显，但是如果符号对象物一旦上升到真知、佛性等领域，符号表意就陷入了困境。比如，佛教中的真如作为这一种无相的存在，我们无法窥知其任何特性（因为其没有任何特性），也就无法对其进行符号化。在佛教中，"真如"作为一种不可符号化的对象物，体现了一种符号和对象物间的新关系：符号和对象物需要是一种整体对整体的关系，即能表达真如的符号必须是一种能彰显对象物全部相状和特性的符号。这种符号是否存在呢？答案是否定的，因为这与现代符号学强调的符号表意的"片面性"相违背。

在佛教中，无相被当作了一种具有无限意义的符号。真如作为一种"无相之相"，包含了这样一种逻辑：真如集合了对象物所有的特性，即集合了整个物质和精神世界（佛教的器世界和有情世界）的特性，是一种符号"总相"。

佛教讲凡夫"取相"，是讲凡夫因生"无明"而不能彻底摆脱取相生着的认知范式。因而在面对有形的符号世界时，凡夫不能正确地理解名与义。而且凡夫由于"过于依赖感性的五根，尚未启蒙意根法眼，故不能理喻超越感性世界的细微法则"（成中英、冯俊，2009，p.286）。即意凡夫在认识符号世界时，一方面依赖感性的五根，不能超越感性世界的局限。另一方面，凡夫容易被世间名相迷惑，无法看到整个世界的符号总相。因而要证得真如，就需要在见道位以无分别智亲证。这一亲证过程中，心识"挟带"的体相，是一种超脱了有形符号的纯粹感知，因而能"逼附"真如，并与其形成一种互不相离的状态。

二、禅宗的"离言绝相"与宋人的"出世"思想

禅宗是一种与中国传统本土思想充分融合的本土化宗教。禅宗不仅完全融入了中国的本土文化体系，而且对中国的文学、艺术以及社会伦理道德等产生了深远影响。作为与中国传统文化深度融合的佛教宗派，其以"教外别传，不立文字，直指人心，见性成佛"（孙昌武，2019，p.11）为思想核心，在符号学维度呈现出鲜明的无相特质。在社会影响上，与唐时的有相唯识彰显的某种程度上的"入世"精神不同，两宋时期，诸多儒学家和文学家纷纷从禅宗汲取思想精华，构建起了宋朝士大夫群体"身居世间、心怀出世间"的独特"出世"精神。

与唐朝有相唯识宗从"八识"认识现实世界一样，宋代禅宗也主张从"本心"出发认识外在世界。这种认识可以归结为简单的"明心见性"，即谓要摒弃世间的一切杂念，洞察因杂念而遮蔽了的佛性。观照到文人士大夫群体，则是要摒弃世俗观念，率真任性地生活和表达心性。而这种摒弃杂念和世俗观念的核心，则需要做到无相。

比较可知，禅宗的这种无相思维与无相唯识学表达的无相思想是相似的，其都认为意识之外的外在符号世界是虚妄不实的，甚至连认识本身也是虚妄不实的。如《成唯识论》言：三界心及心所由无始来虚妄熏习，虽各体一，而似二生，谓见、相，即能、所取。如是二分，情有理无。此相说为遍计所执。二所依体，实托缘生。此性非无，名依他起。虚妄分别缘所生故。（《大正藏》第31册，p.46）但与唯识学说所争论心识内"二分"的实在与否不同，禅宗主张一种"即事而真"的"无相观"，即从"心"这一角度出发，主张摒弃"不真"的万事万物，以达到真正意义上的"实相无相"境界。因而，禅宗开宗之

初，曾极度反对语言符号，大力倡导"不立文字"。

只是禅宗这种"不立文字"的做法，虽自慧能创宗便已主张，但作为一个需要有效传承的宗派，完全地拒绝文字符号这一传播载体，非常不利于宗派的传承。因此，到了禅宗成熟定型的宋代，禅宗已经从"不立文字"发展到了"不离文字"，"文字禅"一度成为主流。不过宋代禅宗对文字符号载体的重新重视，并不是禅宗思想的转变。在现有的对禅宗"不立文字"思想的研究中，大多学者都认可"不立文字"并不是彻底摒弃文字，而是以这一极端主张号召信徒在修行佛法的过程中，破除"无明"与"执念"，从而直达内心佛性。

而为达到直达佛性的境界，禅宗一方面要求修佛者摒弃符号再现体，使符号的对象与解释项直接对接，从而使符号对象成为佛法的承载体，形成禅宗"佛法在世间，不离世间觉"的独特修行观；另一方面，禅宗为破除名相的迷惑，一直试图在修行中通过符号隐喻机制，引导修行者通过参悟"机锋妙语"背后隐喻的新符号意义，以达到"明心见性"目的。

（一）摒弃符号再现体后"佛法在世间"的修行观

宋代文化的一大特征是儒释道三教的融合发展。实际上，"入宋以后，儒、佛、道三教在新的社会环境中出于生存、发展的共同需要而相互融摄、相互渗透、相互补充，在思想层面上开始了深层的、广泛的、有机的融合，逐渐形成了以儒学为主体，佛、道为辅翼的'三教合一'的思想文化格局"（张玉璞，2011，pp. 107-108）。

因此，宋代文人士大夫身上有着兼具儒佛文化的精神特质。儒家作为一种积极倡导"入世"的文化，赋予了宋朝士大夫强烈的社会责任意识。而他们身上的佛学修养又使他们有了一种"出世"的情怀，追求一种隐逸和闲适的生活。宋人这种儒佛兼修的文化行为，使诸多的宋代士人在"入世"与"出世"间徘徊，最终导致宋朝士人身上呈现出一种独特的"圣贤气象"。这种气象将人的社会责任与个人精神追求进行了区分与融合。其在社会责任上追求"心怀天下"，主张文人积极参与政治，为君解忧，为民请命；在个人精神追求上，又希望拥有洒脱适意的人格，过上闲适安乐的个人生活。

"圣贤气象"使宋代士人大多将"身居世间、心怀出世间"作为自己处事的准则。这种思想强调心性的作用，从思想源流上看，明显是受到了这一时期最为盛行的禅宗"心性"理论的影响。方立天（2002，p. 365）就曾提到，

"心性论"是禅宗的核心理论要旨。禅宗因为重视心的作用，因而主张"以心传心"，直传佛的心印，也被称为佛心宗。这种"以心传心"的主张最早可追溯到禅宗著名的"拈花微笑"公案。《五灯会元·七佛·释迦牟尼佛》曾如此记载其内容："世尊在灵山会上，拈花示众。是时众皆默然，唯迦叶尊者破颜微笑。世尊曰：吾有正法眼藏，涅槃妙心，实相无相。微妙法门，不立文字，教外别传，付嘱摩诃迦叶。"（释普济，2008，p.11）

在现代符号学看来，这种"以心传心"的"离言绝相"修行观是一种摒弃符号再现体的行为。不过我们需要思考的是，如果从现代符号学层面分析，这种摒弃符号再现体，使认识主体直达意义真知的做法是否有其可行性。皮尔斯曾说过这样一段话："真的（true）是一个只适用于再现以及被视为再现的东西的形容词。该词意味着再现与其对象一致。"（皮尔斯，2014，p.133）这段话透露出这样的信息：在皮尔斯看来，在达到"真"这一境界时，符号的再现体和对象已经合为一体。因此，按照这一逻辑，禅宗摒弃符号再现体，将符号的对象与解释项直接合二为一的行为，是可行的。因为在禅宗修行者顿悟佛性真如的情况下，符号的对象和再现体已经合二为一。

另一问题是，在直达佛性真如的过程中，禅修者是否能做到真正彻底抛弃符号再现体。要讨论这一问题，先要明白佛教中一对概念：安立与非安立。于凌波（2016，p.203）著的《唯识名词白话新解》这样解释这对概念："安立即施设差别的意思。亦即用语言、名相来区别种种事物。反之，无差别、离名言者为非安立。非安立乃超越相对的差别，不以语言、名相表示。"而在佛教看来，未悟到佛性真如的凡夫是被"无明"羁绊的，这种羁绊表现为凡夫对各种世间安立之物名相的执着。为了破除这种世间名相带来的"无明"与烦恼，佛教各宗派大多主张破除名相（符号再现体）。

但是有一点需要我们注意，无论是破除"无明"还是消除"执念"，都需要以自身的"心"直达无相的佛性真如。其遵照着这样一种思维：佛性真如是无相的。因而，要体悟无相的真如，则必须摒弃一切的符号。因为任何符号载体都有其表意的局限性。禅宗正是看到了这种符号表意的局限性，才选择了摒弃符号，试图直达佛性真如的修行之法。

在具体修行层面，曹洞宗的"默照禅"和临济宗的"看话禅"就是两种倡导摒弃符号再现体，以达佛性真如境地的禅修方式。"默照禅"修行主要着力在"默"和"照"两字下功夫。其中,"默"乃是无言静坐之义。修行者通过这种静坐使自己进入一种万物皆空的"离言绝相"状态,以此观照佛法真如。而"照"是一种观照内心般若的意识活动,即要求修"默照禅"者"不触事而知,其知自微;不对缘而照,其照自妙"(华人学佛网,2014-09-07)。这一过程,修行者亦进入一种真空静寂的空幻境界,以此达到对佛性的体认。

虽然"默照禅"试图通过"默"和"照"的形式使修佛者达到"离言绝相"的空相遇空念境地,以此直达佛性,但"默照禅"强调的静坐形式,使其陷入了形式主义的泥淖,不是真正意义上的"离言绝相"。而看话禅又必须借助文字,未能跳脱语言文字的束缚。从这一事实可知,禅宗修行者在直达佛性真如的过程中,对符号对象再现体并没有做到真正意义上的摒弃。但是禅宗修行者一直在做着真正摒弃符号再现体的努力。但这种努力注定是不会取得真正意义上的成功的,因为修行者和其修行的世界都是有形的,这注定了修行者无法在有形世界中真正做到形式上的彻底虚空。因此,禅宗修佛者要直抵真如之境,必须借助符号。

故而,禅宗不得不对佛教的"出世"做出某种妥协性改造。这种改造的结果便是禅宗开始强调"佛法在世间,不离世间觉"的禅修思想。这种"世间性"从侧面佐证了修行者要达到佛性境界,必须借助有形的符号世界才能实现。但是禅宗作为一种以"心性论"为核心主旨的佛教宗派,并不将考察外在符号世界作为重点。相反,以"心性论"为核心的禅宗更加重视"从人的心性方面去探求实现生命自觉、理想人格和精神自由的问题。而禅师们则把实现自我觉悟,开发自己心灵世界,作为人生的主要任务和最大追求。此外,禅宗强调要自识本心、自见本性,实现自我超越,解脱烦恼、痛苦和生死,在有限、短暂、相对的现实中实现无限永恒和绝对"(方立天,2002,p.368)。

为了实现这种"无限永恒和绝对",禅宗主张人与无限永恒的自然达到同一(其与道家的"道法自然"相似)。因而禅宗和受禅学影响的宋代文人士大夫,都表现出一种强烈的"自然性",并希望达到"天人合一"的精神境界。实际上,"北宋的士大夫与前代相比,更加关注真实的自我与外在通人通天的合一,即天人合一,甚至不仅仅是'合',而是天人一体不二。二程认为,孔子之天然纯成才是真正的圣贤气象。士人们身在具体的人性的善恶、私欲之中,通过心性修养,发明本心,复归天理,完全找回自己的本质"(邢爽,

2015，p.32)。同时，这种"自然性"还体现在僧人和文人士大夫都热衷到自然之空间，过自然之生活。这种思潮的流行，大大推动了宋代僧人在山间结庐修行，以及文人纵情山水间的隐逸风气。

如前所述，如果用符号学考察禅宗的"佛法在世间，不离世间觉"思想，则会发现禅宗虽然在这一过程中极力摒弃符号的再现体，但是并不能真正彻底摒弃符号再现体。相反，禅宗在后来的发展中高度重视符号再现体以及符号对象在体悟佛性中的作用，以至于将无相的真如佛性融进自然之物，与日常琐事融为一体，从而使人类终极关怀的佛性真如与现实世界的日常生活符号沟通在了一起。

(二)"机锋妙语"背后的符号隐喻机制

禅宗主张破除名相，要求修行者在修行过程中要"离言绝相"，从而达到"明心见性"的目的，其中的"性"指事物的真正本质。如果把禅宗的"明心见性"看成一个符号过程，则会发现对"性"（真知）的意义参悟，无疑是一种独特的符号隐喻机制。

从历史实践来看，禅宗对佛性真如的隐喻式参悟可谓多种多样。如宗密主张"知之一字，众妙之门分"。南岳系的马祖道一提倡"触类是道"，青原系石头希迁号召修行者要"即事而真"。而之后的曹洞、云门、法眼，以及沩仰、临济等宗派，更是趋向于舍弃经论文字，扫除玄句，大辟机用，以求顿悟成佛。形成了"四照用""五位君臣""三句"等教学模式，机锋棒喝、超佛超祖甚至呵祖骂佛等教学手段，以及文字禅、看话禅和默照禅等参悟手段。（方立天，1989，p.10）禅宗的历代修行者在禅修实践中形成了大量的"公案"，这些"公案"记录了禅宗修行者各种隐喻式参悟佛性的方式，而如果翻看这些"公案"，则会发现为了引导修佛者参悟佛性，禅宗大多要求修佛者通过参悟非符号层面的符号意义，以达到"明心见性"目的。

隐喻作为一种重要的符号修辞，有悠久的发展历史。索绪尔就曾指出，

> 符号的能指是音响形象，由语音体现；所指具有表达意义的功能和在此基础上使意义向外延伸的特征。这种延伸性会使符号的能指和所指合并在一起，共同成为延伸后符号的能指，语言由此产生隐喻意义。……而在近现代，学者们开始逐渐认识到，隐喻不仅仅是一种修辞手段，更是一种

基本的认知方式。(转引自黄华新，2020，p. 48)

而从认知取向上看，"隐喻是以人类经验为基础，以相似性为支撑点，是一种以抽象的意象图式为基础的映射，从一个简单、具体的源域映射到一个复杂、抽象的目标域。通过映射，人们在源域与目的域之间建立联系，实现隐喻化"(陆国君，2007，p. 117)。通过这些关于隐喻的概念阐述，我们不难发现隐喻这种认知方式与禅宗倡导的参禅方式有非常大的相合性，即禅修者通过符号隐喻的方式进行抽象推理，从而理解无相佛性这一抽象概念。在这一过程中，禅宗的修行引导者（师傅）往往会将日常生活中的符号进行隐喻化，再通过这一隐喻化的符号，映射到一个抽象概念，以此引导修行者（弟子）参悟佛性。

这种引导的第一步是日常生活符号的隐喻化。这种隐喻化需要以日常的生活经验为基础，以凡夫所见的日常之物作为隐喻化的对象。如在禅宗著名的公案"拈花微笑"中，世尊就选取了生活中常见之物——花，作为符号隐喻的对象。为何要选取日常生活经验之物作为符号隐喻的对象呢？这是因为禅宗认为"佛法在世间，不离世间觉"。因此，禅师们在教导弟子的时候，选择了将"即事而真"作为引导弟子开悟的方式。这种方式中，"事"是日常生活中所见之物，是符号隐喻的对象，是一种引导开悟的"入口"或"机缘"。而"真"是佛性真如，是无法用符号阐释的抽象存在。要理解这种极度抽象的佛性，就要试图将日常生活中符号与佛性进行结合，因而在禅师看来"青州布衫""镇州萝卜"等世俗世界之日常物就是佛性。

其次，禅师对符号的隐喻化主要体现在符号文本的"无意义化"处理上。在禅宗的公案中，记载了许多异常有趣的禅修故事。这些故事中，禅师往往使用在常人看来无法理解的方式诱导弟子开悟。如有僧人问从谂："万法归一，一归何处？"从谂回答："我在青州作一领布衫，重七斤。"有僧人问省念僧人："如何是佛心？"省念回答："镇州萝卜重七斤。"龙牙问义玄："什么是佛祖西来意？义玄拿起蒲团便打"。(李守钰，1995，p. 58)

如果从符号层面解读这些有趣的"答非所问"故事，就能觉察到这样一种理路，即禅师作为符号意图的发送者，故意选择了一个隐喻化的符号文本（青州布衫、镇州萝卜）。这一符号文本在符号意图的发出者（禅师）看来，是正确的。但是在符号的接收者——禅师弟子看来往往又是无法理解的。在这一过程中，禅师的真正意图是试图用"答非所问"的文本向弟子阐释佛性是无法用符号表达的，任何的语言解释都不能表达佛性，因此禅修要跳脱符号之外，方能证悟佛性。

最后，禅宗公案的"答非所问"，造成了符号理解上的解释漩涡。符号学者赵毅衡（赵毅衡，2016，p.231）曾这样定义这一概念：同层次元语言冲突被称为解释漩涡。因而，在禅宗公案中出现的诸如问"如何是佛心？"却答"镇州萝卜重七斤"的例子，是同层次符号元语言冲突造成的"解释漩涡"。因为弟子在将"青州布衫"与"万法归一，一归何处"的能指与所指结合过程中，便会使用自己的元语言对"青州布衫"这一符号文本的意义进行阐释和解读，得出自己元语言下的符号解释。如果弟子和禅师使用的不是同一套元语言（引导弟子破除名相），那么弟子将无法理解禅师"无意义"符号文本的真实意图。

另一方面，禅宗公案这种"答非所问"的符号文本，还会使符号文本意义得到延伸，从而生出新的符号意义。就如赵毅衡先生所讲，"当两套意义标准出现在同一个解释行为之中，诸种元语言因素很有可能协同产生一个意义"。法国符号学家巴尔特也曾指出，"意指可被理解为一个过程，即能指和所指结合的行为过程，这一行为及由其联结起来的能指与所指构成一个意指系统。意指也指这一行为过程的结果，一种更深层次上的意义"（转引自陆国君，2007，p.118）。

所以，禅宗公案中那些"答非所问"的引导修行方式，正是禅师试图让弟子通过对那些毫无意义的字句以及非字面意义语句的反复参悟，以图透过文本，大发疑情，从而生出新的符号意义。如龙牙问义玄："什么是佛祖西来意？义玄拿起蒲团便打。"龙牙对"义玄拿起蒲团便打"这一符号文本意义会大发疑情：是义玄不想回答，并恼怒而打他，还是义玄觉得这一问题是无法用语言符号表达，因此不该问这样的问题？不过，符号的"解释漩涡"终究会在一个高一层的符号元语言层次得到解决。比如，只要掌握"禅宗始终主张'以心传心'，倡导破除名相，希望以'心'直指佛性"这一套元语言，就能一通百通地明了这些有趣的"答非所问"禅宗公案背后的符号隐喻逻辑和文本意义。

参考文献

［1］陈义孝（编）．（1988）．佛学常见词汇．北京：文津出版社．

［2］成中英，冯俊（编）（2009）．康德与中国哲学智慧．北京：中国人民大学出版社．

［3］丁福保（编）（1984）．佛学大辞典．北京：文物出版社．

［4］方立天（1989）．禅悟思维简论．五台山研究（1），9—14+25．

［5］方立天（2002）．佛教哲学要义．北京：中国人民大学出版社．

［6］方立天（2006）．佛教哲学．长春：长春出版社．

［7］傅新毅（2014-02-06）．认识是如何可能的——从唯识古学的无相说到有相说．http://blog.sina.com.cn/s/blog_af3c5b1b0101gsy7.html

［8］傅新毅（2017）．法相唯识宗的义学创新．法音，1，26—30．

［9］大正新修大藏经（1960）．大正新修大藏经．大正新脩大藏经刊行会．

［10］华人学佛网（2014-09-07）．曹洞宗宏智正觉禅师《坐禅箴》．http://wuming.xuefo.net/show2.asp?id=129772

［11］黄华新（2020）．认知科学视域中隐喻的表达与理解．中国社会科学（5），48—64+205．

［12］金炳华（2001）．哲学大辞典．上海：上海辞书出版社．

［13］李守钰（1995）．禅宗"即事而真"的哲学、美学意蕴．北京社会科学（3），57—61+67．

［14］陆国君（2007）．隐喻产生的符号学分析及认知机制．外语学刊（1），117—120．

［15］皮尔斯，C.S.（2014）．皮尔斯：论符号（赵星植，译）．成都：四川大学出版社．

［16］释普济（2008）．五灯会元：插图本．沈阳：万卷出版公司．

［17］孙昌武（2019）．禅宗十五讲．北京：中华书局．

［18］索绪尔（1985）．普通语言学教程．台湾：弘文馆出版社．

［19］太虚（2010）．法相唯识学．北京：商务印书馆．

［20］吴梅梅（2018）．有相唯识带相说之研究（硕士学位论文，南京大学）．

［21］邢爽（2015）．佛学与北宋士大夫的精神世界（博士学位论文，湖南

大学).

[22] 徐长福 (2008). 异质性的得而复失——柏拉图《巴曼尼德斯篇》读解. 复旦学报 (社会科学版) (2), 59-68.

[22] 玄奘译, 韩廷杰校释 (1998). 成唯识论校释. 北京: 中华书局.

[23] 于凌波 (2016). 唯识名词白话新解. 北京: 宗教文化出版社.

[24] 张玉璞 (2011). 宋代"三教合一"思潮述论. 孔子研究 (5), 107-116.

[25] 赵毅衡 (2012). 符号表意的两个特征: 片面化与量化. 福建论坛 (人文社会科学版) (5), 115-119.

[26] 赵毅衡 (2016). 符号学原理与推演. 南京: 南京大学出版社.

(本文原载《符号与传媒》2021 年第 1 期)